착한 에너지
나쁜 에너지
다른 에너지

석유부터 **탈핵**까지,
지금 **에너지**에 관해 알아야 할 모든 것

에너지기후
정책연구소
기획
이강준
이정필
이진우
조보영
김현우
지음

이매진

착한 에너지 나쁜 에너지 다른 에너지
석유부터 탈핵까지, 지금 에너지에 관해 알아야 할 모든 것

기획 에너지기후정책연구소   **지은이** 이강준 이정필 이진우 조보영 김현우
펴낸곳 이매진   **펴낸이** 정철수
처음 찍은 날 2014년 6월 27일
등록 2003년 5월 14일 제313-2003-0183호
주소 서울시 마포구 성지5길 17, 301호(합정동)   **전화** 02-3141-1917   **팩스** 02-3141-0917
이메일 imaginepub@naver.com   **블로그** blog.naver.com/imaginepub
ISBN 979-11-5531-050-2 (03300)

ⓒ 에너지기후정책연구소, 2014

- 이매진이 저작권자와 독점 계약을 맺어 출간한 책입니다. 무단 전재와 복제를 할 수 없습니다.
- 환경을 생각해서 재생 종이로 만들고, 콩기름 잉크로 인쇄한 책입니다. 본문 종이는 그린라이
  트 70그램입니다.
- 값은 뒤표지에 있습니다.

_

일러두기
- 한글 전용을 원칙으로 했고, 독자의 이해를 도우려고 인명, 지명, 단체명, 정기 간행물 등 익숙
  하지 않은 이름은 처음 나올 때 원어를 함께 썼습니다. 주요 개념이나 한글만으로는 뜻을 짐
  작하기 힘든 용어도 한자나 원어를 함께 썼습니다.
- 단행본, 정기간행물, 신문에는 겹꺾쇠(《 》)를, 논문, 영화, 방송 프로그램, 연극, 노래, 그림, 오
  페라 등에는 홑꺾쇠(〈 〉)를 썼습니다.

_

- 이 도서의 국립중앙도서관 출판시도서목록(CIP)은 서지정보유통지원시스템 홈페이지(http://
  seoji.nl.go.kr)와 국가자료공동목록시스템(http://www.nl.go.kr/kolisnet)에서 이용하실 수 있습
  니다.(CIP제어번호: CIP2014018860)

－차례－

이 책 좋아요

에너지 시민 교육을 시작하자 신승호 (재)에코피스리더십센터 이사장, 강원대학교 총장 **8**

가만히 있지 않겠다는 엄마들에게 오현아 고양파주두레생협 조합원활동지원팀장 **9**

머리말

다른 에너지를 찾아가는 시민들에게 **11**

1강 현대사회와 에너지
가라앉는 석유 문명에서 어떻게 탈출할까 **15**

석유가 바꾼 세계 | 고갈 시점보다 정점 시점 | 스톡홀름 신드롬과 에너지 중독 | 셰일가스는 우리를 구원할까

2강 정치와 에너지
에너지 정치의 정치적 에너지를 어디에서 찾을까 **29**

에너지 정치란 무엇인가 | 에너지 정치와 에너지 카르텔 — 산-학-정-언 네트워크 | 석탄 지나 석유 찍고 핵으로 — 한국 에너지 정책 변천사 | 석유와 핵에 종속된 중앙 집중형 에너지 체계 | 녹색 정치 — 화석-핵 에너지 카르텔 해체하기

3강 경제와 에너지
녹색 일자리는 경제 위기와 에너지 위기를 뛰어넘을 수 있을까 **51**

나비 효과 — 기후변화와 에너지 위기가 일으키는 변화들 | 기후변화와 노동시장 | 녹색 일자리란 무엇인가 | 지속 가능한 경제와 정의로운 전환 | 에너지 다소비형 경제, 동조화를 넘어 탈동조화로 | 녹색 성장이 아니라 녹색 경제를

4강 복지와 에너지
세 모녀를 살릴 수 있는 에너지 복지국가는 어떤 모습일까　**77**

"불 때면 쓸 돈 없다" — 에너지 빈곤과 에너지 복지 | 빈익빈 부익부 — 돈 없어 쓰는 비싼 에너지 | 불평등, 중복, 사각지대 — 공급 중심 에너지 복지 삼진 아웃 | 가난한 이들에게 값싼 에너지를 — 저소득층 주택 에너지 효율화 사업 | 기후변화 시대, 에너지는 기본권

5강 한반도와 에너지
남과 북을 이어줄 평화의 에너지는 어디 있을까　**99**

"1와트의 에너지는 한 방울의 피와 같다" | 악순환 — 식량난, 에너지난, 산림 생태계 파괴 | 북한을 위한 에너지 시나리오? | 태양 에네르기, 풍력 에네르기, 새로운 에네르기 | 북핵 위기? 북한 에너지 위기! | 평화의 에너지 — 남북 재생 가능 에너지 협력과 한반도 평화

6강 기후변화협약과 에너지
북극곰은 기후 혼돈을 막을 수 있을까　**123**

북극곰에 발 묶인 기후변화 | 우리 공동의 차별화된 책임 | 기후변화 책임을 분산하라 | 난전 기후변화협약 — 역사, 내용, 전망 | 시장은 우리를 구원할까

7강 기후정의와 에너지
시장은 기후변화를 멈출 수 있을까　**147**

가해자와 피해자 — 약자에게 더 가혹한 기후변화 | 우산형 네트워크로 헤쳐 모여 행동하라 | 기후변화의 해법은 자본주의? | 기후변화 막다가 경제가 맛 간다? | 기후 식민주의 — 기후변화와 새로운 전근대 | 부수적 피해 — 기후변화 대응과 기술 맹신 | 탄소 중립 — 잘못된 신화

8강

국제 협력과 에너지
에너지 빈곤과 원조를 넘어 어떻게 정의로운 협력으로 나아갈까 **181**

에너지와 빈곤 — 평화를 위한 국제 협력과 에너지 지원 | 국제 협력의 두 얼굴 | 적정기술, 개발의 철학을 바꾸다 | 적정기술과 국제 협력 — 기술 중심 원조와 사회적 수용력 | 꿈꾸게 하는 에너지 — 적정기술과 정의로운 개발 협력 | 더 나은 개발 협력을 위해 — 공적개발원조의 사적 확장

9강

탈핵과 에너지
침몰하는 핵발전 체제에서 어떻게 탈출할 수 있을까 **205**

북핵, 부안 그리고 후쿠시마 | 탈핵 에너지 전환의 정치학 | 원자력 르네상스라는 허상 | 탈핵으로 진로를 돌려라 — 탈핵 도미노와 에너지 전환 유형 | 후쿠시마 이후, 독일과 한국의 대차대조표 | 탈핵 에너지 전환의 시나리오 1 — 대안적 기술과 경제 시나리오 | 탈핵 에너지 전환의 시나리오 2 — 대안적 정치와 사회 시나리오

10강

정의로운 에너지 전환
다른 에너지를 향해 지금 무엇을 할 것인가 **245**

단계적 원전 폐쇄와 에너지 전환 | 에너지 전환 7대 원칙 — 정의롭고 지속 가능한 탈핵과 에너지 전환 | 무엇을 할 것인가 — 에너지 전환 삼삼삼삼 프로젝트

참고 자료 **260**

에너지 시민 교육을 시작하자

신승호 (재)에코피스리더십센터 이사장, 강원대학교 총장

(사)에너지기후정책연구소의 탈핵 교양 교재《착한 에너지 나쁜 에너지 다른 에너지》의 발간을 진심으로 축하드립니다. 무엇보다 에코피스리더십센터(EPLC)의 후원을 받아 에너지와 관련된 첫 교양 교재가 탄생하게 됐다니 그 기쁨을 형용할 수가 없습니다. 2011년 후쿠시마 핵 사고 이후 전세계적으로 원자력 발전소의 안전성과 지속가능성에 관한 사회적 관심이 어느 때보다 높아졌습니다. 신규 핵발전소 건설, 수명이 다한 원전의 폐쇄, 핵연료 처리 문제, 인간 건강과 인권 문제에 이르기까지 에너지는 우리 사회에 다양한 사회적 갈등과 깊은 염려를 낳고 있습니다. 반면 현재의 에너지 정책은 정부와 기업, 소수 전문가가 결정하고 있으며, 시민의 참여는 여전히 제한적입니다. 이 시기에 탈핵과 정의로운 에너지 전환 그리고 기후변화에 대응하기 위한 교재가 개발된 점은 매우 고무적입니다. 에너지기후정책연구소의 노고에 다시 한 번 감사드리며, 이 일을 계기로 다양한 에너지 관련 교재 개발과 깊이 있는 시민교육이 활성화되기를 기원합니다.

가만히 있지 않겠다는 엄마들에게

오현아 고양파주두레생협 조합원활동지원팀장

너무도 위험한 한국 사회. 그 안에서 엄마로 살아야 하는 하루하루는 더 두렵기만 합니다. 위험천만한 핵발전소. 도대체 뭐가 문제인지 어렵기만 한 방사성 물질들. 차라리 먹을거리라면 어떻게 피할 수라도 있겠는데……. 수만 년 인류 역사에는 존재하지 않던 이름도 낯선 위험 물질들이 겨우 반세기 만에 우리 아이들의 생존까지 위협하고 있습니다. 더 무서운 것은 무엇이 위험하고 왜 위험한지 저 같은 보통 엄마들은 알기 어렵다는 사실입니다. 이른바 전문가가 아니면 위험성을 판단할 수 없는 사회. 이번 세월호 사고에서도 또 한 번 증명됐듯 나와 우리 아이들의 건강과 생존을 전문가와 관료가 좌우하는 위험사회가 바로 우리의 대한민국입니다. 그렇다고 이대로 가만히 있을 수는 없습니다. 엄마일수록, 시민일수록 더 많이 알아야 하고 더 많이 참여해야겠지요.

2012년 더는 가만히 있지 않겠다고 뜻을 모은 시민들이 에너지기후정책연구소의 제안으로 '시민발주 탈핵연구기금'을 조성했고, 2년 만에 시민 교양 서적《착한 에너지 나쁜 에너지 다른 에너지》가 나왔습니다. 이 책은 여러 어려움 속에서도 에너지와 기후 분야 진보적 민간 싱크탱크의 사명을 훌륭히 해온 에너지기후정책연구소 연구원들의 노력과 희생의 산물이기도 합니다. 이 책을 읽으면 사회적, 생태적, 윤리적으로 바람직한 에너지 전환과 자립을 만들 기본 관점과 정보를 아주 쉽게 배울 수 있습니다. 저 같은 엄마들이 공부하는 순간, 밀양이나 강정 같은 사회 문제의 현장에 관심 갖고 발언하는 순간, 그 순간이 바로 우리 아이들에게 물려줘도 부끄럽지 않을 나라를 만드는 첫걸음이 될 것이라고 확신합니다.

다른 에너지를 찾아가는 시민들에게

20세기 말, 미국 환경학의 선구자인 도넬라 메도스(Donella Meadows)는 자신이 노예를 부리고 있다고 솔직히 시인했다. 노예는 석유와 석탄이었다. 메도스의 말을 살짝 비틀면 우리는 지금 석유와 핵을 노예로 부리고 있다. 지금 같은 사회 시스템과 경제 시스템을 유지하는 한 석유 없이 생활하기란 사실상 불가능에 가깝다. 그러나 분명한 사실은 석유는 고갈되는 유한 자원이라는 점이다. 또한 시점을 둘러싼 논쟁이 있지만 석유 생산 정점(피크 오일)은 현세대가 직면하게 될 현실이다.

한국 사회는 '자동차-도로-석유'의 삼각 카르텔에 포박돼 있다고 주장하는 사람이 있다. 굴뚝 산업, 토건 마피아, 화석-핵 산업의 공고한 카르텔이 한국 사회를 지탱 불가능한 미래로 이끌고 있다는 말이다. 에너지는 물과 먹을거리와 함께 우리 삶을 지탱하는 기본 요소다. 특히 화석 에너지를 중심으로 한 중앙 집중형 에너지 체계는 민주주의, 정의, 환경, 경제, 복지, 평화 등 다양한 차원에서 문제를 일으키고 있다. 광우병 파동, 후쿠시마 핵 사고, 세월호 참사 이후 한국 사회는 '안전'이 빠르게 전 국민적 관심사로 떠오르고 있다. 결국 안전하지 않은 사회 '구조'를 혁파하려면 구체제와 낡은 질서를 해체하는 과정, 곧 '전환'이 필요하다.

에너지기후정책연구소(에정연구소)는 '정의로운 에너지 전환'을 화두로 2009년 창립했다. 지난 5년 동안 에정연구소는 국내외 다양한 기관의 의뢰를 받아 70여 개의 정책 연구 보고서와 6권의 책을 펴냈고, 국내외 에너지와 기후 이슈를 집중 분석한 《에너진포커스》를 55호까지 발행했다. 그동안 에정연구소는 회원과 주변 지지자들의 도움을 받아 에너지와 기후 분야 민간 싱크탱크로 열심히 연구해왔다고 자부한다. 그러나 이런 연구가 현장에서 쓰이는 데에는 어느 정도 한계가 있었다고 솔직히 인정할 수밖에 없다. 연구소가 추구하는 궁극의 목표인 탈핵과 에너지 전환에 조금이라도 기여하려면 고민하고, 연구하며, 실천해야 할 과제가 여전히 많다.

《착한 에너지 나쁜 에너지 다른 에너지》는 에정연구소와 글쓴이들에게 특별한 의미가 있다. 이 책은 지난 2012년 '시민발주 탈핵연구기금'에서 시작됐다. 시민들이 후원하는 소액 연구 기금으로 시민들이 원하는 주제의 연구를 진행한다는 기획으로 출발했는데, 37명의 개인과 17개의 기관이 동참했다. 기금에 참여한 분들의 제안과 투표로 '탈핵에너지 전환 시민 교양서적'을 발간하기로 했고, 부족한 점이 많지만 이 책이 바로 그 결과물이다. 에정연구소가 그동안 연구한 내용을 바탕으로 해서 에너지와 기후 관련 이슈를 우리 사회의 보편적인 사회 영역에 연관해 10강으로 구성했다.

먼저 '1강 현대사회와 에너지'에서는 석유와 핵 등 에너지의 역사와 현대 사회의 에너지 시스템을 개괄하고, 현대 사회에서 에너지가 갖는 중요성에 더해 에너지를 둘러싼 다양한 왜곡 사례와 관련 쟁점을 소개한다. '2강 정치와 에너지'와 ' 3강 경제와 에너지'에서는 한국 에너지 정책의 전개 과정을 돌아보고, 에너지의 정치적 의미와 경제적 속성, 정의로운 전환을 위한 쟁점을 소개한다.

'4강 복지와 에너지'와 '5강 한반도와 에너지'에서는 첨예한 쟁점인 복지와 한반도 문제를 에너지의 관점에서 접근한다. 생존권이 달린 기본 권으로 에너지 이슈에 접근함으로써, 에너지 효율화와 재생 가능 에너지를 중심으로 에너지 복지를 실현하고 지속 가능한 에너지 체계를 수립할 수 있다고 주장한다.

'6강 기후변화협약과 에너지', '7강 기후정의와 에너지', '8강 국제 협력과 에너지'에서는 기후변화 대응과 빈곤 퇴치라는 지구적 차원의 화두를 해결하려는 국제 협상과 이런 노력의 허구성을 고발하는 한편, 원인 제공자 책임의 원칙과 기후정의의 시각에서 본 미래를 위한 정의로운 해결책을 제안한다. '9강 탈핵과 에너지'에서는 한국 핵 정책의 전개 과정과 후쿠시마 이후 변화된 지형 속에서 탈핵과 에너지 전환의 조건과 대안을 제시한다.

마지막 장인 '10강 정의로운 에너지 전환'에서는 지금까지 살펴본 내용을 바탕으로 에너지 전환의 원칙과 방향, 실천 과제를 제안한다. 에너지를 바라보는 원칙과 정의로운 에너지 전환을 위한 실천 전략에 관한 집단적인 고민을 시작하는 계기가 되기를 기대한다.

이 책이 나올 때까지 많은 분의 도움을 받았다. 먼저 시민발주 탈핵 연구기금에 참여한 개인과 단체에 큰 빚을 지고 있다. 이분들 아니었으면 이 책은 기획조차 되지 못했다. 약속보다 늦게 책이 나오게 돼 죄송하다는 말씀을 더해 감사의 마음을 지면으로 먼저 드린다. 오랜 기간 동안 아시아 지역의 환경운동과 활동가를 지원하고 있는 에코피스리더십센터, 그리고 센터를 후원하는 강원대학교와 유한킴벌리의 재정적 도움과 관심이 없었다면 더 많은 시간이 걸렸을 것이다. 끝으로 창립 초기부터 에정연구소의 연구 결과물을 책으로 펴내고 있는 출판사 이매진, 언제나 든든한 에정연구소의 회원과 연구자들께 동지애를 느끼며 감사의 마음을 전한다.

2014년 5월

필자들을 대표해 이강준 씀

현대사회와 에너지

가라앉는
석유 문명에서
어떻게 탈출할까

인류가 처음 이용한 에너지는 불이다. 불을 쓰면서 인류는 동물 같은 생활 방식에서 벗어나기 시작했다. 먹을거리를 삶거나 구울 수 있게 됐고, 난방을 할 수 있게 되면서 혹독한 날씨에 적응하기 시작했다. 그러나 에너지 활용은 여전히 아주 초보적인 상태를 벗어날 수 없었다. 그러다 보니 생활 방식 역시 예전하고 크게 다를 게 없었다. 인류가 또 한 번 도약한 계기는 가축의 활용이었다. 단순 수렵 상태에서 순한 짐승들을 길들여 짐승의 힘을 이용하기 시작했는데, 그 결과 농경이 발달했다. 농경 발달은 먹을거리를 풍요롭게 해주면서 인류의 수명을 늘리고 정착 생활을 하는 결정적 계기가 됐다. 그 뒤 인류는 농경을 중심으로 문명을 발달시키면서 바람과 물 에너지 등을 활용하게 됐다. 그런 생활 방식은 수천 년 동안 계속됐다.

오랜 기간 이어져온 인류의 생활 방식은 화석연료를 발견하며 완전히 뒤바뀌었다. 1800년 무렵 석탄을 활용하기 시작하면서 가축 에너지나 자연에너지를 훨씬 뛰어넘는 동력원을 갖게 됐다. 증기기관이 발명되면서 기술 문명이 짧은 시간에 빠르게 발전했다. 또한 증기기관을 이용한 기관차와 배로 많은 물자를 짧은 시간에 운반할 수 있게 되면서 지역적 삶이 무역을 중심으로 하는 전지구적 삶으로 확장됐다. 자동차와 비행기는 수송 능력을 크게 높이는 결정적 계기가 됐다. 석유는 아직도 현대 문명의 핵심을 차지하고 있다. 나일론이나 아스팔트 같은 석유화학 제품들이 등장하면서 석유는 단순한 에너지의 지위를 넘어섰다. 석유나 석탄으로 가장 현대적인 에너지인 전기까지 생산할 수 있게 됐다. 현대 문명을 석유 문명으로 부르는 까닭이 바로 이것인데, 인류 문명에서 수천 년 동안 일어난 변화보다 화석연료를 쓰기 시작한 200년 동안 일어난 변화가 훨씬 크다는 점에서 석유 문명은 독특한 특징이 있다.

석유 자원은 액체, 기체, 고체의 형태로 존재한다. 그중 액체와 기체 석유가 가장 중요하게 쓰이고 있다. 채취한 원유를 증류하면 휘발유, 등유, 경유, 중유 등을 얻을 수 있고, 원유를 정제해 가공하면 여러 산업에 쓰이는 용매와 페인트, 아스팔트, 플라스틱, 합성고무, 의약품, 화약 등 많은 제품을 얻을 수 있다. 현대 문명에서는 석유 없는 삶을 상상하기 힘든 수준까지 왔다. 현대 문명의 알파와 오메가, 바로 석유다.

고갈 시점보다 정점 시점

석유가 30년 남았다고 하는 사람도 있고, 70년 넘게 쓸 만큼 남았다고 말하는 사람도 있다. 예상이야 어쨌든 모두 석유가 고갈되면 현대 문명이 위기에 빠지게 될 것이라는 점을 염두한 말이다. 그러나 석유 문제를 말할 때는 고갈 시점이 아니라 정점 시점이 중요하다는 점을 잊지 말아야 한다.

석유 생산량이 늘어난다는 사실은 그만큼 수요량도 늘어났다는 의미다. 수요가 생산을 부르기 때문이다. 그런데 석유는 유한 자원이기 때문에 고갈 시점 훨씬 전부터 생산 정점 시기를 맞이할 수밖에 없다. 석유 생산량이 줄어든다는 사실은 '값싼 석유의 시대'가 끝났다는 의미다. 생산량이 줄어도 수요 패턴은 관성적으로 남아 있어서 그만큼 석유를 쓰지 못하는 사람이 늘어나고, 수요 과잉 탓에 석유를 얻을 수 있는 사람들도 예전 같은 가격에 석유를 얻을 수 없다. 석유에 중독돼 있다는 말이 나올 정도로 석유 의존도가 높은 현대 사회에서 석유 부족은 사회 혼란으로 이어진다. 그런데 보수적인 견해로 유명한 국제에너지기구(IEA)조차 재래식 석유의 정점은 2006~2010년에 지났다고 보고 있다. 현재 생산량이 유지되고 있는 이유는 비재래식 석유까지 쓰고 있기 때문이다. 이제 곧 석유의 시대가 끝나기 때문에 세계 각국은 석유를 대체할 수 있는 에너지원을 찾으려고 안간힘을 다하고 있다.

한국 정부는 이런 흐름에 반대로 가고 있다. 이명박 정부는 석유 공급 구조를 안정시키고 에너지 안보를 확보한다는 구실로 한국석유공사 대형화 방안을 추진했다. 대형화 방안의 핵심은 석유공사에 2012년까지 정부 출자금 4조 1000억 원을 포함해 모두 19조 원을 투입해 하루 생산 규모를 5만 배럴에서 30만 배럴로 높인다는 계획이었다. 물론 이 터무니없는 계획은 실패했다. 석유는 현대 사회를 지탱하는 가장 중요한 에너지원이지만 온실가스를 배출하는 주범이라는 점도 널리 알려져 있다. 석유 중심의 에너지 정책이 단기적인 수급 안정성은 확보할 수 있을지 몰라도 석유 고갈이나 기후변화에 대응하자는 세계적 흐름에서는 거리가 멀다. 세계 각국이 '탈석유'와 '녹색의 세기'를 외치는 지금 한국은 아직도 성장 중심의 석유 문명에서 헤어나지 못하고 있다.

주요 선진국들은 이미 석유 의존도를 낮추고 재생 가능 에너지 중심의 에너지 정책을 수립했거나 그런 단계로 이행하는 중이다. 기후변화 대응에서 이미 세계 최고 수준의 기반을 갖춘 스웨덴은 2006년 난방, 산업, 운송 등 전 분야에 걸쳐 석유 의존율을 제로로 만드는 '탈석유' 정책을 내걸었고, 심지어 석유 의존도가 높은 미국도 2007년 '에너지독립안보법'을 통과시키며 재생 가능 에너지 기술을 개발해 2025년까지 중동 원유수입량의 75퍼센트를 줄여 석유 의존 경제에서 벗어난다는 정책 목표를 밝혔다.

1996년 미국 자동차 업체 제너럴 모터스는 'EV1'이라는 이름의 전기 자동차를 출시했다. 판매 자동차의 10퍼센트 이상을 배기가스가 없는 차로 대체해야 하는 캘리포니아 주의 '배기가스 제로법' 때문이었다. EV1은 최대 속도 시속 130킬로미터에 최대 160킬로미터를 갈 수 있는 성능으로 화제를 모았고, 멜 깁슨이나 톰 행크스 같은 스타들이 장기 대여를 하기도 했다. 나중에는 한 번 충전에 500킬로미터를 갈 수 있는 배터리까지 개발했다. 그러나 전기 자동차를 달가워하지 않는 세력에 밀려 2003년 배기가스 제로법은 폐지됐고, 제너럴 모터스는 EV1 생산 라인을 폐쇄하면서 이미 판매한 자동차를 회수했다. 만약 캘리포니아 주정부가 이 법을 유지하고 제너럴 모터스도 전기 자동차 정책을 폐지하지 않았다면, 2000년대 전세계를 휩쓴 경제 위기 때 제너럴 모터스가 "시대 흐름에 적응하지 못한 오염 차 생산 업체"라는 오명을 뒤집어 쓴 채 풍비박산하지는 않았을 것이다. 한국의 에너지 정책도 마찬가지다.

스톡홀름 신드롬과 에너지 중독

1973년 스웨덴 스톡홀름의 크레디트반켄 은행에 강도가 들었다. 빠른 시간 안에 도주하는 데 실패한 은행 강도들은 인질 4명을 잡고 6일간 인질극을 벌였다. 여기까지는 여느 영화에서 볼 만한 장면이었다. 문제는 여기에서 발생한다. 인질들은 자신을 억류하고 협박한 강도들의 폭력을 잊고 서로 정서적으로 교감하기 시작했다. 결국 인질들은 은행 강도를 제압하려던 경찰들에게 협조하지 않았고, 사건이 끝난 뒤에도 불리한 증언을 전혀 하지 않았다. 한 여성 인질은 은행 강도를 사랑하게 되면서 약혼을 깨기도 했다. 심리학자인 닐스 베예로트는 생존권을 쥐고 있던 강자의 논리에 인질들이 동화되고 충성하는 현상을 설명하면서 '스톡홀름 신드롬'이라는 개념을 만들었다.

후쿠시마 핵발전소 사고와 그 뒤 한국에서 핵발전을 둘러싸고 벌어진 논란을 보면 어김없이 스톡홀름 신드롬이 생각난다. 돌이키기 힘든 상처를 안긴 핵발전의 근본 문제에 다가서는 게 아니라, '우리는 안전한가 안전하지 않은가'라는 틀에서 벗어나지 못하고 있기 때문이다. 세계 최고 수준의 핵발전 기술을 가졌다는 일본이 지진해일 때문에 통제 불능 사태에 이른 사실만으로도 안전 신화는 깨졌다. 인류가 가진 기술로는 핵발전의 구조적 위험 요소를 제어할 수 없다는 사실이 분명해진 지금, 우리는 이제 다른 질문을 던져야 한다.

후쿠시마 사태의 본질은 핵발전이 구조적으로 재앙 수준의 잠재력을 가지고 있고, 이런 위험은 언제든지 현실화될 수 있다는 사실이다. 그렇다면 우리는 다른 길을 모색해야 한다. 단순히 핵발전을 버릴 것이냐 말 것이냐 하는 논란을 넘어서야 한다는 뜻이다. 이미 위험 수위에 다다른 전력 수요량을 점검해 수요량을 줄이고, 점차 에너지원을 전환해야 한다. 널리 알려진 대로 사회적 부담이 적은 재생 가능 에너지원들은 아직 경제성이 부족하고, 기술 발전도 시간이 더 필요하다. 전력량이 부족하니 또 다른 핵발전소를 만들자는 주장은 필수적인 에너지 공급과 과잉 수요를 혼동하게 하는 억지에 지나지 않는다. 안전 신화가 아니라 경제성과 효율성을 무기로 내세운 전력 공급의 신화가 우리 발목을 잡고 있다. 이야기는 거기서 시작돼야 한다.

정부와 기업은 현대 문명을 유지하려면 전력을 안정적으로 공급하는 일이 중요하고, 그러려면 지금 쓰이는 에너지원 중 가장 효율성이 높은 핵발전은 필수 선택이라고 주장한다. 온실가스 배출이 별로 없다며 '녹색' 덧칠까지 했으니 만사형통이다. 전략이 제대로 먹힌 듯하다. 시민들이 후쿠시마 핵발전소에서 흘러나온 방사성 물질이 날아들까 걱정하면서도 대안은 있느냐고 따져 묻듯 머뭇거리는 모습을 보니 말이다.

핵발전이 가장 효율적이고 경제성 높은 에너지원이라는 논리는 '만

들어진 신'이다. 발전 과정에서 경제성은 높을지 모르지만, 여기에는 화력 발전소에 견줘 몇 배에 이르는 건설비나 대출 이자, 폐기물 처리 비용, 폐로 비용 등이 포함되지 않았기 때문이다. 전세계의 주요 연구 기관들은 대출 이자만 따져도 핵발전의 경제성이 화력발전보다 떨어진다는 연구 결과를 쏟아내고 있다.

핵발전이 녹색 에너지라는 말도 거짓이다. IEA는 2030년까지 각 수단별로 온실가스 감축에 미치는 영향을 따져보면 핵발전은 10퍼센트 정도밖에 되지 않는다고 예상했다. 에너지 효율을 통한 수요 관리가 50~60퍼센트를 차지하고, 재생 가능 에너지가 20퍼센트 정도를 차지한다. 보수적인 국제기구도 핵발전으로 온실가스를 줄이기는 힘들다고 인정한 셈이다. 여러 이유가 있지만 핵발전 원료인 우라늄도 한정 자원인데다가 핵발전으로 줄일 수 있는 온실가스 양이 다른 기술적 대처에 견줘 크지 않다는 사실은 부인하기 어렵다. 게다가 전세계적으로 사용 후 핵연료를 처리하는 기술을 가진 나라가 없고 방사능 반감기도 길게는 2만 4000년까지 이르는 상황에서 핵발전은 또 다른 환경 파괴이자 세대 간 심각한 불평등을 낳는 원인이 된다.

가장 중요한 에너지 공급량 문제는 어떤가? 정부가 핵발전 확대를 주장하며 내놓은 에너지 수요 전망은 지나치게 과대 포장됐다는 지적이 이미 곳곳에서 쏟아졌다. 그동안 한국의 에너지 정책은 경제성장을 이유로 값싼 에너지를 안정적으로 공급하는 게 주된 흐름이어서 수요 관리 정책은 늘 뒷전으로 밀렸다. 전력 가격을 다른 에너지원보다 훨씬 싸게 매겨 소비를 부추기고, 저소득층에게는 난방 대책이라며 전기 매트와 온열 매트를 지급하는 게 지금 정부의 정책이다. 이제 와서 전력 피크를 들먹이며 핵발전을 빨리 늘려야 한다고 얘기하는 모습은 누가 봐도 난센스다.

에너지나 기후변화 문제를 접하면서 가장 먼저 생각해야 할 것은 에너지 집약형 현대 문명이 과연 알맞나 하는 질문이다. 유한한 자원을 대책 없이 쏟아부어야만 유지될 수 있는 문명이라면 근본적인 성찰이 필요하다. 잘못된 문명을 바꾸려면 사회 구조의 문제가 먼저 해결돼야 한다. 개인이 아무리 노력한다고 해도 구조적인 전환이 병행되지 않으면 언제든 문제는 다시 발생하기 때문이다. 에너지 집약형 현대 문명의 중심에는 수요를 조장하는 잘못된 에너지 체계가 있고, 그 핵심에는 핵발전을 기본 전제로 만드는 심리 또는 의도가 자리 잡고 있다. 공급이 아니라 수요 관리와 재생 가능 에너지를 강조한 시나리오가 많지만, 우리 사회는 검토는 커녕 논의할 필요도 없는 것으로 치부하기 일쑤다.

우리는 이미 핵발전이라는 인질범들에게 동화돼 있는지도 모르겠다. 심리학자들은 스톡홀름 사건 뒤 인질이 인질범에게 동화되는 과정을 3단계로 설명했다. 첫째, 인질범이 자신을 해치지 않는다고 고마워하며 긍정적인 감정을 갖기 시작한다. 둘째, 자신들을 구출하려 하지만 오히려 위

2012년에 〈체르노빌 다이어리(Chernobyl Diaries)〉라는 영화가 개봉했다. 젊은 남녀가 체르노빌 통제 구역에 들어갔다가 방사능에 오염돼 짐승이나 좀비처럼 변해버린 지역 주민에게 위협을 당하는 내용이다. 영화는 전형적인 하드고어 스릴러 공포물일 뿐이지만, 거의 30년이 지난 지금도 체르노빌 사건이 공포의 대상이 되고 있다는 점은 주목할 만하다. 잘 알려진 대로 1986년 구소련 우크라이나의 체르노빌에서 원자로가 폭발했다. 이 사건으로 원자력 발전이 안전한지, 인류가 계속 추구할 만한 가치가 있는지를 둘러싼 논쟁이 전세계에서 벌어졌다. 이탈리아 등은 체르노빌 사건 뒤 국민투표로 원자력 발전소

영화 〈체르노빌 다이어리〉 포스터

폐쇄를 결정하기도 했고, 체르노빌 사건이 일어나고 십 몇 년이 지난 뒤 동북아에서 방사성 물질이 과다 검출되면서 논란이 일기도 했다.

지금 체르노빌은 어떤 상황일까. 아직도 방호복을 입지 않으면 치사량 수준의 방사능이 검출되고 있고, 방사능 반감기가 수만 년에 이르는 방사성 물질도 위험 수치를 넘어 검출되고 있다. 방사능 피해는 상상을 초월했다. 체르노빌 지역 주민의 기형아 출산율은 기하급수로 늘어났고, 해당 지역은 초토화돼 유령 도시가 됐다. 심지어는 방사능 때문에 유전자가 변형된 체르노빌 동식물이라며 아직도 인터넷에 기이한 사진이 끊임없이 올라오고 있다. 체르노빌 지역은 사실상 반영구적 출입 금지 지역이다.

후쿠시마도 마찬가지다. 플루토늄처럼 수만 년의 방사능 반감기를 가진 물질이 아니더라도 후쿠시마 지역에서 사람들이 다시 살아간다는 것은 꿈에도 상상할 수 없는 일이다. 100퍼센트 안전할 수는 없다는 사실을 생각하면 원자력 발전이 사회적으로 수용할 수 있을 만한 에너지인지 묻지 않을 수 없다. 지속 가능한 소비를 하려고 미래 세대에게 지속 가능한 위험을 물려주는 게 과연 옳은 일일까.

험을 불러오는 경찰들에게 강한 반감을 갖는다. 셋째, 인질이 인질범과 운명 공동체라는 믿음을 갖게 된다. 의식적이건 무의식적이건 간에 이런 과정은 우리가 핵발전을 대하는 태도하고 무서우리만큼 일치한다. 지난날 어떤 사고를 일으켰든, 우리 땅에 어떤 괴물을 만들어놓든 상관없이 핵발전이 지금 안정된 풍요를 보장한다고 우리는 믿고 있다. 핵발전의 위

험성을 주장하며 에너지 수요를 관리하고 에너지원을 전환하자는 주장에 현실론을 들먹이며 지나친 극단주의라는 비판을 쏟아낸다. 머잖아 우리는 핵발전 말고는 대안이 없고, 전체 발전량의 60퍼센트에 이르는 핵발전이 우리가 꿈꾸던 '또 다른 세상'이라고 생각하게 될지도 모르겠다.

에너지 정책을 전환해야 한다고 주장하는 진보 매체들의 기사에 "그럼 대안은 있나?"는 비판이 쏟아지는 상황은 정말 아프다. 과잉 수요가 유지돼야 한다는 전제가 암묵적으로 담긴 질문이기 때문이다. 핵발전이 일본을 어떻게 초토화했는지 봤으면서도, 유럽이 앞다퉈 핵발전 정책을 재고하는 모습을 보고 있으면서도, 왜 유독 우리 사회는 여전히 안전성만 따지고 있을까.

수천 년 동안 척박한 사막이던 가비오따쓰를 열대 우림으로 일군 파올로 루가리는 이렇게 말다. "사막이란 상상력이 고갈된 상태"이며, 우리에게 "진정한 위기란 자원의 부족이 아니라 상상력의 부족이다."

셰일가스는 우리를 구원할까

셰일가스(Shale gas)는 진흙이 수평으로 퇴적해 굳어진 암석층인 혈암(shale)에 들어 있는 천연가스다. 넓은 지역에 걸쳐 연속된 형태로 분포된데다 추출이 어렵다는 기술적 문제가 있었지만, 1998년 그리스계 미국인 채굴업자 조지 미첼이 수압 파쇄(fracking) 공법을 써 상용화에 성공했다. 모래와 화학 첨가물을 섞은 물을 시추관을 거쳐 지하 2~4킬로미터 밑의 바위에 500~1000기압으로 분사한 뒤, 바위 속에 갇혀 있던 천연가스가 바위 틈새로 모이면 장비를 이용해 뽑아내는 방식이다.

우리가 에너지로 쓸 수 있는 가스는 전통적 가스와 비전통적 가스로 나뉜다. 셰일가스는 대표적인 비전통 가스다. 비전통 가스는 매장량이 많아 차세대 에너지원으로 각광받고 있지만, 현재 기술 수준에서는 대부분 활용이 어렵거나 경제 가치가 떨어진다는 평가를 받는다. 그러나 미국이 채굴 기술을 확보하면서 셰일가스는 석유를 대체할 에너지원으로 빠르게 떠오르기 시작했다. 전통적 가스인 천연가스 매장량이 약 60년 정도 쓸 수 있는 양으로 예상되는 반면, 셰일가스는 지금까지 확인된 매장량만으로도 이 수준을 훨씬 넘어선다. 셰일가스를 대량 생산할 수 있게 되자 버락 오바마 대통령이 "미국이 100년 동안 쓸 수 있는 새로운 에너지가 나왔다"고 말한 것도 바로 이런 점 때문이다. 삼성경제연구소도 2012년 자체 보고서를 통해 셰일가스가 가스 가격을 확 낮추고, 석유화학공업을 나프타에서 가스로 빠르게 전환시키며, 전력산업도 석탄 발전에서 가스 발전으로 대체해 새로운 시장이 열릴 것이라며 극찬을 쏟아냈다. 한쪽에서는 석탄이나 석유 대신 가스를 활용하면 온실가스 배출도 줄어들어 기후변화 대응에도 도움이 될 것이라며 흥분을 감추지 못했다.

셰일가스는 기후변화와 에너지 고갈이라는 이중의 위기를 구원할 구세주일까? 그렇지 않을 가능성이 높다. 미국 코넬 대학교의 로버트 호워드(Robert Howarth) 교수는 《기후변화(Climate Change)》라는 과학 전문지에 실은 연구 보고서에서 셰일가스를 경계해야 한다고 주장했다. 호워드는 셰일가스가 연소 과정에서는 석탄이나 석유보다 온실가스 배출량이 적을지 몰라도 채굴할 때 많은 양이 대기 중으로 누출되는 점에 주목했다. 전통적 가스인 천연가스는 누출량이 0.01퍼센트지만 셰일가스는 거의 2퍼센트나 새어 나오고, 운송과 저장과 정제 과정까지 합하면 3.6~7.9퍼센트에 이른다. 이렇게 누출되는 가스의 온난화 강도까지 계산하니 오히려 석탄보다 온난화 효과가 높게 나왔다. 빈대 잡으려고 초가삼간 태우게 될지도 모르는 일이다. 그런데도 여전히 세계는 기후변화와 에너지 고갈이라는 두 마리 토끼 중 에너지 고갈에만 집중한다. 소비 수준을 지금 수준으로 유지한다는 전제를 버리지 못하고 있는 것이다. 또 기술이 발전하면 누출되는 양이 줄어 재생 가능 에너지로 가는 다리 구실을 충분히 할 수 있다고 장담한다. 그러나 셰일가스 채굴 기술이 수십 년 동안 정체돼 있다가 최근에야 변화의 계기가 발견된 사실은 이야기하지 않는다. 그런 불확실한 믿음을 바탕으로 셰일가스는 인류의 구세주로 떠올랐다.

생태계의 학살자로 불리는 DDT를 보자. DDT가 처음 나오자 강력한 제초 성분 덕분에 또 다른 농업혁명이 일어나리라는 예측이 많았다. '신의 선물'이라는 말까지 나온 정도니 더 말할 필요도 없겠다. 그러나 잘못된 예측이라는 사실을 아는 데는 오랜 시간이 필요하지 않았다. DDT를 사용한 농토는 잡초는 물론 생태계가 아예 붕괴했고, 나중에는 심각한 부작용을 활용해 베트남 전쟁에서 무기처럼 활용되는 어처구니없는 상황까지 벌어졌다. 셰일가스를 새 시대의 새로운 에너지원처럼 말하는 사람들을 믿을 수 없는 이유다. 함부로 말하고 함부로 쓰는 사람들의 말로를 우리는 너무 많이 봤다.

앤터니 페나 지음, 황보영조 옮김, 《인류의 발자국 — 지구 환경과 문명의 역사》, 삼천리, 2013

인류의 역사는 곧 환경의 역사이기도 하다. 인류 문명이 지구 환경에 어떻게 관계를 맺고 있는지, 어떤 변화를 일으켰는지를 세밀하게 보여준다. 농업혁명, 석탄혁명, 석유혁명 등 현대 에너지 자원과 우리 사회의 관계를 전반적으로 파악할 수 있다.

에리히 폴라트 외 지음, 김태희 옮김, 《자원전쟁》, 영림카디널, 2008

현대 국가들은 자원을 둘러싸고 쟁탈전을 벌이고 있다. 그 결과 에너지 위기는 공포가 되고, 사회 안정성도 위협받고 있다. 세계 곳곳에서 자원을 둘러싸고 벌어지는 정치적 분쟁을 살펴볼 수 있다.

폴 길딩 지음, 홍수원 옮김, 《대붕괴 — 기후 위기는 세계 경제와 우리 삶을 어떻게 파멸시키나》, 두레, 2014

기후변화는 단순히 지구가 약간 더워져 불편을 겪는 수준의 문제가 아니다. 그린피스 책임자를 지낸 폴 길딩은 기후변화가 세계 경제 시스템에 미치는 영향을 밝히고, 전세계적인 대혼란이 올 수도 있다고 경고한다.

정치와 에너지

에너지 정치의
정치적 에너지를
어디에서 찾을까

"세상에 존재하는 문제를 해결할 때, 문제를 야기한 장본인들과 같은 식으로 생각해서는 절대로 문제를 해결할 수 없다."　　— 알버트 아인슈타인

에너지라는 용어는 영국 과학자 토머스 영(Thomas Young)이 1802년 왕립학회 강의에서 처음 사용했다. 어원은 그리스어 '에네르게이아 (Energia)'로, '안에 있는 일'이라는 뜻이다. 사전에는 '인간이 활동하는 근원이 되는 힘' 또는 '물체가 가지고 있는 일을 하는 능력'으로 풀이돼 있다. 또한 에너지는 '일을 할 수 있는 능력'이고, '일반적으로 석유 에너지, 원자력 에너지와 같이 에너지원이라는 뜻으로도 쓰인다'고 《위키백과》는 설명하고 있다.

지구상에는 여러 종류의 에너지가 다양하게 쓰이고 있다. 석유, 석탄, 천연가스 같은 화석에너지 말고도 열에너지, 전기에너지, 압력에너지, 운동에너지, 위치에너지 등 다양한 형태의 에너지가 있다. 한 번 쓰고 나면 없어지는 에너지와 써도 고갈되지 않고 다시 생성되는 재생 가능 에너지로 구분하기도 한다. 쓰면 없어지는 에너지는 화석연료와 핵연료가 대표적이고, 재생 가능 에너지는 태양열, 태양광, 풍력, 수력, 바이오매스, 조력 등이 있다.

한편 정치에 관한 가장 보편적인 정의는 '가치의 권위적 배분'이라는 정치학자 데이비드 이스턴(D. Eastern)의 말이다. 개인이 갖고 싶어하는 재화나 권력이나 명예 따위의 가치는 유한한 반면 개인의 욕구는 무한하기 때문에 일어나는 갈등을 권위적으로 조정하는 과정이 정치다. 이런 가치를 누구에게, 언제, 얼마나, 어떻게 배분할 것인가 하는 문제를 조정하고 통제하는 수단이 법과 제도다. 특히 정치는 입법과 정책, 예산 결정 등

토마스 영(1773~1829).
에너지라는 말을 처음 썼다.

을 통해 가치를 '권위적'으로 배분하는 기능을 한다. 여기서 권위적이라는 말은 가치를 나누는 방식이나 결과와 관련해 사회 구성원들이 정부의 권위를 인정한다는 뜻이다.

에너지 정치는 에너지를 둘러싼 다양한 이해관계를 조정하고 결정하는 과정이다. 달리 말해 석유, 가스, 석탄, 원자력, 재생 가능 에너지 등의 수요와 공급을 어떤 기준과 목표 아래 에너지기본계획에 반영할지, 이 계획을 집행할 제도와 예산, 세제, 가격 정책은 어떻게 수립할지 등을 다루면서 다양한 가치와 이해관계를 조정하고 결정하는 과정이다.

에너지 정치와 에너지 카르텔 — 산-학-정-언 네트워크

한국의 에너지 정치에서 가장 큰 문제는 에너지를 둘러싼 이해관계를 조정하고 결정하는 과정을 다수의 참여가 제한된 비민주적이고 폐쇄적인 방식으로 소수의 정치인, 관료, 전문가, 자본가(기업)가 주도한다는 점이다. 또한 이 소수의 정책 결정자들은 자기 또는 주변 이해관계자의 이익에 봉사할 뿐만 아니라 지속 가능하지 않은 정책을 더욱 고착시키거나 강화하고 있다.

지금까지 한국의 에너지 정책 결정권자들은 에너지의 경제적 측면을 중심으로 정책을 수립했다. 경제성장을 뒷받침할 에너지를 안정되게 공급하는 것이 정책 수립의 핵심 고려 사항이었고, 국내의 미활용 재생 가능 에너지를 활용하기보다는 석유와 석탄과 핵발전을 중심으로 한 공급 위주의 중앙 집중형 에너지 체계를 구축했다. 에너지 문제는 경제에 밀접히 관련되지만, 환경 문제이며 사회 문제이기도 하다. 핵발전소나 핵 폐기장 건설에 따른 기후나 환경 문제, 단전에 따른 촛불 화재 사망 사고, 값싼 도시가스를 쓰는 도시와 비싼 등유를 때는 농촌, 고유가와 정유사의 담합이나 폭리에 따른 서민의 부담 등 다양한 문제에 연결돼 있다. 에너지 문제에 접근하는 방식에 따라 에너지 정책을 수립하는 과정이 달라지고, 수립된 정책은 다양한 이해관계에 연결돼 사회적 여파를 미친다.

에너지 관련 법 조항 하나에 따라 기업의 주가와 매출이 영향을 받고, 에너지 관련 세제가 바뀌면 시민들이 쓰는 에너지 비용이 달라진다. 2005년 국회에서 최철국 의원이 대표 발의한 '해외자원개발사업법안'이 가결되면서 그때까지 해외 자원 개발에서 정부 지원을 받지 못하던 SK그룹이 혜택을 받게 됐다. 관련 법안을 다룬 2005년 2월 21일 제252회 임시회 산업자원위원회 2차 회의록을 보면, 법안 발의자인 최 의원은 제안 설명에서 법안의 개정 취지를 이렇게 설명했다. "외국인 지분이 50%를 넘는 기업은 해외자원개발사업자로서 자격을 얻을 수 없기 때문에 새로운 기업이 자원개발사업에 진입하는 데도 장애 요인이 되고 있습니다. 그래서 법과 현실의 괴리를 없애고 기존 국내 민간 기업들이 전과 같이 해외자원개발사업을 계속하도록 지원하기 위해서, 또 보다 많은 기업이 신규 사업에 참여할 수 있도록 하기 위해서 법 개정을 추진하게 되었습니다." 그러자 상임위 수석전문위원은 부작용을 염려하는 이런 검토 의견을 냈다. "다만 단서 규정을 단순히 삭제하게 되는 경우에는 외국 기업의 국내 현지 법인 또는 외국인이 경영권까지 행사함에 따라 우리나라의 법률에 의하여 설립되기는 하였지만, 그 실질은 외국 기업이라고 보아야 할 기업들도 정부 지원을 받을 수 있게 되는 문제가 발생할 가능성이 있습니다." 또한 이 법 조항을 개정해 지원을 받게 될 기업이 얼마나 되느냐는 질문에 이희범 산업자원부(현 산업통상자원부) 장관은 메이저급으로는 한 개회사라며, SK그룹이 수혜를 받게 된다는 점을 인정했다.

결국 SK그룹은 해외 자원 개발 분야에서 정부 지원을 받게 됐다. 정부는 민간 기업의 석유 등 해외 자원 개발 사업을 지원하는 '성공불융자' 제도를 운영하고 있다. 소요 자금의 최고 80퍼센트까지 15년 동안 저리로 융자하는 성공불융자는 탐사 등 개발 사업이 실패할 때 융자금을 감면하는 제도로, 기업 처지에서 보면 커다란 특혜다. 참고로 지난 2012년 성공불융자 지원 규모는 14억 달러에 이르렀다.

여기에서 잠깐 석유개발융자를 살펴보자. 이 제도가 시작된 1984년부터 2013년까지 46개 업체에 26억 6692만 7004달러(2조 8602억 8000

만 원)가 지급됐지만, 지금까지 50.8퍼센트인 13억 5508만 4863달러(1조 4533억 2850만 원)만 회수됐다. 또한 성공불융자금 지원은 이명박 정부 때 집중됐다. 석유개발융자의 경우 2008년부터 2012년까지 5년간 10억 5243만 2316달러가 지원됐는데, 30년 동안에 걸친 전체 융자금의 39.5퍼 센트에 해당된다. 같은 시기 광물개발융자는 10년 동안 발생한 융자금의 80.6퍼센트에 이르는 596억 5800만 원이 지원됐다.

또 따른 사례로 유럽과 라틴아메리카 등에서는 널리 쓰이는 바이오 디젤(경유를 대신해 폐식용유나 식물성 기름으로 만든 기름)의 보급에 관 련된 상징적인 사건이 있었다. 2008년 어느 소규모 바이오디젤 업체 사장 이 자기 소유의 자동차에 바이오디젤을 넣어 사용하는 행위를 불법으로 규정한 석유사업법에 저항하기 위해 지인을 시켜 자신을 고발하게 한 사 건이 있었다. 약식 재판을 거부하고 정식 재판을 거쳐 승소했는데, 정부는 바로 석유사업법 시행령을 개정해 이런 행위를 다시 불법으로 만들었다. 자기 자동차에 석유를 대체하는 바이오디젤을 주유하는 행위를 불법으로 만들어 정유사의 시장을 보호하려는 정부의 의지를 드러낸 사건이다.

한편 SK에너지의 2008년 광고선전비는 1937억 원에 이르렀다. 요즘 은 텔레비전에서 석유 자본의 광고를 쉽게 접할 수 있다. 석유 자본의 이 미지 광고가 우리를 끊임없이 속박하고 있으며, 우리는 이 과정에서 이데 올로기 훈육을 받는다. 더구나 광고나 협찬을 통해 언론의 논조에 개입 할 개연성이 매우 높은 것 또한 사실이다. 민족주의 색채가 두드러지는 자주 개발 관련 보도를 보자. 정부의 해외 자원 개발 정책이 드리운 환경 파괴와 인권 유린이라는 그늘을 드러내기보다는, 한국 정유사가 해외에 서 얼마나 석유를 확보했으며 경제적 수익이 얼마나 큰지를 홍보하느라 바쁘다.

석유 기업에만 해당되는 문제가 아니다. 2008년 이명박 정부는 새

연도별 석유개발융자 지원 현황		
연도	사업 건수	지원(융자)금
1984~2006	392	1,274,901,528.57
2007	37	337,724,048.17
2008	44	280,323,933.75
2009	45	235,946,102.35
2010	40	205,064,351.09
2011	38	190,774,344.63
2012	25	140,323,584.24
합계	229	2,665,057,892.8

· 단위: USD.
· 자료: 전정희 국회의원 보도 자료(2013) 참조.

정부의 국정 과제를 발표하면서 원전 비중을 설비 기준으로 2006년 26 퍼센트에서 2030년 41퍼센트까지 확대한다는 내용을 넣었다. 2007년에 대표적인 핵 산업체인 두산중공업의 주가는 4만 원대에서 형성됐지만, 2008년 이명박 정부의 공세적인 핵발전소 확대 정책에 힘입어 16만 원대까지 수직 상승했다. 물론 주가에 반영되는 요소는 매우 다양하겠지만, 2008년 이명박 정부 이전까지 1만 원에서 5만 원 사이에 형성되던 주가가 2008년 16만 원대까지 급상승하다가 2009년부터 5~8만 원대를 형성한 점을 보면, 이명박 정부가 국정 과제를 발표하자 시장이 반응한 결과라고 보는 게 맞을 듯하다.

핵 관련 산업체의 매출액 추이를 봐도 이명박 정부의 핵에너지 확대 정책이 이 기업들에 얼마나 큰 이득을 안겨줬는지 확인할 수 있다. 2001년부터 2007년까지 핵 관련 산업체의 매출액은 연간 10~13조 수준이었

원자력 공급 산업체와 원자력발전 사업체 매출액 추이(단위: 십 억 원)										
	2003	2004	2005	2006	2007	2008	2009	2010	2011	2012
원자력 공급 산업체	2,227	2,291	2,215	2,305	2,504	3,765	3,973	4,782	5,655	5,250
원자력 발전 사업체	8,832	9,009	10,075	10,495	10,311	10,829	11,463	11,977	14,217	16,141
합계	11,059	11,300	12,290	12,800	12,815	14,594	15,436	16,759	19,872	21,391

· 자료: 제18회 원자력산업실태조사(2014) 재구성

는데, 이명박 정부 이후 15조~17조로 1.5배 증가했다. 특히, 발전사업체를 제외하고, 핵발전소의 설계, 건설, 운전, 안전, 연구 등의 분야를 포괄하는 '원자력 공급 산업체'는 MB정부 이후 5년 만에 이전 정부에 견줘 매출이 두 배 이상 증가했다. 두산중공업이 2008년 시작한 '신고리 3, 4호기 원자로와 터빈 발전기' 사업 1건의 수주 금액만 1조 1420억 원에 이른다.

모든 정책이 다양한 이해관계자에게 영향을 미치듯 한 나라의 에너지 정책은 기업과 개인, 나아가 해외의 토착민에게 다양한 영향을 미친다. 특히 막대한 초기 인프라 투자가 필요한 에너지 산업은 대기업의 시장 장악력이 높고, 정부 정책의 직접적인 영향권 아래 있다. 화석에너지와 핵에너지 산업계는 자기 이익을 확대하기 위한 법과 제도, 정부 예산에 영향을 미치려는 로비를 벌이거나 압력을 행사하게 되고, 경제적 이권을 매개로 결탁한 정치와 언론과 학계는 일종의 카르텔을 형성하고 있다. 에너지 카르텔은 국제적 측면에서도 살펴볼 필요가 있는데, 특히 석유나 가스 또는 핵 관련 정책은 국제 정치 측면이 중요하다. 요컨대 산업-학계-정치-언론을 잇는 에너지 카르텔의 형성은 역사적 맥락 속에서 파악해야 한다.

한국전쟁 이후 역대 정부가 에너지 정책을 수립하면서 가장 먼저 고려한 사항은 경제성장에 필요한 에너지를 안정적으로 확보하는 수급 안정화에 있었다. 한쪽에서는 석유를 안정적으로 공급하기 위해 수입선 다변화 정책, 비축유 정책, 해외 자원 개발 정책 등을 추진하고, 다른 한쪽으로는 화력발전과 핵발전을 중심으로 한 대규모 중앙 집중형 전력 수급 정책을 고수해왔다. 특히 이명박 정부는 이전 정권의 에너지 정책을 이어받는 동시에 핵발전과 해외 자원 개발을 더욱 공세적으로 확대 강화하면서 '녹색 자본주의(green capitalism)'의 전조라 할 수 있는 '저탄소 녹색 성장'을 추진했다.

역대 정부의 에너지 정책을 살펴보자. 먼저 한국전쟁 종전 뒤 이승만 정부는 연료난 해결이 아주 중요한 정책 과제였다. 다른 분야도 그렇지만 에너지는 주로 미국 등 해외 원조에 의존했다. 처음에 한국의 에너지 정책은 일제 강점기에 건설된 수력발전소와 국내 석탄을 이용하는 것이었다. 그러다 1954년 전원개발계획을 수립하는 과정에 미국이 개입하면서 수력발전 위주의 수주화종(水主火從) 정책에서 석유와 석탄 화력발전 위주의 화주수종(火主水從) 정책으로 전환했다. 석유를 미국의 원조에 거의 전부 의존하고 있었기 때문에 에너지 정책의 미국 예속화는 심해졌다. 또한 이승만 정부는 한미원자력협정을 체결하고 원자력법을 제정해 1959년에 원자력원을 설치했다. 이때 미국의 원조로 문교부 관료들이 미국에 원자력 연수를 집중적으로 다녀왔는데, 이 과정에서 핵발전에 관련된 인적 역량과 초기 네트워크가 형성됐다.

박정희 정부는 급속한 경제발전에 따라 에너지를 안정적으로 공급하기 위해 화주수종(火主水從) 정책에서 주유종탄(主油從炭) 정책으로

역대 정부의 에너지 정책과 기후 정책 분석과 평가 요약			
	문민정부 (1993~1997)	국민의 정부 (1998~2002)	참여정부 (2003~2007)	이명박 정부 (2008~2012)
에너지 일반	· 정부 기구 축소 · 규제 완화 제도화 · 경쟁화/개방화	· 공기업 민영화 · 전력산업 구조 개편 · 환경 고려 정책 출현	· 에너지 복지 개념 · 정책 결정 민간 참여 · 신재생에너지(FIT)	· 녹색 자본주의 · 자주개발률 40%(2030) · 원전 설비 24→41퍼센트
기후 변화	· 기후변화 인식 부재	· 국제 협약 대응 (방어적)	· 협약 이행 기반 구축	· 완화/적응 계획 제시
녹색 경제	–	· 숲 가꾸기 사업	· 공공 근로	· 녹색 뉴딜
지역 /협치	· 절약 중심 정책 도입 · 지역 계획 수립 지원 · 굴업도 방폐장 표류	· 대체 에너지 포함 · 민영화/구조 개편 갈등 · 방폐물 관리 대책 (2000)	· FIT, 공공 의무화, WAP · 주민투표법, 국가에너 지위원회 민간 참여	· 실적, 자본 중심 (RPS) · 거버넌스 퇴행 · 삼척과 영덕 신규 부지
국제 협력	· 융자 제도 개편과 기업 진출 유도 (자원 개발)	· 석유공사 중심 해외 자원 개발 추진	· 자원 외교, 융자 확대, 투자 대형화, 다각화	· 자주개발율 30% (2019) · CNK 스캔들
세제 /정부	· 상공자원부(1993) · 교통세(1994, 휘발유 /경유)	· 통상산업부(1998) · 교통세	· 산업자원부(2003) · 교통에너지환경세 (2006)	· 지식경제부 (2008) · 15조, 3차 일몰 (2012)
총평	· 현 정책 골간 구축 · 정부 축소/시장주의	· 기업 구실 강화 · 환경적 고려 시작	· 복지와 거버넌스 진전 · 재생에너지 기초	· 이전 정책 계승 확대 · 녹색성장과 불평 등 심화

· 자료: 에너지기후정책연구소, 2012.

전환했다. 국제 유가가 낮게 형성됐고, 비교적 짧은 시간에 화력발전소를 건설할 수 있었기 때문이었다. 물론 철강공업과 중화학공업 육성 정책도 이런 변화에 무관하지 않다. 그 뒤 1970년대 두 차례의 석유 파동을 거치면서 에너지 안보의 중요성이 급부상했고, 에너지 안보를 최우선 국정 기조로 수립하면서 탈석유 전원 개발 정책으로 전환했다. 현재 유지되는 에너지 정책의 뼈대는 박정희 정부 시절에 윤곽이 잡혔다. 특히 2차 석유 파동을 겪은 직후인 1978년이 중요한데, 고리 1호기 가동, 동력자원부 신설, 해외자원개발촉진법(현 해외자원개발사업법)과 한국석유개발공사법(현 한국석유공사법) 제정 등이 이때 벌어진 일들이다. 정부의 석유 비축 사업도 한국석유개발공사법이 제정되면서 제도화됐고, 석유 파동이 준 충격으로 에너지를 안정적으로 확보하려는 정책의 뼈대가 마련됐다.

전두환 정부에서 노무현 정부에 이르기까지 에너지 정책 목표의 우선순위는 박정희 정부 때 기초가 마련된 지속적인 경제성장에 필요한 에너지원을 안정적으로 확보하고 에너지 수급을 안정화하는 데 있었고, 이명박 정부는 이전 정권의 에너지 정책 흐름을 이어받는 동시에 핵발전과 해외 자원 개발을 강화했다.

1953년 유엔 총회에서 아이젠하워 대통령이 '원자력의 평화적 이용'을 선언한 뒤 이승만 정부는 1955년 한미원자력협정 체결, 1956년 문교부 산하 원자력과 신설, 1958년 원자력법 제정과 원자력원 설치 등 기술 개발 중심의 핵 정책 기반을 조성했다. 박정희 정부에서는 연구용 원자로 가동(1962년), 석유 파동을 계기로 한 동력자원부 신설, 고리 1호기 완공 등 에너지원을 안정적으로 확보하는 과정에서 핵이 중요한 자리를 차지하는 정책적 전기가 마련됐다. 전두환 정부는 '원전 기술 자립 계획'을 공식화하면서, 체르노빌 사고에 따른 세계 핵 관련 시장 침체기에 한국형 원전 건설을 위한 기술 이전을 조건으로 공세적인 핵발전 정책을 펼쳤다. 10퍼센트 안팎의 높은 경제성장률을 보이면서 원전 비중이 급증하는 시기였다. 노태우 정부 때인 1990년 '발전소 주변지역 지원에 관한 법률'을 제정해 발전소 주변 지역을 대상으로 하는 경제적 보상이 제도화됐으며, 원자력을 생산하고 이용하면서 생기는 방사선 재해에서 국민을 보호할 목적으로 원자력안전기술원을 신설했다.

핵발전 강화 정책은 보수 정부나 개혁 정부에 상관없이 일관되게 추

한국 핵발전 정책의 전개 과정과 역대 정부의 특징		
	주요 내용	비고
이승만	·1955년, 한미원자력협정 ·1956년, 문교부 기술교육국 산하 원자력과 신설 ·1958년, 원자력법 국회 통과, 독립 기관인 원자력원 설치 내용	·1953년 유엔 총회, 아이젠하워 '원자력의 평화적 이용' 선언 ·1957년, IAEA 창립
박정희	·1962년, 연구용 원자로 가동(TRIGA-MARK-II) ·1966년, 방사선농학연구소 출범 ·1978년, 고리 1호기 완공(58만 7000메가와트급, 21번째 원전 보유 국가)	·석유 파동 ·1978년, 동력자원부 ·1979년, 스리마일
전두환/노태우	·1985년, 제214차 원자력위원회, 원전 기술 자립 계획 공식화 ·1987년, 미국의 컴버스천 엔지니어링(CE)은 원전 기술 제공과 자사 모델 하나를 개발해 생산할 수 있는 계약 체결 ·10퍼센트대 전후의 경제성장률과 원전 비중 급증(8기 가동 시기) ·중수로 핵연료 국산화(1987부터 월성에 전량 공급) ·1990년, 안면도 방폐장 백지화.	·1986년, 체르노빌
김영삼/김대중/노무현	·1995년, 굴업도 방폐장 백지화 ·2003년, 부안 방폐장 부지 선정에 맞선 저항 ·2000년대 한전 대형화와 비효율성 지적, 전력산업 구조 개편 ·민주화의 진전과 반핵운동, 굴업도, 부안, 경주 등	·북핵 갈등, KEDO ·한반도 비핵화 공동 선언 ·IMF 구제 금융
이명박	·국기본(2008), 2030년까지 자주개발율 40퍼센트, 원전 설비 비중 41퍼센트 ·경주 방폐장 강행, 삼척과 영덕 신규 원전 부지 선정, 고리 1호기 운전 강행, 밀양 송전탑 갈등, 자원 외교 강화와 원전 수출 드라이브	·2011년, 후쿠시마 사고 ·아랍에미리트 원전 수출

·자료: 에너지기후정책연구소, 2012.

진됐다. 김대중 정부 때 수립된 '1차 전력수급계획'은 2010년 발전량에서 원전 비중을 42.1퍼센트로 계획해 원전 중심 전력 정책을 군건하게 했다. 2003년 12월 참여정부는 '3차 전력수급 기본계획'을 통해 핵발전 비중을 46.7퍼센트에서 44.7퍼센트로 늘리고, 2020년에는 43.4퍼센트로 하기로 계획했다. 2007년에 세워진 '3차 원자력진흥계획'은 2011년까지 핵발전 이용 확대, 핵 산업 경쟁력 강화, 고유의 핵 비확산성 핵 시스템 핵심 기술 확보를 정책 목표로 제시했다. 한편 1988년부터 시작해 1990년 안면도와 1995년 굴업도를 거치며 지역 주민의 반대에 부딪혀 표류하던 정부의 핵폐기물 처리 시설 건설 문제는 2000년 12월 원자력위원회에서 중저준위 방사성 폐기물 처분장과 사용 후 핵연료 중간 저장 시설을 분리해 추진하기로 한 뒤, 2005년 형식적인 주민투표 과정을 거쳐 경주에 방폐장을 건설하는 방안이 결정됐다. 또한 노무현 정부 때인 2004년 '핵물질 및 원자력시설의 안전한 관리·운영을 위한 방사능재난예방 및 물리적 방호 체제'를 수립하고, 방사능 재난을 효율적으로 처리하기 위한 '원자력시설 등의 방호 및 방사능 방재대책법'이 제정됐다.

이명박 정부는 2008년 '제1차 국가에너지 기본계획(2008~2030)'에서 핵발전을 설비 기준으로 2008년 24퍼센트에서 2030년 41퍼센트로, 발전량 기준으로는 36퍼센트에서 59퍼센트로 확대한다는 기본 계획을 발표했다. 이어 2010년 '제5차 전력수급기본계획'을 통해 전기 소비량이 2010~2024년 기간에 연평균 1.9퍼센트 증가할 것으로 전망하고 목표 수요 기준으로 2014년 이후 13.9~20.4퍼센트의 설비 예비율을 유지하기로 한 뒤, 이미 확정된 34기에 더해 4~6기를 더 건설하기로 확정했다. 또한 2009년 12월 아랍에미리트 원전 수출 계약을 계기로 2010년 1월 '원자력 발전 수출산업화 전략'을 마련했다.

2012년까지 10기의 원전을 더 수주하고 2030년까지 80기의 원전을 수출해 누적 4000억 달러 매출을 올린다는 계획이다. 세계 신규 원전 건설 물량의 20퍼센트를 점유하고, 2030년까지 3대 원전 수출 강국으로 도약한다는 목표를 세웠다.

한편 한국 정부는 후쿠시마 핵 사고를 경험한 뒤에도 고리와 월성에 있는 '노후 원전'의 수명 연장을 추진하거나 허용했으며, 삼척과 영덕에 새로 원전을 건설하는 절차를 밀어붙이고 있다. 지난 수십 년간 핵발전

정책은 신규 원전 부지 선정과 핵폐기물 처분장 문제를 중심으로 사회적 갈등을 일으켰는데, 최근에는 고리 등 수명 만료 원전의 폐기와 밀양 송전탑을 둘러싼 쟁점이 더 크게 부각되고 있다.

　역대 정부의 에너지 정책 전개 과정을 요약하면, 정부 수립 초기 수력발전 위주에서 미국의 영향을 받아 석탄 화력발전으로, 다시 박정희 정부의 경제개발 정책과 연결돼 석유 중심으로 재편됐다. 그 뒤 두 차례의 석유 파동을 거친 뒤 에너지 안보를 위한 해외 자원 개발과 핵발전이 중요한 정책으로 부상했다. 박정희 정부부터 지금까지 에너지 정책은 경제 성장을 위한 중앙 집중형 방식과 공급 위주의 에너지 체계를 확대하고 강화해왔다. 이 과정에서 지구적 차원의 기후변화 문제나 지속 가능한 에너지 체계는 주요 변수가 아니었다.

석유와 핵에 종속된 중앙 집중형 에너지 체계

우리가 쓰는 에너지에 관련된 단위, 용어, 개념 등은 매우 복잡하고 혼란스럽다. 몇 가지 기초적인 개념과 유래를 정리해보자. 먼저 석유의 유래는 기원전까지 거슬러 올라가는데, 말 그대로 '돌 틈에서 나온 기름'이다. 처음에 석유는 정제 과정 없이 태워서 초롱불로 쓰거나 포장 도료로 쓰였다. 최근에는 정제를 기준으로 삼아 원유와 석유제품으로 구분하지만, 통틀어 석유라고 부른다. 석유제품은 정제 과정을 거쳐 휘발유, 경유, 등유, 중유, 납사, 아스팔트, 항공유 등으로 나뉜다. 한편 미디어에서 심심치 않게 듣는 배럴은 18~19세기 미국 펜실베이니아 주에서 석유가 본격 개발될 때 석유를 운반하는 통에서 유래한 말인데, 리터로 환산하면 약 158.9리터다. 겨울철 군밤 장수들이 쓰는 드럼통보다 조금 적은 양이다.

우리는 과연 어느 정도의 석유를 소비하고 있을까. 2011년의 원유 수입량은 9억 3000만 배럴인데, 리터로 환산하면 약 1477억 리터다. 200리터 드럼통 7억 4000만 개다. 한국의 하루 물 소비량의 5.7배이고, 코엑스 수족관을 6만 4000개 넘게 채울 수 있는 양이다. 소주병에 담으면 4177억 병인데, 소주병을 눕혀 연결하면 지구를 2241번 돌 수 있고, 서울과 부산을 9만 9777회 왕복할 수 있으며, 지구와 달을 1191회 왕복할 수 있는 양이다. '물 쓰듯 한다'는 속담을 이제는 '석유 쓰듯 한다'고 고쳐야 할 정도다. 우리는 분명 석유 중독에 걸려 있다.

세계 7위의 석유 소비국인 한국은 하루 231만 배럴의 석유를 소비하고 있는데, 장충체육관을 6번 채울 수 있는 양이다. 한편 2011년 한국의 원유 수입액은 1004억 달러인데, 주력 수출품인 반도체(502억 달러)와 자동차(453억 달러) 수출액을 합한 액수를 뛰어넘는다. 여기서 가벼이 보면 안 되는 문제는 석유 중독을 양산하면서 이권을 챙기는 카르텔 구조가 위기를 더욱 심화하고 있으며, 국민 대부분은 '중독'을 회피할 수 없는 강요된 선택에 사로잡혀 있다는 점이다.

고탄소 회색 성장(그림: 이창우).

이명박 정부의 대표 정책이자 박근혜 정부도 이어받은 '저탄소 녹색 성장'은 저탄소와 녹색과 성장이라는 세 개념의 조합이다. 지금까지 한국 사회(경제)를 고탄소 회색 성장으로 규정하는 말이고, 그렇다면 새로운 전망을 제시하면서 낡은 질서를 해체할 전략이 함께 고려되는 게 상식이다. 또한 환경과 조화로운 경제, 곧 녹색 경제로 나아가는 사회 전환을 위한 중장기 전략이 필요하다. 낡은 질서(고탄소 회색 성장)의 해체에서 핵심 키워드는 바로 '석유'이고, 석유를 둘러싼 공고한 카르텔 구조를 해체하지 않는 한 저탄소 녹색 사회를 향한 전환은 사기에 가깝다. 또한 낡은 질서의 해체와 함께 대안 사회로 나아가는 과정에 관한 '정의로운 전환 전략', 곧 사라질 일자리 등 첨예한 이해관계의 대립을 조정하고 관리하는 문제가 무엇보다 중요하다.

몇몇 전문가는 한국 사회가 '석유, 자동차, 도로'의 삼각 동맹에 결박돼 있다고 진단한다. 석유 소비를 계속 늘리려면 자동차 산업이 발전해야 하고, 이 자동차를 수용할 도로를 늘려야 하는 순환의 삼각 동맹 구조가 똬리를 틀고 있다는 말이다. 삼각 동맹은 지나치게 단순화한 면이 있지만, 고탄소 회색 성장이라는 낡은 질서를 압축 설명하고 있다. 이런 낡은 질서의 해체가 문제 해결의 첫걸음이라는 데 동의한다면, 석유 중심

사회의 실체를 파악하는 일에서 첫 단추를 꿰는 데에도 동의할 수 있을 것이다. 때로는 '문명의 젖줄'로 칭송받고 때로는 '악마의 눈물'로 불리는 석유를 둘러싼 이해관계의 실체를 드러내는 작업은 매우 중요하다. 어쩌면 우리는 지하 동굴에 갇혀 석유 자본의 그림자만 보고 있는지도 모른다. 동굴 밖으로 나와 진실을 직시하는 일이 온전한 저탄소 녹색 사회로 나아가는 전환을 위한 출발이다.

에너지 위기의 핵심은 에너지의 생산과 유통과 소비의 과정이 지속 가능하지 않다는 사실에 있다. 먼저 원유 등 화석에너지는 국제적인 전쟁 또는 분쟁의 원인이 되거나 원주민의 기본권을 유린하는 이유가 되고 있으며, 온난화를 빠르게 만들고 있다. 특히 화석에너지 체계가 기후변화협약 등 지구 차원의 대응 과정에서 받는 사회적 또는 경제적 충격은 매우 클 수밖에 없다. 또한 생산과 유통을 독점하고 있는 에너지 재벌은 무한한 이윤 추구 과정에서 석유 고갈과 고유가의 부담을 소비자에게 고스란히 떠넘기고 있다. 재생 가능 에너지 체계로 나아가는 전환은 현실적으로 가능할 뿐만 아니라 경제적으로 매우 유용한 국가 전략이다. 기후변화에 대응하는 실질적인 준비일 뿐만 아니라 관련 분야 중소기업을 육성해 지역 경제와 농촌을 되살리는 경제적 파생 효과를 기대할 수 있다. 특히 전환 과정에서 새로운 일자리가 만들어지고 화석에너지 산업에서 일하는 노동자가 정의로운 전환을 할 수도 있어 효과적인 산업 정책의 의미를 지닌다.

녹색 정치 — 화석–핵 에너지 카르텔 해체하기

대부분의 국민은 낯선 전문 용어와 복잡한 단위 탓에 에너지 문제의 복합적인 측면을 보기 쉽지 않다. 그런 와중에 정유업계-전력 회사-관료-

정치권-언론-학계 등 이른바 '에너지 자본 카르텔'은 더욱 공고해지고 있다. 독일의 경제학자이자 국회의원인 헤르만 셰어는 《에너지 주권》에서 에너지 전환의 10대 철칙 중 여섯째로 "에너지업계 내에 존재하는 카르텔을 실질적으로 해체하는 것"을 꼽았다. 핵발전소 홍보비만 한 해 100억 원이 넘는 상황에서 핵발전소와 관련된 언론의 편향된 보도 행태는 어쩌면 당연한 일이다. 현실을 직시하는 데에서 시작해야 한다. 앞서 살펴본 대로 이명박 정부가 한국형 원전 수출 등 해외 자원 개발에 관련한 국정 과제를 발표한 직후 대표적인 핵발전 업체인 두산중공업의 주가가 급등하는 현실에서 자본의 이해관계를 해체하는 과제는 시급하고도 중요하다.

복잡한 에너지 문제를 바라보고 대안을 제시하는 시각에는 여러 흐름이 있다. 먼저 핵과 화석에너지가 환경 측면에서 지니는 위험에 강하게 문제를 제기하면서, 재생 가능 에너지와 지역 에너지 체계를 중심으로 하는 지탱 가능하고 정의로운 에너지 전환을 대안으로 제시하는 흐름을 보자. 정부 에너지 정책의 핵심은 '지속적인 경제성장을 위한 에너지원의 안정적 공급'에 있다. 기후변화와 석유 생산 정점의 시대에 초고유가와 에너지 확보를 둘러싼 국제적 경쟁은 결국 파국으로 치달을 수밖에 없다. 기후변화를 일으키는 온실가스의 대부분은 화석연료가 연소하는 과정에서 발생하는데, 교통수단과 화력발전소의 비중이 크다. 따라서 기후와 환경을 보호하면서 에너지를 안정적으로 쓰는 방법은 낭비적인 에너지 소비 시스템을 전면 개편하는 한편, 재생 가능 에너지를 중심으로 지역 차원의 에너지 자립률을 높이는 데에서 찾아야 한다. 독성 경제에서 벗어나는 일에서 출발해야 한다. 사라지는 '독성' 일자리를 '녹색' 일자리로 대체해야 한다.

둘째, 미래 세대가 부담해야 할 비용을 계산에서 의도적으로 뺀 경제성 논리의 허점을 비판하면서 소수 석유-핵 자본의 폭리를 깨뜨리고, 녹색 일자리 창출을 통한 지역 경제 활성화 전략에 연계하는 쪽이 훨씬 경제적일 뿐 아니라 에너지 안보 측면에서도 효과적이라는 주장이 있다. 화력-핵 산업계는 재생 가능 에너지가 경제성이 없다고 말한다. 발전소 건설비와 발전원별 생산 단가만 놓고 계산한 자료를 근거로 제시한다. 그러나 석유 생산 정점에 따른 고유가로 화석연료 원가가 계속 올라간다는 사실은 은폐하고, 핵쓰레기(방사성 폐기물) 처리 비용, 삼성중공업 태안 기름 유출 사고나 후쿠시마 사고 같은 각종 사고의 위험은 축소한다. 한국에는 핵발전소 사고에 대비한 보험을 수용할 수 있는 규모를 갖춘 보험사도 없다. 현세대의 필요와 욕구를 위해 화석과 핵에 의존하는 에너지 시스템은 미래 세대에 비용을 떠넘기고 있다.

셋째, 에너지 문제를 시장 논리로 접근하면 촛불 사망 사고처럼 에너지 접근권이 위협받는다고 비판하면서 인간다운 삶을 보장할 수 있는 최소 에너지의 공급은 국가의 책임이라는 점을 강조하는 흐름이 있다. 기후변화에 따른 폭염과 이상 한파는 더는 남의 일이 아니라 해마다 반복되는 일상이 됐다. 단전에 따른 화재 사망 사건, 폭염에 따른 저소득층 홀몸 노인이나 노동자 사망 사고가 끊임없이 일어나고 있다. 프랑스에서는 취약 계층에게 생활에 필수적인 최소 에너지를 무상으로 제공하는 제도를 운영하고 있다. 그러나 한국은 선심 쓰듯 기초 수급자의 난방 기기를 교체해주거나 비용을 조금 할인하는 정책을 시행하고 있다. 특히 차상위 계층 등 복지 전달 체계의 사각지대에 놓인 취약 계층은 생존권을 위협하는 상황에 무방비로 노출돼 있다. 정부는 에너지를 무상 공급하는 정책은 시장 논리에 맞지 않다고 앵무새처럼 반복할 뿐이다. 그렇다면 산업용 전기 요금을 원가 이하에 공급하는 정책은 시장 논리라는 말인가? 에너지복지법을 만들어 최소한의 인간다운 삶을 누리는 데 필요한 필수 에너지의 공급을 국가가 책임져야 한다. 현행 에너지법도 이런 국가의 의무를

한수원이 홍보대행사를 통해 작성한
'부안 홍보 컨설팅' 보고서 중 일부

핵발전 관련 기업의 언론 광고의 폐단을 보여주는 대표 사례가 있다. 부안 방사성폐기물처분장 부지 선정을 둘러싼 갈등이 최고조에 이른 2005년 한국수력원자력의 광고비는 180억 원을 넘었고, 방폐장 광고비로 140억 원을 쏟아부었다. 부안 핵폐기물 처분장 건설에 반대하는 주민 여론을 차단하고 건설을 강행하기 위해 한수원이 광고기획사에 의뢰한 지역 주민 홍보컨설팅 사업, 일명 'V2 프로젝트'는 핵발전 홍보의 문제점을 고스란히 보여준다. 한수원이 국내 최고의 광고기획사 K기획에 의뢰해 작성한 〈V2 프로젝트 보고서〉에는 ▲ NSC(국가안전보장회의) 과장과 대검 계장 등 권력 기관을 동원해 전북 지역 정보기관원과 교섭, ▲ 총선 대응 전략으로 반대 여론을 주도하고 있는 야당 후보를 견제할 후보 출현을 제시, ▲ 부안 대책위 참여 인사 20인 등 현지의 정보 수집 활동, ▲ 국정감사에 대비한 산자부 장관 PI 전략 제안서 작성 등이 담겨 있다. '방폐물관리시설의 원활한 확보를 위한 광고 용역은 55억 원이던 계약 금액이 세 차례의 용도 변경을 거치면서 140억 원으로 불어났다.

K기획이 한수원에 제출한 '부안 현지 홍보 관련 견적서'를 보면, 핵 관련 업계가 저지르는 주민 여론 조작의 실체를 알 수 있다. 먼저 출장 조직을 구축하고, 전북 지역 정보기관원을 교섭해 주민 조직 관련 인물 파일을 작성해 정리하며, 현지 탐문을 거쳐 비판 세력을 관리한다는 계획이다. 접촉할 전북 지역 국가정보원과 검찰 관계자, 접촉을 주선할 사람까지 깨알같이 적고 있다. 더구나 주민대책위 인사 20인을 관리하고, '김군수 공격 방침(묘지 파괴 등)'에 이르면, 상식과 도를 넘은 K기획의 홍보 전략을 확인할 수 있다. 현지 홍보 관련 견적은 약 1700만 원인데, 현지 운영자 유 아무개의 인건비 600만 원(2개월), 운영비 360만 원, 용처를 알 수 없는 경비 약 1300만 원 등으로 구성됐다. 용처를 알 수 없는 돈이 로비에 쓰인 것은 두말하면 잔소리다. 2004년 국정감사에서 한수원의 부안 여론 조작이 도마에 오르자 이희범 산자부 장관은 "이런 용역 자체는 정말 불필요한 일을 했다고 생각하고 앞으로는 이런 일이 절대로 없도록 조치를 취하겠습니다"라며 관련 사실을 인정했다. 부안 방폐장 사례가 과연 예외적일까. 핵 관련 기업이 100억 원 넘는 돈을 순수하게 공익을 위해 쓸 리 만무하다. 핵발전 광고의 기획과 집행, 언론사를 통한 유리한 여론 형성, 이 여론을 바탕으로 한 핵발전 중심의 에너지 정책 수립과 집행이 꾸준히 순환하며 재생산되고 있다.

규정하고 있지만 예산과 세부 정책이 부족한 상태다.

넷째, 에너지의 생산과 유통과 소비의 전 과정에서 피해를 받는 사람이나 지역, 부당한 이득을 취하는 개인 또는 집단이 존재하는 부정의한 상황을 비판하면서 에너지 정의를 강조하는 주장이 있다. 핵발전과 화력발전소 주변 지역, 송전탑 주변 지역, 핵폐기물 처분장 주민들은 환경과 재산과 건강에서 피해를 받는 반면, 대도시 소비자들은 편익만 취하는 상황은 정의롭지 않다. 무엇보다 지역별 에너지 자립률을 높이는 일이 중요한데, 낭비적인 에너지 소비를 효율 개선 등을 거쳐 줄이는 한편 재생 가능 에너지 등을 통해 자급률을 높이는 노력이 필요하다. 나아가 에너지 자립률을 기준으로 에너지 생산과 소비 과정에서 발생하는 사회적 비용을 각각 다르게 적용해야 한다.

다섯째, 에너지 정책을 결정하는 과정이 투명하지 않을 뿐 아니라 시민의 선택권이 제약받는 점을 비판하면서 에너지 민주주의를 주장하는 사람들이 있다. 사회 전체에 필요한 여러 시설을 만드는 과정에서 이익을 얻는 쪽과 피해를 보는 쪽이 있다면 양쪽이 공감하는 속에서 사회적 합의를 끌어내는 게 정치의 구실이다. 화력발전소나 핵발전소, 또는 핵폐기물 처분장을 건설하는 과정에서 주민에게 정확한 정보를 제공하고 공론화 과정을 거쳐 사회적 합의를 끌어내는 절차가 필요하다. 물론 환경과 건강 등 안정성을 확보하는 문제는 기본이고, 적절한 보상도 당연히 해야 한다.

헤르만 셰어 지음, 배진아 옮김, 《에너지 주권》, 고즈윈, 2006

에너지 문제에 관련된 기본 지식을 제공하고, 현재의 에너지 문제를 해결할 수 있는 대안과 앞으
로 우리가 나아가야 할 방향을 구체적으로 제시하고 있다. 에너지를 둘러싼 화석-핵 카르텔의 헤
게모니는 모든 국가에서 나타나고 있다고 지적한 뒤, 재생 가능 에너지 전환을 위한 10가지 철칙
을 제안한다.

에너지기후정책연구소 기획, 《탈핵 — 포스트 후쿠시마와 에너지 전환 시대의 논리》, 이매진,
2011

한국의 핵발전을 둘러싼 균열 구조를 분석하고, 이 분석을 토대로 탈핵 에너지 전환의 정치 시나
리오와 사회 시나리오 구상을 제시한다. 독일 등 주요 국가들이 걸어온 탈핵의 역사적 경로를 분
석해 시사점을 찾는 한편, 후쿠시마 사고를 전후해 정치사회, 경제사회, 시민사회, 언론·지식사회
에서 나타난 변화를 분석했다.

강양구 지음, 《아톰의 시대에서 코난의 시대로》, 사이언스북스, 2011

취재 내용을 바탕으로 국내외의 재생 가능 에너지 현황을 한눈에 정리했다. 특히 석유 없는 세상
에서 살아남으려면 우리가 무엇을 해야 하는지를 재생 가능 에너지를 중심으로 풀어내고 있다.
유명 애니메이션의 주인공인 코난과 그 친구들이 살던 방식대로 살아야 하는 '코난의 시대'에 관
한 유쾌한 상상을 제공한다.

경제와 에너지

녹색 일자리는
경제 위기와
에너지 위기를
뛰어넘을 수
있을까

에너지는 경제 측면에서도 중요하다. 먼저 기후변화와 석유 생산 정점 같은 에너지 위기가 함께 도래하면서, 여기에 대응하는 데 필요한 비용이 매우 클 것으로 예상되기 때문이다. 대표적으로 2006년 출간돼 세계적인 반향을 일으킨 니콜라스 스턴의 《기후변화의 경제학》은 대기 중 온실가스 농도를 500~550피피엠 수준에서 안정화하는 비용이 2050년까지 국내 총생산(GDP)의 최대 5퍼센트에 이르리라고 전망한다. 그러나 이런 비용은 대응이 늦어질수록 크게 늘어난다. 스턴은 당장 무슨 조치든 취하지 않으면 대공황과 두 차례의 대전 이래 최악의 경기 침체를 겪게 되며, 최대 GDP의 20퍼센트 이상이 기후변화 비용으로 쓰일 것이라고 경고한다. 말하자면 기후변화는 더는 단순한 환경 문제가 아니라 우리 삶에 커다란 영향을 미치는 경제 문제다.

기후변화와 기후 정책은 이렇게 사회 전반에 큰 변화를 불러올 것이다. 특히 화석에너지에 기반 하는 생산과 소비 시스템은 기후 위기와 석유 생산 정점을 맞이해 더는 지속될 수 없다. 기후변화가 가져오는 여러 현상들, 태풍과 집중 호우와 무더위 같은 극단적인 기후 사건들은 산업의 입지를 약화시킬 것이며, 기후변화를 완화하기 위한 온실가스 감축 정책은 에너지 가격을 올려 경제를 위축시키고 에너지 다소비 산업 구조의 개편을 강제하게 될 가능성이 크다.

기후변화에 따라 산업계는 초국적인 요구, 국가 정책, 기후변화 자체에 따른 변화 등 다양한 이유로 변화를 요구받을 것이며, 이런 변화는 물리적 영향, 제도적 영향, 평판적 영향, 신사업 영향, 경쟁력 영향 등으로 나눠 살펴볼 수 있다.

먼저 물리적 영향은 기후변화에 따라 자연스럽게 일어나는 현상이다. 날씨에 영향을 많이 받는 농수산업과 냉난방기 제조업 등이 이 영향의 범위에 포함되는데, 날씨에 따라 매우 다른 상품이 팔리는 식음료와 도소매, 운수업 등도 마찬가지다. 또한 기후 재앙이 늘어나면서 환경 재해에 보험이 적용되지 않는 한국하고 다르게 해외에서는 보험사가 큰 타격을 받고 있으며, 반대로 에너지와 기후에 관련된 금융 상품이 늘어나면서 또 다른 시장으로 대두되는 상황이다.

둘째, 제도는 기후변화의 영향을 가장 크게 받는다. 국내에 국한되지 않고 국제 협약 또는 세계무역기구(WTO)나 자유무역협정(FTA)을 포함한 경제 협력 분야에서 중대한 장벽이 나타날 것이다. 국제적 쟁점으로는 유엔 기후변화협약을 들 수 있다. 한국이 온실가스 의무 감축 부담을 지지 않더라도 유럽연합(EU)처럼 기후변화에 관련해 엄격한 제도적 기반을 요구하는 경우 수출 산업이 큰 영향을 받을 것이다. 특히 온실가스 배출 비중이 높고 수출에 영향을 많이 받는 자동차, 철강, 화학 분야가 문제가 된다. EU뿐 아니라 미국 오바마 정부 역시 온실가스 규제 법안을 마련하고 있고, 아시아의 거대 시장인 중국이나 인도도 적극적인 기후변화 대응 노력에 동참할 뜻을 밝히고 있어서 지금보다 더 많은 국가와 산업 분야에서 기후변화가 장벽으로 떠오를 전망이다.

다음으로 국내 제도의 변화를 들 수 있다. 국제적 상황의 변화에 뒤따른 결과이기도 하지만, 한국 정부의 온실가스 감축 목표를 달성하려는 기업의 노력, 탄소세 도입, 신재생에너지 확대 등 녹색 경제 정책에 따른 변화로 볼 수 있다. 업계에서는 국내에 탄소세가 도입되면 대기업보다 중소기업이 더 큰 타격을 받고 늘어난 세금이 고스란히 소비자에게 넘어가 물가 상승 등 부작용이 나타날 것이라며 온실가스 목표치 제시와 탄소세 도입에 거세게 반발하고 있지만, 국제적 추세에 따라 빠르게 논의가 진행될 듯하다.

셋째, 평판적 영향을 살펴보자. 녹색 가치에 관한 평가가 중요해지고 기후변화 대응에 관심이 쏠리면서 기업의 친환경 경영이나 사회적 책임을 평가하는 추세에 따른 변화다. 온실가스 다배출 기업을 대상으로 하는 불매 운동이 대표적인데, 기업은 친환경 이미지로 쇄신해 기업의 가치를 높일 수 있다. 특히 평판적 영향은 비투시(B2C, Business to Customers) 성격이 강한 산업에서 민감한 문제가 되기 쉽다. 해외에서는 불매 운동을 넘어 반환경 기업에 투자하는 은행을 감시하면서 큰 영향력을 행사하기도 한다.

넷째, 기후변화에 따라 변화하거나 새롭게 대두되는 신사업은 가장 관심을 갖고 투자를 넓혀야 하는 분야들이다. 같은 제품이라도 친환경이나 고효율 제품이 주목받고, 화석연료 기반에서 재생 가능 에너지 기반으로 바뀌게 된다. 지금까지 몇몇 정유사가 독점하던 자동차 연료 시장은 바이오디젤이라는 대체제가 각광받으면서 자연스럽게 변화하게 될 것이다. 또 탄소배출권 거래를 통해 새로운 시장이 개척되면서 에너지 절감 컨설팅이나 관련 투자 상품이 개발되는 등 다양하고 새로운 산업이 등장할 전망이다.

다섯째, 경쟁적 영향이다. 한국은 인건비 상승과 환경 규제로 많은 제조업 공장이 해외로 빠져나갔다. 기후변화에 따라 시장 경쟁력을 잃고 도태되는 산업들이 나타난 것이다. 국내외에서 환경 규제가 강화돼 추가 비용이 발생하면 가격 경쟁력을 잃은 석탄 화력발전소가 자연스럽게 시장에서 사라지는 식이다. 한국은 선진국에 견줘 재생에너지나 에너지 효율 기술 등 기후변화 대응 기술이 많이 뒤떨어져 있기 때문에 해외 기업을 상대로 한 경쟁에서 살아남으려면 이런 분야의 투자를 늘려야 한다.

기후변화와 기후변화를 완화하려는 여러 정책은 일자리에도 다양한 방식으로 영향을 미친다. 먼저 기후변화 자체가 상품의 생산 조건을 변화시키거나 생산성을 변화시키는 경우가 있다. 연료 등 원자재 가격이 오르거나 날씨 변동으로 수확량이 줄 때처럼 농림어업이 겪는 환경 변화가 대표적이다. 그러나 기후변화에 관한 대중의 인식이 달라지고 관련 마케팅이 성장하면서 '소비자 행동'이 변화하는 흐름도 길게 보면 상품 생산과 노동시장에 영향을 미친다. 녹색 상품과 친환경 상품, 또는 에너지 절약형 차량 생산과 소비가 유도되는 현상이다. 이렇게 '녹색 제품' 시장이 만들어지고 성숙하면 기업들도 녹색 시장에 뛰어들게 된다.

무엇보다 중요한 것은 기후변화 협약에 관련해 도입되는 규제들이다. 여기에는 전통적인 규제 정책(배출 기준 부과, 대중 교육 등)과 탄소 가격 부여(탄소세, 배출권 거래제), 이노베이션 정책(지식 경영, 적응 지원) 등이 포함된다. 1997년 시작된 교토 의정서 체계에서도 선진국은 온실가스 배출 수준이 의무로 적용되고 배출권 거래제 시스템이 도입됐다. 각국을 비롯해 유럽 등 초국적 지역 수준에서 기준을 둘러싼 협정이 맺어지거나 세제 등이 도입되기 때문에 기후변화 규제가 산업과 노동시장에 미치는 영향은 이미 드러난 셈이다. 또한 후진국을 대상으로 하는 기후변화 관련 기술 이전, 재생에너지 지원을 위한 '발전차액지원제도(Feed-in-tariffs)'와 금융 제공 등 비제조업 영역의 노동시장에 미치는 영향도 점차 확대되고 있다.

그런데 어떤 산업 분야는 고용에 부정적인 영향을 받지만 다른 산업 분야는 긍정적인 영향도 받기 때문에 기후변화가 노동시장에 미치는 영향은 딱 잘라 판단하기 어렵다. 그렇기는 해도 기후변화의 영향이 산업에

기후변화가 노동시장에 미치는 영향(자료: OECD, 2010).

따라 차별적으로 나타나게 될 것은 분명한데, 예를 들어 석유와 석탄에 의존하는 산업 영역은 위축되는 반면 재생에너지 산업 분야는 확대될 전 망이다.

이런 전망은 초국적 기업인 제너럴 일렉트릭(GE)이 예측한 성장 산업 분야에서도 명확히 드러난다. GE는 자신들의 사업 분야 대부분이 재생 가능 에너지 등 새롭게 성장하고 있는 에너지 산업이나 수소에너지 등 신산업으로 이동하리라고 전망하고 있다. 이런 에너지 전환에 따른 영향도 있지만, 이미 시작된 기후변화 현상에 따른 산업별 영향도 중요하다. 예를 들어 기후변화에 따른 기온 상승은 음료 제조업, 전기, 가스, 증기, 공기 조절 공급업 등에 긍정적인 영향을 주는 반면, 의복과 모피 제품 제조업, 연탄과 석유정제 제품 제조업 등에는 부정적인 영향을 줄 전망이다.

그런데 기업은 이윤을 포기할 생각이 전혀 없는 만큼 불가피한 법적 규제나 사회적 압력을 받지 않으면 자발적으로 완화와 적응 행동에 나서기 어렵다. 심지어 약삭빠른 기업들은 기후 격변의 여러 결과들을 '녹색 분칠(greenwash)', 곧 그린워시에 활용하기도 한다. 정부와 기업이 국제적 기후변화 논의의 장에서 탄소포집 저장 기술(CCS) 같은 여러 기술적 해결책을 대안으로 즐겨 이야기하는 것도 당장의 부담을 막연히 미래로 떠넘기려는 의도가 반영된 결과다.

그린워시는 기업 또는 정부가 친환경이나 환경 보전에 기여한다고 주장하는 사업이나 상품을 내놓으면서 환경을 파괴하는 다른 부분을 숨기거나 왜곡하는 행위를 이르는 말이다. 사업이나 상품이 기업의 수익 모델에 직접 관련된 경우도 있고, 기업이나 관공서의 이미지를 제고하려고 친환경 사업이나 상징을 활용하는 경우도 있다.

그런데 업계에서 더 많이 쓰는 용어는 그린마케팅(green marketing)이다. 그린마케팅은 그린워시를 조금 포함하고 있거나 부정적인 면 대신 좀더 적극적인 기업 활동 측면을 강조하는 경영학과 광고학 용어다. 요즘 흥미롭게도 경제 불황의 탈출구로 '그린' 키워드가 주목받는다. 경기 침체에 따른 경영 압박과 에너지 가격 상승, 국제적 기후변화 대응 논의라는 배경 속에 대기업들이 그린마케팅을 고민하게 된 것이다.

녹색 일자리란 무엇인가

기후변화에 따른 산업의 변화로 화석연료에 기반을 둔 산업에서 일하는 노동자들이 고용 불안을 겪을 수 있지만 새롭게 일자리가 늘어날 수도 있다. 화력발전, 석유화학, 철강, 자동차, 시멘트 등 에너지를 많이 쓰고 온실가스를 많이 배출하는 산업은 조정이 불가피한 반면, 풍력, 태양광 등 재생 가능 에너지 산업과 철도, 그린 빌딩, 에너지 효율화 설비 제조 등 에너지 사용을 줄이고 온실가스를 적게 배출하는 산업은 확대되기 때문이다.

고용도 변화할 것이다. 새로운 산업이 창출되면서 새로운 일자리가

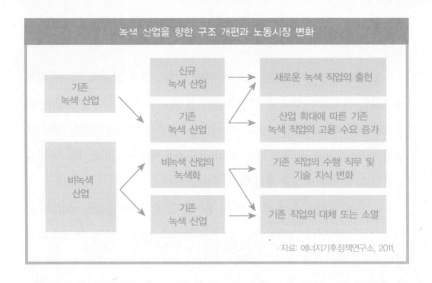

녹색 산업을 향한 구조 개편과 노동시장 변화

기존 녹색 산업	→	신규 녹색 산업	→	새로운 녹색 직업의 출현
		기존 녹색 산업	→	산업 확대에 따른 기존 녹색 직업의 고용 수요 증가
비녹색 산업	→	비녹색 산업의 녹색화	→	기존 직업의 수행 직무 및 기술 지식 변화
		기존 녹색 산업	→	기존 직업의 대체 또는 소멸

· 자료: 에너지기후정책연구소, 2011.

만들어지기도 하고, 회색 산업이 녹색 산업으로 바뀌면서 일자리가 대체되거나 보존되기도 한다. 반면 회색 산업이 사양 산업이 되면서 일자리가 사라지기도 한다. 기후변화 대응을 늦게 시작할수록 더 많은 비용이 필요하다. 때로는 아무리 많은 돈을 들여도 해결할 수 없는 지경까지 갈 수도 있지만, 거꾸로 에너지를 적게 쓰고 오염 물질을 배출하지 않는 산업으로 전환해 더 많고 깨끗한 일자리를, 석유 중독과 속도 중독에서 벗어난 자연과 조화하는 삶을 가져올 가능성도 있다. 이런 점에서 '녹색 일자리(Green job)'가 주목받는다.

녹색 일자리는 녹색(green)과 일자리(job)를 합쳐서 만든 말이다. 화이트칼라와 블루칼라에 대비해 '그린칼라(green collar)'라는 말이 쓰이기도 한다. 그런데도 화이트칼라와 블루칼라라는 구분이 사라지는 것은 아니며, 그린칼라 중에서도 화이트칼라와 블루칼라가 나뉜다. 녹색 일자리를 설명하는 가장 일반적인 방식은 특정 직업군을 유형화하는 것이다. 여기에 더해 대기, 소음, 수자원, 토양 등 전통적인 환경 산업 분야, 그리고

미국의 '블루-그린 얼라이언스'는 지역에서 에너지 녹색 일자리를 만드는 활동을 한다.

그린카, 스마트 그리드 등 기후변화 대응과 에너지 효율을 위한 신기술을 통한 새로운 녹색 산업 분야의 일자리도 녹색 일자리에 포함될 수 있다.

좀더 개념적으로 접근하는 방법도 있다. 유엔환경계획(UNEP)에 따르면 녹색 일자리는 "환경의 질을 보전하거나 복구하는 데 실질적으로 기여하는 과학적, 기술적, 관리적인 그리고 서비스 연관 활동뿐만 아니라 농업, 제조, 건설, 설치와 유지의 일자리"이며, "생태계와 생물 다양성을 보호하고 복구하며, 고효율과 회피 전략으로 에너지와 물질과 물 소비를 줄이고, 모든 형태의 쓰레기와 오염 발생을 최소화하거나 탈피하는 데 도움이 되는 일자리"를 포함한다.

정부나 기업이 오염된 토양을 복원한다고 생각해보자. 그 토양이 얼마나 오염됐는지 조사하고 연구하는 데도 인력이 필요하고, 정화하는 데 필요한 작업을 설계하는 공학자, 이 계획을 실행하기 위해 땅을 파고 나르고 정화하는 현장 인력(굴삭기 기사, 덤프트럭 기사 등), 복원 과정에

녹색 일자리의 범주	
녹색이지만 괜찮지 않은 일자리	녹색이면서 괜찮은 일자리
· 적절한 직업 안전성 없는 전자 제품 재활용 노동자 · 태양 패널 설치자 · 착취당하는 바이오연료 플랜테이션 일용 노동자	· 조직화된 풍력과 태양력 일자리들 · 녹색 건축가 · 충분한 임금을 받는 대중교통 노동자
녹색도 괜찮지도 않은 일자리	괜찮지만 녹색이 아닌 일자리
· 적절한 안정성 없는 석탄 광업 노동자 · 아프리카와 라틴아메리카의 화훼 산업 여성 노동자 · 돼지 도살장 노동자	· 조직된 자동차 산업 노동자들 · 화학 엔지니어들 · 항공 파일럿들

· 자료: UNEP, 2008.

있는 토양을 관리하는 인력까지 다양한 사람이 필요하다. 이렇게 보면 녹색 일자리는 특정 산업 분야나 특정 기술직에 국한되지 않고 아주 폭넓은 범위에 걸친다는 사실을 알 수 있다.

그렇지만 녹색 일자리에 관한 막연한 낙관은 경계해야 한다. 녹색 경제가 창출되면 녹색 일자리가 만들어져 실업이 줄고 고용이 는다는 주장은 맞기는 하지만, 구조적으로 볼 때 그런 희망에 찬 전망만 나오지는 않는다. 직접적인 대체 없이 사라지거나 다른 산업으로 대체되는 일자리에서 일하는 노동자들에게는 실업이라는 사회적 고통이 다가올 가능성이 크다. 이런 문제를 명확히 인식하고 접근하지 않는다면 녹색 경제와 녹색 일자리 정책은 실패할 가능성이 많다. 지속 가능한 경제로 전환하는 과정에서 축소돼야 할 산업에서 일하는 노동자들이 환경 정책의 지지자가 아니라 반대자가 될 수도 있는 것이다.

이런 결과를 피하려면 전반적인 사회 안전망을 강화할 뿐 아니라, 지속 가능한 경제로 전환하는 과정에서 희생을 감수해야 할 노동자들을 지원하는 정책을 마련해야 한다. 또한 노동자 말고도 거대한 전환 과정에 대비하고 적응할 역량이 취약한 중소기업을 비롯해 사회적으로 취약한 여러 계층을 대상으로 하는 지원도 필요하다.

또 하나 생각할 문제는 녹색 일자리의 질이다. '괜찮은 일자리(decent job)'는 적절한 급여와 노동 조건을 갖는 안정된 일자리를 말한다. 그런데 세계적으로 볼 때 아직 녹색 일자리는 전통적인 환경 보호 활동이라고 할 수 있는 쓰레기 처리와 하수 처리 등에 집중돼 있고 육체노동자의 비율도 높다. 녹색 일자리는 괜찮은 일자리가 아닌 경우가 많다는 게 문제로 지적되는 것이다. 전통적인 직종뿐 아니라 미국과 독일의 풍력과 태양광 에너지 생산 설비 산업, 녹색 건축업, 재활용 산업에서도 질 낮은 일자리가 많이 나타나고 있다.

우리는 '녹색'과 '괜찮은'이라는 두 말이 과연 양립할 수 있는지 고민해야 한다. UNEP 등 많은 국제기구와 녹색 일자리 지지자들은 녹색 일자리가 선험적으로 괜찮은 일자리가 아니라고 전제하면서, 녹색 일자리는 '괜찮은 일자리'이기도 해야 한다고 강조한다. 녹색 일자리와 괜찮은 일자리는 교차될 수 있다. 녹색이면서도 괜찮지 않은 일자리도 있다는 말이다.

지속 가능한 경제와 정의로운 전환

기후변화에 대응한 완화와 적응 정책은 국가 차원은 물론 개별 기업 차원에서도 다양하게 펼쳐지며, 그 결과 일자리와 작업장에도 큰 영향을 미친다. 기후변화와 에너지 위기의 큰 원인이 지금 같은 대량 생산과 에너지 과소비 체제라는 점을 생각하면 현재의 산업 구조 자체가 지속 가능하지 않다는 사실은 분명하다. 이런 산업 구조와 생산 방식을 노동자가 마음대로 선택한 것도 아니고 노동자 개인이 책임을 질 수도 없는 일인데, 산업 전환의 피해를 고스란히 노동자들이 떠안는다면 큰 문제가 아닐 수 없다. 노동조합에 소속되지 않은 비정규 노동자 등은 더 어려움을 겪게 될 것이다.

기후변화를 막지 못해 극단적인 이상 기후가 나타나고 식량 가격과 에너지 가격이 폭등한다면, 지금 지킨 일자리가 보장하는 임금이나 복지 체계도 쉽게 무너질 수도 있다. 이 딜레마를 풀 방법은 없을까? 최근 세계 노동조합운동에서 내세우는 '정의로운 전환(Just Transition)'의 원칙과 프로그램은 노동자가 먼저 대안을 제시하자는 것이다.

'정의로운 전환' 개념은 미국 석유·화학·원자력노동조합(OCAW) 의 부위원장으로 '작업장의 레이첼 카슨'이라고 불린 토니 마조치(Tony Mazzocchi)가 한 제안에서 처음 등장했다. 레이첼 카슨은 《침묵의 봄》이라는 책으로 독성 화학 물질의 위험성을 알린 유명한 환경운동가다. 이 책을 읽고 큰 감동을 받은 마조치는 헬레나 루벤스타인 화장품 공장에서 일하다가 작업장에서 노동자도 모르는 사이에 유독 물질이 사용되고 있다는 사실을 알게 되고, 이런 일자리는 지속 가능하지 않다고 생각했다. 그렇지만 "지속 가능한 경제에서는 화학, 정유, 원자력 노동자들이 일할 여지가 없"을 테고, 그럼 어떻게 안전한 일자리를 보장할 수 있을까 고민했다.

문제는 결국 사업과 자금이다. 그래서 1980년대 후반 마조치는 '노동자를 위한 슈퍼펀드(Superfund for Worker's)'를 제안한다. "생계를 독성 경제에 의존하고 있는 노동자들"을 지원할 재원으로 만들어진 이 펀드는 2차 대전 직후의 '제대군인원호법(GI Bill of Rights)'을 모델로 삼았다. 노동자들이 비독성 경제에서 창출되는 새로운 일자리로 옮길 수 있도록 학교로 돌아가거나 대학 교육을 받을 수 있게 지원했다.

정의로운 전환이라는 용어 자체는 캐나다 에너지화학노동조합의 브

'정의로운 전환' 개념의 선구자 토니 마조치.

라이언 콜러(Brian Kohler)가 공식화했다. 정의로운 전환은 미국의 슈퍼 펀드하고 거의 같은 개념이지만, 캐나다에는 제대군인원호법이나 독성 물질 정화를 위한 슈퍼펀드 같은 게 없었기 때문에 대중의 인식을 제고 하려고 이 용어를 고안했다. 캐나다 노총(CLC)은 1999년에 콜러의 이런 제안에다 몇 가지 내용을 더해서 정의로운 전환 정책을 승인했다. 또한 CLC는 정의로운 전환의 범위를 화학 산업이나 에너지 산업에 가두지 않 고 확대했으며, 전환의 필요성이 있는 분야를 예상하고 전환 계획을 작성 함으로써 노동자와 공동체에 미칠 영향을 최소화해야 한다는 점을 강조 한 뒤 녹색 일자리를 만드는 문제에 연결시켰다.

　　CLC가 제시한 정의로운 전환의 원칙은 두 가지다. 첫째, 더 지속 가 능한 생산수단과 그것을 뒷받침하는 서비스 부문으로 경제가 전환돼야 한다. 둘째, 이 과정에서 생산 시설(공장)이 폐쇄되면 그 산업에 의존하던 노동자와 지역 공동체를 공정하게 대우해야 한다. CLC는 사회 전체에 이

CLC의 '정의로운 전환' 프로그램

· 공정함(Fairness)

정의로운 전환이란 어떤 이유에서든 고용주가 공장(산업) 문을 닫을 때 노동자와 그 산업에 의존하고 있던 공동체를 정당(공정)하게 처우하는 것을 말한다. 이것은 도덕적으로, 정치적으로 필수적이다.

· 재고용 또는 대체 고용(Re-employment or alternative employment)

정의로운 전환의 주요 목표는 임금, 혜택, 노동 기간의 손실 없이 고용이 지속되는 것을 의미한다. 일자리는 최소한 보전할 가치가 있는 일이어야 한다.

· 보상(Compensation)

고용의 지속성이 불가능한 상황에서 정당한 보상은 다음 대체 수단이다.

· 지속 가능한 생산(Sustainable Production)

정의로운 전환의 핵심은 더 지속 가능한 생산수단과 그것을 뒷받침할 수 있는 서비스 부문으로 나아가는 이동(전환)이 전제돼야 한다.

· 프로그램(Programs)

정의로운 전환은 사안에 따라 다양한 방법으로 표현될 수 있다. 그러나 반드시 발생하는 환경 변화에 대처하기 적합한 프로그램이 포함돼야 한다.

1. 일자리를 잃은 노동자들을 위한 대안적인 고용 제공
2. 실업보험과 공공 임대주택 등을 통한 수입의 보전
3. 공공 부문/서비스 부문의 일자리를 창출하고 새로운 산업을 육성해 공동체를 지원
4. 일자리를 잃은 노동자를 우선 고용
5. 일자리를 잃은 노동자에게 교육과 재훈련의 기회 제공
6. 지속 가능한 생산 방식을 위한 연구 개발
7. 지속 가능한 산업과 서비스를 위한 공공 투자 자금 조성

익이 되는 지속 가능한 경제로 전환하는 과정에서 발생하는 비용과 고통을 노동자가 일방적으로 부담하게 해서는 안 되며, 그런 변화의 결과 고통을 받는 부분에는 적절히 보상해야 한다고 주장한다. CLC는 정의로운 전환의 주요 목표로 두 가지를 든다. 첫째, 이런 전환 과정에서 노동자에게 임금, 복지 혜택, 노동 기간의 손실 없이 고용을 지속적으로 보장해야 한다. 둘째, 고용의 지속성을 유지할 수 없는 상황이라면 정당한 보상을

해야 한다. 또한 전환을 위한 구체적인 프로그램의 구성 요소를 제시하면
서, 자금 조성, 교육과 훈련, 사회적 안전망 제공, 대안적 고용 제공 등을
예로 든다. 지속 가능한 경제로 전환하는 과정에서 일자리를 보호하기 위
해 작업장, 국가, 국제적 수준에서 기업과 정부 등을 상대로 협력해야 한
다는 지적도 한다.

　이런 정의로운 전환 전략은 그 뒤 국제 노동계에 폭넓게 받아들여져,
2009년 덴마크 코펜하겐에서 열린 COP 15에서는 국제노총(ITUC) 등이
적극적으로 노력한 결과 협상 문서 초안에 정의로운 전환 전략이 반영되
기도 했다.

에너지 다소비형 경제, 동조화를 넘어 탈동조화로

한국 경제의 특징은 정부 주도의 수출 지향 중화학공업화와 짧은 시간
동안 일어난 유례없는 양적 성장이다. 1960년부터 2010년 사이에 1인당
국민소득(GNI)은 79달러에서 1만 7175달러로 217배 증가했고, 수출은 3
만 2000달러에서 4663억 8400만 달러로 1450만 배 이상 증가했다. 일방
적으로 증가하던 제조업 비중은 1988년을 앞뒤로 정점에 다다라 안정적
으로 유지되고 있는 반면 서비스업 비중은 점차 증가하는 추세다. 동시에
농림어업, 광업, 수도·가스·전기업과 건설업 등의 비중은 지속적으로 감
소하고 있다.

　한국 경제는 그동안 재벌 대기업 집단의 과감한 투자와 고용 창출,
임금과 국민소득 상승, 구매력을 갖춘 중산층의 확대, 내수 시장 규모의
확대로 이어지는 선순환 구조가 작동했지만, 이런 전통적 성장 모델은
1990년이 지나면서 한계에 직면했다. '고용 없는 성장'이 이어지고 금융

위기에 휩쓸려 중산층이 몰락한데다, 내수 시장의 부진 등이 이어지면서 성장 속도에 제동이 걸리기 시작했다. 한국 사회는 고용 효과 잠재력이 큰 중소기업 육성 정책을 강화하고 사회복지 지출을 확대해 내수 시장을 회복하는 경제 민주화라는 과제에 직면해 있다.

한국 경제의 발전을 이끈 제조업은 값싼 에너지 가격을 비롯한 정부의 다양한 지원을 바탕으로 성장했고, 그만큼 자원 집약적 성격을 지니게 됐다. 특히 철강과 석유화학 등 10대 주력 산업(한국 정부는 자동차, 조선, 일반 기계, 철강, 석유화학, 섬유, 반도체, 디스플레이, 디지털 전자, 바이오를 10대 주력 산업으로 선정하고 있다)이 제조업 총생산의 55퍼센트를 차지하는데, 이런 중화학공업 중심의 경제 구조와 산업 발전 구조 때문에 에너지와 환경 문제에 취약해졌다. 화석에너지 의존도도 높고(83%), 에너지 다소비 산업의 소비 비중이 38퍼센트로 OECD 평균(22%)을 크게 웃돈다. 대표적인 에너지 다소비 산업으로 철강, 석유화학, 시멘트, 제지, 비철금속 산업을 꼽는데, 이밖에 조선과 자동차를 포함한 제조업이 에너지 소비에서 차지하는 비중은 75퍼센트에 이른다.

중화학 제조업 중심 산업 구조의 경로 의존성 탓에 에너지 다소비, 자원 과소비, 온실가스 배출 상승 현상이 지속될 듯하다. 1990년대 후반 이후 정보통신 등 고부가가치 에너지 저소비 산업의 비중이 확대되면서 산업 부문 소비 비중은 조금 안정됐지만, 석유화학이나 철강 등 산업 부문의 에너지 소비가 계속 늘면서 최종 에너지 소비 점유율도 증가세를 여전히 유지하고 있다. 에너지 소비 증가율이 높은 것은 무엇보다 단위 부가가치당 에너지 소비가 많은 제조업의 비중이 높고, 특히 석유나 화학 등 에너지 다소비형 산업 비중이 높은 데서 기인한다. 그러나 가정과 상업 부문에서도 주택과 가전제품이 대형화하고, 낮은 전기 요금 덕분에 깨끗한 에너지로 전력을 선호하는 분위기가 늘어나면서 연평균 6퍼센트 수

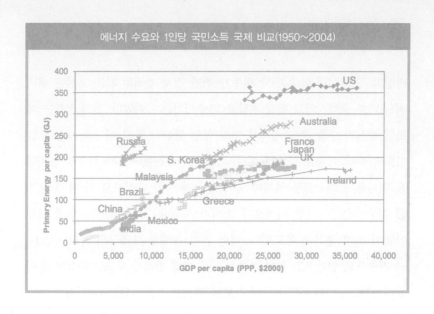

에너지 수요와 1인당 국민소득 국제 비교(1950~2004)

준의 소비 증가세를 유지하고 있다.

　한국의 GDP 대비 국내 물질(화석연료, 상업용 광물과 건설용 광물, 바이오매스) 소비량은 2005년 이후 대체로 개선되는 추세이지만, EU 국가에 견줄 때 여전히 부족하다. 경제가 성장하면 에너지 소비가 비례적으로 증가한다는 게 한국 사회의 통념이다. 어느 정도 성숙한 단계에 이르면 요소 투입형 성장이 한계에 이르고 에너지 절약 기술도 발전해 국민소득이 늘어나도 에너지 소비는 그만큼 늘어나지 않는 경향을 경제성장과 에너지 소비 증가 사이의 탈동조화(decoupling)라고 한다. 그런데 한국은 1인당 GDP가 2000년에 이미 1만 5000달러를 넘었는데도 이런 탈동조화가 아직 일어나지 않고 있다. 산업과 경제 전반에서 에너지 절약과 효율화가 진행되는 징후도 눈에 띄지 없어서, 앞으로도 에너지 소비와 온실가스 배출이 증가하는 흐름이 이어질 것 같다. 또한 정부의 에너지(전력) 수요 예측과 온실가스 배출의 기준 전망(BAU)도 계속 증가할 것이다.

박정희 정부 이래 역대 한국 정부가 취한 경제 정책의 기본 노선은 에너지 소비를 증가시키고 환경 부담을 가중시키는 것이었다. 먼저 정부는 제조업 중심의 수출 주도 정책에 따라 공업 생산과 물자 이동의 비용을 줄이도록 여러 혜택을 부여해 에너지 소비를 촉진했다. 대표적으로 농어업용 면세유나 대중교통 업체와 국가 유공자 등을 대상으로 한 유가 보조금 같은 제도는 시장 가격보다 소비자 가격을 20~50퍼센트 넘게 낮게 만들어 소비 증가를 유도했다. 이런 환경 유해성 보조금의 규모는 2006년 기준으로 연간 7조 원에 가까웠는데, 환경 친화성 보조금의 10배에 이른다. 그밖에도 안정적인 자원 확보를 명분으로 지원되는 해외 자원 개발 사업 재정 지원, 건설 경기 활성화를 목적으로 주기적으로 단행하는 건설 산업 대상 재정 지원 등이 있다.

에너지 다소비 부문에 특혜를 주는 전력 요금도 이런 경향을 부추겼다. 산업용 전기 사용량이 갑자기 늘면서 전기 사용량 증가율은 1990년대 이후 2000년대 초까지 연평균 9.8퍼센트를 기록했다. 그런데 가정용 전기 요금에 견줘 산업용 요금이 상대적으로 낮아 가정 부문에서 산업 부문을 지원하는 '교차 보조'가 일어나고 있다. 산업용 경부하 요금 혜택은 24시간 공장을 가동하는 장치산업(석유화학, 철강 등)에 주로 적용돼 막대한 전력 소비를 낳고 있다. 또한 심야 전력 요금제는 핵발전 때문에 생긴 잉여 전기의 소비를 조장했고, 이런 제도가 다시 전력 부족에 따른 발전 설비 증가를 낳는 악순환을 이어가고 있다.

도로 교통 관련 투자가 늘어나는 반면 도로에 견줘 여전히 철도 부문 투자가 빈약한 현실도 한국의 에너지 다소비 체제에 한몫하고 있다. 한국의 단위 면적당 고속도로와 국도의 연장은 OECD 국가 중 6위이지만, 철도 연장은 한국전쟁 종전 뒤 거의 제자리(고속철도 노선만 일부 증가)에 머물러 있다. 그런데도 2001~2005년 사이 정부의 교통 시설 투자는 도로 59퍼센트에 철도 22퍼센트로 여전히 도로 부문에 치우쳐 있다. 또한 주로 자동차 연료에 부과되는 에너지환경교통세로 조성된 예산을 대부분 새로운 도로를 닦는 데 투자(2004년 기준 예산의 60퍼센트가량)하고 있다. 반면 궤도나 대중교통 관련 투자는 상대적으로 매우 부족한 상황이다.

그러나 점점 더해지는 환경 부담과 상승 일변도의 에너지 수급 그래프는 한국 정부도 세계적 흐름에 부응하는 녹색 경제 정책을 모색하게 만들었다. 이명박 정부가 2008년 8월 15일 새로운 국가 비전으로 선포한 '저탄소 녹색 성장' 정책이 대표적이다. 이 정책은 환경과 경제의 상생이라는 새로운 프레임 아래 "온실가스와 환경오염을 줄이는 지속 가능한 성장이고, 녹색기술과 청정에너지로 신성장 동력과 일자리를 창출하는 신국가 발전 패러다임"으로 정의됐다. 이명박 정부는 2009년 초 대통령 직속 '녹색성장위원회'를 구성했고, 2010년 '저탄소 녹색성장 기본법안'을 제정해 제도적 기반을 구축했다.

저탄소 녹색 성장 비전 선포에 이어 정부는 에너지 효율을 높여 에너지 원단위를 개선하고 재생에너지 공급을 확대하는 '1차 국가에너지기본계획'을 발표했다. 이 기본 계획은 녹색 성장이라는 비전 아래에서 온실가스 저감이 에너지 정책의 주요 목표가 된 사실을 보여줬다. 에너지 절약과 친환경 에너지 정책이 주요 정책 방향으로 제시됐다. 친환경 정책으로서 녹색 성장 정책은 2009년 7월에 발표된 '저탄소 녹색성장 국가전략'에서 세부 정책으로 구체화됐다. 여기서 제시된 3대 전략과 10대 정책 방향을 살펴보자. 효율적인 온실가스 감축, 산업의 녹색화, 녹색산업 육성, 녹색 국토와 교통 조성 등이 주요 정책 방향으로 제시되면서 큰 틀에

한국의 저탄소 녹색성장 전략	
3대 전략, 10대 정책 방향	
기후변화 적응 및 에너지 자립	1. 효율적인 온실가스 감축
	2. 탈석유·에너지 자립 강화
	3. 기후변화 적응 역량 강화
신성장 동력 창출	4. 녹색기술 개발 및 성장 동력화
	5. 산업의 녹색화 및 녹색산업 육성
	6. 산업 구조의 고도화
	7. 녹색경제 기반 조성
삶의 질 개선과 국가 위상 강화	8. 녹색 국토·교통의 조성
	9. 생활의 녹색혁명
	10. 세계적인 녹색성장 모범 국가 구현

· 자료: 녹색성장위원회(2009)

서 녹색 성장 정책이 환경 보호와 인간과 환경의 상생이라는 환경 정책을 따르고 있다는 사실을 보여준다.

또한 녹색 성장 정책은 2008년 후반부터 가시화된 미국발 글로벌 경제 위기를 맞아 환경과 상생이라는 과제 말고도 일자리 창출을 통한 경제 위기의 극복도 동시에 지향하게 된다. 결과적으로 정부는 5개년 계획이 완성되기 전인 2009년 1월에 '녹색 뉴딜'을 먼저 발표한다. UNEP의 '녹색 뉴딜' 정책에 영향을 받은 한국 정부는 친환경 사회간접자본 투자, 저탄소 고효율 산업 기술 육성, 친환경 녹색 생활 조성 관련 사업 투자를 통해 일자리를 창출하는 한국형 녹색 뉴딜을 구상한다. 한국형 '뉴딜'과 신성장 동력 사업 중 녹색 연관성이 높고 성장이나 일자리 창출 효과가 큰 사업, 그리고 여러 녹색 사업 중 일자리 창출 효과가 큰 사업을 중심으로 녹색 뉴딜 사업을 구성했다고 한국 정부는 밝히고 있다.

정부 계획에 따르면 뉴딜 사업의 대상인 4대강 사업, 중소 댐 건설,

4대강 공사로 파괴된 남한강
(사진: 4대강사업저지범대위 현장모니터팀, 신륵사 여강선원).

녹색 일자리(green job)가 대세다. 환경을 살리고 경제를 살리는 두 마리 토끼를 잡는 게 산업혁명의 잿빛 일자리가 아닌 녹색 일자리다. 오바마 미 대통령에게 500만 개의 일자리 창출을 조언하던 반 존스의 '그린칼라 이코노미'의 제안은 담대하고도 낙관적이다.

그런데 재생에너지와 철도산업은 그렇다 치더라도, 요즘 광고들을 보고 있노라면 아파트도 녹색이고 공장도 녹색이다. 만들던 물건과 하던 일을 그대로 계속하는데, 호칭만 바꾸면 녹색 일자리가 되는 것일까? 정부와 기업의 청사진은 푸른색이 아니라 아찔한 장밋빛이다.

미국 루스벨트 대통령의 '뉴딜'을 참고 삼아 이명박 정부가 2009년 1월 발표한 '녹색뉴딜'은 더욱 그렇다. 2012년까지 4대강 살리기 등 36개 사업에 50조원을 투입해 96만개의 일자리를 창출하겠다는 계획이었다. 이 일자리들은 지금 어디에 있을까?

결국 12개 사업으로 축소되었지만, 작년 7월까지의 정부 추정통계를 믿더라도 창출된 일자리는 겨우 14만 228개다. 물론 그 일자리들이 녹색뉴딜 사업에 포함되어 있다는 의미에서 녹색 일자리이지 실제 무엇을 하는 일자리인지, 그리고 급여와 고용 안정성이 어떤지는 정부도 제대로 파악하지 못하고 있다. 녹색뉴딜의 많은 사업들이 기존의 숲 가꾸기나 R&D 사업을 재분류한 것임을 감안하면, 14만여 개의 일자리도 다수는 새로 만들어지는 일자리가 아니다.

녹색뉴딜로 새로 만들어지는 대규모 일자리가 있다면 그것은 '4대강' 사업이다. 물론 그것이 녹색 사업인지를 완전히 논외로 한다는 전제에서다. 정부는 4대강 사업이 총 34만개의 새 일자리를 만들 것이라고 홍보했다. 건설업의 취업 유발계수인 10억원 당 17.3명을 4대강 사업 예산 규모인 19.4조원에 곱한 결과다.

그러나 서울대 환경대학원 김정욱 교수가 조사한 바를 보면, 작년 5월 중순까지 공사현장 투입인원은 1만364명이고 그 중 상용직은 고작 130명뿐이었다. 4대강 사업은 건설 중장비가 주로 투입되기 때문에, 건설업의 취업유발계수 적용은 현실과 동떨어진 것이었다. 그 대신 700여명의 골재채취 노동자, 2만 4000여명의 농민, 그리고 가족까지 감안하면 최대 6만 4000여명이 생계터전을 잃었다고 한다. 이러한 통계에 대해 정부가 반박자료를 내놓았다는 소식은 아직 듣지 못했다.

지금 우리 사회의 녹색 전환은 절망 끝에서 희망을 향해 다가가는 몸부림이다. 그만큼 어딘가에서는 고통과 희생이 요구되며, 그것을 경감하고 보충하기 위한 사회적 공감과 투자가 필요하다. 새로 만들어지는 일자리가 있다면, 어딘가에서는 사라지는 일자리와 직장을 바꾸어야 하는 노동자들이 있을 수밖에 없다.

그것이 과거의 오염산업에서 녹색산업으로의 전환이라 하더라도 마찬가지다. 그래서 국제 노동운동에서는 이러한 산업 전환이 노동자들의 일자리를 보장하고 지역사회를 유지해야 한다는 '정의로운 전환(Just Transition)'이어야 한다는 원칙을 천명하고 지원 제도와 재정을 요구하고 있다.

한국 정부의 녹색성장은 녹색이라 스스로 명명한 것들을 개발하고 수출하며 앞으로 달려가느라 바쁘다. 녹색 일자리의 장밋빛을 위해서는 사회적 대화와 투자와 때로는 투쟁이 필요하다는 점을 간과한 결과다. 정부의 녹색일자리 성적표가 당장 초라하다는 것보다 환경정의와 경제정의에 대한 문맹이 더 걱정스러운 이유다.

- 김현우, 에너지기후정책연구소 상임연구원, 《한국일보》 2011년 1월 27일

녹색 교통망 확충, 그린카 개발 등에 2009년부터 2012년까지 4년간 50조 원이 투자되면 약 96만 개의 일자리가 창출될 수 있었다. '4대강 살리기' 와 연계 사업에 18조 원을 투자해 28만 개, 녹색 교통망 구축에 11조 원을 투자해 16만 개, 산림 바이오매스 사업에 3조 원을 투자해 23만 개, 에너지 절약형 주택과 그린 스쿨이나 그린 오피스 건설 사업에 9조 원을 투자해 15만 개의 일자리가 창출될 수 있다는 것이었다.

녹색 성장 정책은 어느 정도 성과를 거두기는 했지만 경제성장과 에너지 소비의 탈동조화에도 그다지 기여하지 못했고, 일자리 창출 실적도 모자라다는 평가를 받고 있다. 경제성장, 수출 중심 전략, 대기업 중심 정책 등 지난날의 정책 프레임이 녹색 성장 정책에도 그대로 이어지고, 개별 정책도 대부분 이미 있는 정책을 '녹색'이라는 이름으로 재배치한 것에 지나지 않아 빚어진 결과다. 녹색 뉴딜의 핵심 사업으로 4대강 살리기가 추진된 것이 대표적이다. 아름다운 4대강의 모래를 준설해 물을 확보하고 홍수를 방지한다는 명분을 내세워 추진한 이 사업은 정부 발표하고 다르게 생태계 파괴와 수질 악화를 불러온 '반환경' 사업으로 드러나 사회적 비판의 대상이 됐다.

녹색 성장에 포함된 에너지 관련 정책도 환경성의 의미가 모호하거나 취지에 모순된다. 이명박 정부는 2010년 아랍에미리트에 처음으로 원전을 수출한 뒤 '원자력 발전 수출 산업화 전략'을 공언했고, 청정에너지 확대를 목표로 신재생에너지 공급 확대에 더해 핵에너지 비중을 발전량을 기준으로 60퍼센트까지 늘린다는 계획을 입안했다. 삼척과 영덕을 신규 핵발전소 예정 부지로 고시하고 밀양과 청도 등에 고압 송전탑을 강제로 세우려 하면서 많은 사회적 갈등을 낳았다. 결국 녹색 성장이라는 비전 아래 산업의 녹색화가 제시되고 있기는 하지만, 정책 입안 과정에서는 여전히 녹색 정책이 성장 정책에 종속되고 있는 것이다.

이런 경향은 박근혜 정부에서도 큰 변화는 없다. 박근혜 정부가 내세우는 '창조경제'는 여전히 모호한 개념일 뿐 아니라 애초부터 과거 정부의 정책들을 짜깁기한 성장 정책이다. 이명박 정부의 '녹색' 간판을 대부분 '창조'로 바꿔 달면서 녹색이 창조로 흡수되는 모양새로, 박근혜 대통령이 연설에서 밝힌 '창조형 에너지 경제 모델'은 '경제혁신 3개년 계획'으로 구체화됐다. 여기에는 에너지 공기업의 구조 조정이나 민간 기업 확대 등 '민영화'와 '양질의 시간제 일자리 창출' 등이 포함돼, 시장과 성장 위주의 유연한 경쟁력 강화가 주된 관심이라는 사실을 알 수 있다.

중앙정부가 녹색 경제 측면에서 전반적인 정체 또는 퇴보를 계속하는 사이에, 오히려 지방정부와 풀뿌리 수준의 사회적 경제 부문에서 녹색 경제가 성장하고 있는 모습이 눈에 띈다. 서울시는 2011년 재보궐선거에서 박원순 시장이 당선한 뒤 '서울시에서 원전 1기 줄이기' 같은 혁신적 에너지 정책을 펼치고 있으며, 여러 지자체도 이런 흐름에 호응하고 있다. 지역 에너지협동조합과 녹색 경제를 추구하는 사회적 기업들이 확산되면서 지역 수준의 녹색 경제 전환과 녹색 일자리 창출이 새로운 흐름으로 떠오르고 있는 모습도 주목할 만하다.

반 존스 지음, 함규진·유영희 옮김, 《그린칼라 이코노미》, 페이퍼로드, 2009

경제난과 환경 문제는 대립되는 골칫덩어리가 아니라 하나로 이어서 풀릴 수밖에 없고, 가능한 대안도 이미 많이 나와 있다. 반 존스는 '그린칼라' 경제가 키워드라고 주장한다. 정부와 기업이 잡을 수 있는 새로운 산업의 기회를 구체적으로 제시한 이 책은 오바마의 500만 개 일자리 창출에 아이디어를 제공했다.

김해창 지음, 《저탄소 대안경제론》, 미세움, 2013

여러 영역에서 녹색 경제가 제시할 수 있는 정책과 아이디어를 알고 싶다면 이 책이 좋다. 탈자동차와 탈원전, 공공사업의 개혁, 친환경 조세와 지역 자연에너지 등 10개 장마다 저탄소 대안 경제가 얻을 수 있는 경제적 이익과 사회적 이익, 일자리의 가능성을 제시한다.

에너지기후정책연구소·모심과살림연구소 지음, 《밥상의 전환》, 한티재, 2013

녹색 에너지 전환에서 농업과 협동조합이 하는 구실이 궁금하면 이 책을 보자. 농업은 기후변화와 에너지 위기의 피해자가 아니라 새로운 해결자 노릇을 할 수 있으며, 협동조합의 원리로 지역 수준의 대안 에너지 경제가 펼쳐질 수 있다.

복지와 에너지

세 모녀를
살릴 수 있는
에너지 복지국가는
어떤 모습일까

전남 고흥의 한 목조 주택. 불에 타 뼈대만 앙상하게 남았습니다. 불이 난 시 각은 오늘 새벽 4시 쯤. 이 불로 62살 김 모 씨와 외손자 6살 주 모 군이 숨지 고 집주인 63살 주 모씨가 얼굴 등에 가벼운 화상을 입었습니다. 불은 목조 주택 내부 30여 제곱미터를 모두 태우고 1시간 20여 분 만에 꺼졌습니다. 주 씨 부부는 전기 요금을 내지 못해 한 달 전부터 집의 전기 공급이 끊겼던 것으 로 알려졌습니다.(KBS 2012년 11월 21일)

2007년 7월, 서울 서대문구에서 15평 단독주택에 불이 나 집 안에 있던 김 씨 등 3명이 숨지고 강 모 씨가 다쳐 근처 병원으로 옮겨져 치료를 받았다. 경찰 은 김 씨가 2년 전부터 요금 체납 때문에 전기가 끊겨져 촛불을 쓰고 있었고, 이로 인해 불이 난 것으로 추정했다.(《세계일보》 2007년 2월 28일)

2005년 7월, 경기도 광주에서 건설 일용직 남 모 씨 집에서 불이 나 중학교 3 년생인 남 씨의 둘째 딸이 숨지는 사고가 발생했다. 건설 현장의 인부로 일하 는 남 씨는 일거리가 줄어들면서 수입이 없어 지난 2월부터 전기료 88만 원을 체납했다. 겨울 전기장판으로 겨울을 나면서 전기료가 많이 나왔고, 이를 납 부하지 못해 단전된 것이다.(《프레시안》 2005년 7월 13일)

"불 때면 쓸 돈 없다" ― 에너지 빈곤과 에너지 복지

지구 온난화가 심각해지면서 온실가스를 줄여야 한다는 공감대가 높아 지고 있다. 한국도 예외는 아닌데, 1인당 에너지 사용량이 선진국에 견줘 높아 효과적인 온실가스 감축을 위해 에너지 가격을 정상화하는 방안이 우선 사항으로 꼽히고 있다. 특히 한국의 에너지 효율은 OECD 34개국

중 30위로 최하위권이다. 그러나 에너지 가격의 상승은 저소득층 같은 사회적 약자의 에너지 접근성을 낮춘다는 점에서 또 다른 사회 문제를 일으킬 수 있다. 저소득층은 소득 대비 광열비 비중이 다른 소득 계층에 견줘 아주 높아 에너지 가격 변동에 취약할 수밖에 없다. 저소득층일수록 저가 에너지 공급망의 사각지대에 살고 있어 값비싼 에너지(LPG, 등유)를 소비하게 돼 연료비 지출 비중이 평균 가구의 4.7배에 이른다. 에너지는 생활 필수재인 만큼 인간다운 삶을 누리려면 최소 수준에서 안정적으로 공급받을 수 있게 사회가 보장해야 한다. 따라서 온실가스 감축 정책은 국내 저소득층의 에너지 기본권을 보장하는 문제와 연관해 접근해야 한다.

일반적으로 에너지 빈곤이란 특정 가구가 냉난방을 유지하는 데 경제적으로 부담스러운 상태에 놓인 경우를 말한다. 1970년대 영국 등에서 처음 제기될 때는 알맞은 주거 온도에 초점을 맞췄지만, 요즘에는 냉난방 말고도 조명, 취사, 텔레비전 시청처럼 기본적인 문화생활을 누리고 일상의 삶을 이어가는 데 필요하다고 사회적으로 인정되는 에너지의 사용도 포괄하고 있다. 에너지 빈곤에 따라 냉난방이 부족하면 거주자의 건강을 해칠 수 있으며, 특히 만성 감기, 기관지염, 심장 질환 같은 질병에 시달리게 되거나 증상이 나빠질 수 있다. 장애인, 만성 질환자, 노인 등이 있는 가구는 더 취약한 상태에 내몰린다. 또한 에너지 비용이 늘어나면 식료품 구입 같은 다른 생활비를 줄이게 돼 '삶의 질'이 떨어질 수 있다. 이런 상황 때문에 취약 계층이 의료 기관을 더 많이 찾게 되면 건강보험의 재정부담이 늘어나는 등 또 다른 사회적 비용을 유발할 수 있다.

한편 한 연구 결과에 따르면 2050년까지 여름철 폭염으로 서울에서만 해마다 최소 평균 650명이 넘는 사망자가 발생할 수 있다고 한다. 더구나 2015년에서 2050년까지 해마다 평균 최소 651명에서 최대 1100명의 65세 이상 고령자가 폭염으로 초과 사망하는 것으로 나타났다. 안산 지

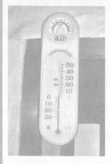
역의 한 빈민운동가는 폭염과 한파 등 기후변화로 지역 노점상들이 1년
에 3개월가량은 영업을 하지 못해 경제적으로 매우 어려운 상태라며 취약
계층의 기후 적응 정책이 필요하다고 호소했다. 기후변화에 따른 피해는
적응 능력이 떨어지는 노약자와 저소득층 등 취약 계층에게 더 가혹하다.

정부는 '소득 중 광열비 지출 비중이 10퍼센트 이상인 계층'을 에너
지 빈곤층으로 규정하는데, 120만 가구에 이르는 것으로 추정하고 있다.
인구 전체의 8~9퍼센트에 맞먹는 수치다. 그러나 이 규정은 영국의 기준
을 편의적으로 적용한 것으로, 적실성을 둘러싸고 논란이 많다. 예를 들
어 영국 정부의 정의에는 '온도 기준'이 들어 있지만, 한국 정부의 기준에
는 이 기준이 없다.

〈2001 에너지 빈곤 전략〉 보고서에 따르면, 영국은 에너지 빈곤 가
구를 "거실의 온도가 섭씨 21도, 거실 이외의 실내 온도를 섭씨 18도로 유
지하기 위해 가구 소득의 10퍼센트 이상을 난방비로 사용하는 가구"로

정의한다. 특정한 주거 온도를 유지하는 기준과 그러기 위해 지불하는 에너지 비용이 소득에서 차지하는 비중으로 구성돼 있다. 첫째 기준은 국제 보건기구(WHO)의 기준을 차용했고, 둘째 기준에서 소득은 개인이 실제로 자유롭게 소비 또는 저축의 형태로 처분할 수 있는 가처분소득을 사용하고 있다. 또한 10퍼센트라는 수치는 소득 1~3분위 가구의 평균 에너지 비용 지출 비중이 10퍼센트이기 때문에 정해졌다고 한다.

한편 에너지 복지는 "모든 국민들이 소득에 관계없이 건강하고 안정된 생활을 유지할 수 있도록 최소 수준의 에너지 공급을 보장하는 것"으로 정의할 수 있다. 에너지 복지 정책은 여러 현행법에도 규정돼 있다. 예를 들어 저탄소 녹색성장 기본법의 제39조 5항은 "국민이 저탄소 녹색성장의 혜택을 고루 누릴 수 있도록 저소득층에 대한 에너지 이용 혜택을 확대하고 형평성을 제고하는 에너지와 관련된 복지를 확대한다"고 규정하고 있다. 또한 2006년 제정된 에너지법의 제4조 5항은 "국가, 지방자치단체 및 에너지공급자는 빈곤층 등 모든 국민에게 에너지가 보편적으로 공급되도록 기여하여야 한다"라고 규정함으로서 에너지 복지에 관한 국가와 지자체와 에너지 공급자의 책임을 확실히 했다.

빈익빈 부익부 — 돈 없어 쓰는 비싼 에너지

소득 계층별로 에너지 사용량이 차이 날 뿐 아니라 에너지 소비에 지출하는 비용이 소득에서 차지하는 비율도 낮은 소득 계층일수록 높다. 또한 저소득 계층일수록 도시가스 등 저가 에너지에 접근할 수 있는 기회를 보장받고 있지 못하다. 따라서 식비와 생활비 등에 지출할 수 있는 소득이 줄어들 수밖에 없고 전반적으로 빈곤 상황이 나빠지는 악순환이 반복되고 있다. 저소득층이 난방이나 취사용 연료로 값비싼 등유와 프로판가스를 쓰면서 에너지 불평등이 심화되고 있는 것이다. 같은 비용을 쓰고도 전기의 난방 효과가 떨어져 소득에 따라 생활 환경이 양극화되는 현상도 강해지고 있다. 저소득 계층은 상대적으로 비싼 등유를 쓰고, 고소득 계층은 도시가스를 써 난방을 하는 비율이 높다. 도시가스에 견줘 등유는 단위 열량당 비용이 60퍼센트 정도 비싸 소득이 높은 계층이 오히려 값싼 에너지를 쓰고 있는 셈이다. 결국 기본권인 에너지를 제대로 공급받지 못하는 빈곤층이 발생한다.

에너지 빈곤의 원인으로 무엇보다 먼저 손꼽히는 것은 '저소득'이다. 실직이나 건강 문제 등에 따른 노동 능력의 부족, 가구원 중에서 요보호 대상자가 있어 겪게 되는 노동 기회의 부족, 제한된 액수의 연금과 복지 급여 탓에 에너지를 구입하는 데 필요한 비용을 지불하기 어렵다. 특히 사회복지 전달 체계에서 탈락한 차상위 계층은 각종 긴급 구호에서도 제외돼 더욱 힘겨운 상황에 놓인다.

둘째, 경제적 빈곤에 밀접히 연결된 요인이기도 하겠지만, 노인 가구, 장애인 가구, 한부모 가구 등 사회적으로 취약한 계층이 에너지 빈곤에 취약한 편이다. 이런 계층은 가구원이 집에서 거주하는 시간이 길기 때문에 에너지 수요가 더 큰 편이다. 특히 폭염과 한파에 노출돼 건강에 직접적인 영향을 받아 세상을 떠나기도 하는 등 피해가 심각하다.

셋째, 단열 상태가 나쁜 노후 부실 주택에 살면서 비효율 냉난방 기기를 교체하지 못하면 에너지 빈곤을 불러올 수 있다. 취약 계층일수록 단열이 비효율적인 노후 주택에 사는 경우가 많고, 냉난방 기기도 낡아 같은 에너지를 사용하더라도 효과가 떨어지는 비효율적인 에너지 소비 구조에 노출된 경우가 많다.

넷째, 에너지 효율이 떨어지는 노후 에너지 기기들, 예를 들어 에너지

가정용 에너지 가격 수준							
	전력	등유	경유	LPG (프로판)	도시가스	연탄	지역난방
가격 수준 (원/만kcal)	1,577	1,351	1,708	1,271	667	221	706

주: 2007년 12월 기준(연탄의 경우에만 2008년 4월 기준)
· 자료: 에너지관리공단, 《에너지절약통계》, Petronet News, 2008년 1월 4일

등급이 낮은 가전제품이나 비효율적인 가스난로와 전기난로 등을 사용하면 에너지 비용이 늘어난다. 석유 제품 등은 현금을 주고 사야 하지만 전기는 후불이고, 3개월까지 연체되더라도 단전하지 않기 때문에 전기장판 등 전열 기구를 많이 쓴다. 특히 전열 기구를 많이 쓰면 전기 요금 누진제 등으로 요금 폭탄을 맞게 되고, 지불 능력이 없는 상태에서 3개월이 지나면 단전돼 최악의 에너지 빈곤 상태에 빠지는 양상이 반복된다.

다섯째, 원유 가격이 오르는 등 에너지 가격 자체가 비싸질 때도 에너지 빈곤이 악화될 수 있다. 상대적으로 값싼 도시가스가 공급되지 않는 지역에 사는 저소득층은 등유 보일러를 많이 쓰는데, 비싼 기름값을 감당하지 못하는 사례가 자주 생긴다.

여섯째, 상대적으로 값싼 에너지, 곧 도시가스 접근성이 떨어져도 에너지 빈곤이 발생할 수 있다. 단위 열량을 공급할 때 도시가스에 견줘 두 배가 넘는 비용이 필요하기 때문에 전기를 사용하면 비슷한 비용을 지출하더라도 쓸 수 있는 열 공급량은 크게 줄어든다. 게다가 에너지 빈곤층이 상대적으로 낡고 단열이 안 된 주택에 산다는 점을 고려하면 상대적으로 비싼 에너지를 쓰는 문제가 더욱 심각해질 수 있다.

일곱째, 정부와 공공 기관이 제공하는 에너지 복지 프로그램에 관한 정보가 부족해 혜택을 받지 못하면 에너지 빈곤 상태가 지속될 수 있다.

이명박 정부는 '녹색성장 국가전략 및 5개년계획'의 사업의 하나로 에너지 빈곤층 해소 방안을 제시하면서 2030년까지 에너지 빈곤 가구(에너지 빈곤층과 차상위 계층)를 제로로 만든다는 목표를 내걸었다. 그러나 대부분 요금 할인 또는 단전이나 단가스를 유예하는 수준에 집중돼 있어 정책 목표에 맞는 효과를 얻기 힘들고 지속성도 없다.

또한 박근혜 대통령은 '에너지 빈곤 없는 따뜻한 에너지 복지 실현'을 대선 공약으로 제시했다. 구체적으로는 에너지 빈곤층에게 전기 요금과 가스 요금을 지금보다 20퍼센트 넘게 할인한 가격으로 공급하고, 기초 생활용 전기 사용량을 보장하며, 기초 수급자와 차상위 계층을 위한 에너지 바우처 제도를 도입한다고 약속했다. '공급형' 에너지 복지라고 볼 수 있는 이런 정책들은 대개 겨울철 에너지 사용을 지원하는 데 초점을 맞추고 있다.

지금 진행되는 에너지 지원 프로그램은 한시적이고 일회성인 경우가 많다. 일회성 지원이 해마다 혹한기를 중심으로 반복돼 비용 효율성이 떨어지고, 이마저도 비용 유예나 가격 보조 형태가 많아 저소득층의 복지 체감 효과는 더 낮아진다. 또한 각 기관이나 한 부처가 지원을 떠맡는 형태가 아니라 보건복지가족부, 노동부, 환경부 등 다양한 관련 기관들이 에너지 복지를 통한 일자리 창출과 기후변화 대응이라는 큰 목표를 위해 유기적으로 연계해 정책을 마련해야 한다.

한국의 에너지 복지 대책은 대부분 현물(에너지) 지원 방식이다. 저소득층이 생활에 필요한 일정량의 에너지를 지원받는 형태다. 그러나 지원 양이 무척 제한된 탓에 실질적인 도움이 되지 못한다. 또한 전기, 가스, 연탄 등 에너지원별로 지원 제도가 운영돼 형평성과 중복 지원, 사각지대

등의 문제가 생긴다.

에너지 복지 프로그램은 공급형, 효율형, 전환형 등 세 가지로 나눌 수 있다. 먼저 공급형은 에너지 비용을 지원하는 방식으로, 연료와 연료비를 직간접으로 지원하거나 보조하는 정책이다. 에너지 자체에 중심을 두는 단기적인 긴급 구호식 해결책이다. 에너지 취약 계층의 에너지 비용을 줄이는 복지 효과는 있지만 환경 효과나 경제 효과는 없다.

둘째는 효율형으로, 주택이나 가전제품 등의 에너지 효율화를 지원하는 정책이다. 노후 주택을 고쳐 에너지 소비와 비용을 절감하는 정책으로, 주거 복지와 에너지 복지의 결합이라고 볼 수 있다. 에너지 효율성을 중심으로 수요 관리의 측면에서 접근하는 정책으로, 복지 효과, 환경 효과, 고용 효과를 기대할 수 있다.

끝으로 전환형은 도시가스와 지역난방을 보급하거나 재생 가능 에너지로 에너지원을 전환하는 정책이다. 에너지 기반 시설을 확대해 에너지를 절감하거나, 에너지 전환과 자립을 중심으로 접근하는 정책이다. 에너지 측면에서 근원적인 접근이고, 주거 복지 효과의 확장으로 볼 수 있다. 전환형 정책은 효율형보다 더 큰 복지, 환경, 고용 효과를 기대할 수 있다.

정부의 에너지 복지 프로그램은 '공급형' 프로그램보다는 '효율형'과 '전환형' 프로그램으로 구분할 수 있다. 그러나 '효율형' 프로그램의 상당수는 난방보다는 복지 혜택이 상대적으로 낮은 전력 부문에 맞춰져 있고, 그중 상당수가 단순 현물 지원이어서 '효율형' 프로그램을 의도했다기보다는 행정 편의적 접근의 결과로 여겨진다. 또한 '전환형' 프로그램은 오히려 전체 재정이 빠르게 줄어들고 있는데다 전액 보조가 아닌 일부 보조 형태가 많아 사실상 소득이 낮은 에너지 빈곤층의 접근성이 낮다.

한국의 높은 에너지 사용량과 온실가스 배출량을 고려하면 공급 중

구분		예산(지원 가구·기관 수)					
		2008	2009	2010	2011	2012	2013
정부	시설 제품 지원 (에너지 효율 개선, 신재생 보급, 설비 개선 등)	691 (272,292)	1,064 (277,484)	831 (204,216)	982 (278,789)	867 (268,735)	939
	난방비 지원 (등유, LPG, 연탄)	53 (67,812)	62 (39,663)	153 (94,090)	171 (97,440)	222 (109,116)	222 (109,116)
	정부 지원 합계	744 (340,104)	1,118 (317,147)	973 (298,306)	1,133 (376,229)	1,089 (377,851)	1,161*
공기업	요금 할인 (전기, 가스, 열)	1,768 (1,895,184)	2,328 (2,743,955)	3,045 (2,869,477)	3,097 (2,968,435)	2,631 (3,039,972)	2,631 (3,039,972)
지원 총합계		2,512 (2,235,288)	3,446 (3,061,102)	4,018 (3,167,783)	4,230 (3,344,664)	3,720 (3,417,832)	3,792

·자료: 지식경제부 보도 자료, 〈에너지복지 프로그램을 통해 저소득층 지원〉, 2012년 11월 21일.

심의 에너지 복지 대책은 에너지 대책이나 기후변화 대책과 충돌할 수밖에 없다. 따라서 에너지 수요를 줄이면서도 복지 대책을 마련할 수 있는 효율형과 전환형 중심의 에너지 복지 정책이 필요한 상황이다. 정부가 내세운 에너지 빈곤층의 범위와 정의가 아주 제한된 편이어서 실제 사회적 효과도 제한될 수밖에 없다. 지금의 시스템에서는 수혜자가 쓰는 에너지원에 따라 수혜 방법이나 금액이 천차만별이어서 형평성 문제도 제기되고 있다. 에너지 복지의 수혜 대상과 수혜 방법을 명확히 해야 한다.

둘째, 에너지 복지의 전달 체계가 허술하다는 문제가 있다. 에너지 복지를 제공하는 주체로 한국에너지재단이 운영 중이다. 에너지 복지 전담 기관의 설치는 바람직하다고 볼 수 있지만, 전국에 걸쳐 있는 에너지 빈곤층에게 에너지 복지를 효율적이고 효과적으로 전달할 수 있을지는

부정적이다. 해당 지역 지자체와 지역사회의 참여가 보장되지 않는다면 에너지 복지를 효과적으로 집행하기 어렵다. 따라서 법률의 제정이나 개정을 통해 지자체의 구실과 권한을 확대하고 지역 시민사회의 참여와 협조를 이끌어낼 수 있는 조항을 신설해야 한다.

셋째, 정책 목표가 달성되더라도 정책의 사회적 효과는 다른 분야를 포괄하는 정책 통합성 차원에서 다중 효과를 의도해야 한다. 에너지 복지 분야에 연계되는 대표적인 정책 분야는 기후변화 정책과 일자리 정책이다. 에너지 빈곤 문제를 해결할 정책을 수립하되 점점 심각해지고 있는 기후변화 문제와 상충하는 사태를 피하려면 에너지 복지 프로그램은 단순 공급형이 아니라 효율형과 전환형을 중심으로 해야 하며, 저소득층에게 직접 전달되는 복지 효과 혜택을 늘리려면 일자리 문제를 함께 고려

한국에너지재단 예산 현황(단위: 억원)					
	2007	2008	2009	2010	2011
규모	100	285	285	292	194.5
재원출처	지식경제부 에특회계			기획재정부 복권기금	

하지 않을 수 없다. 따라서 에너지 복지 프로그램은 환경성과 고용 증진 문제에 연계해 생각해야 하지만, 정부의 '공급형' 중심 에너지 복지 프로그램은 오히려 환경과 고용 측면에서 반비례하는 경향도 나타날 수 있어 염려스럽다.

한국에너지재단의 재원은 현재 기획재정부의 복권기금으로 충당하고 있지만, 2011년 100억 원가량이 줄어드는 등 불안정한 상황이다. 에너지법에서 에너지의 보편적 공급을 국가와 지자체와 에너지 공급사의 의무로 규정한 만큼 에너지자원특별회계나 전력기금을 이용하거나 별도의 에너지복지기금을 만들어야 정책의 안정성과 효과성을 기대할 수 있다.

참여정부 시절인 2006년 '에너지비전 2030'에서 "2016년까지 에너지 빈곤층 제로화"를 선언한 뒤 에너지 빈곤과 에너지 복지 제도의 구축에 관한 사회적 관심이 고조됐고, 이런 관심이 한국에너지재단이 만들어지는 배경이 됐다. 여전히 에너지복지법은 표류 중이지만, 2010년 정부는 에너지복지법안 입법 예고를 통해 에너지 공기업 3개사에 에너지복지기여금을 부과하는 방안을 제시했다. 그렇지만 이 부과금은 지금도 시행 중인 에너지 공기업의 요금 감면과 납부 유예 조치에 해당하는 정도에 지나지 않고, 전력기반기금이나 에너지자원특별회계 등에서 에너지 복지를 위해 재원을 조달하는 노력이 반영돼 있지 않았다.

에너지 복지를 위한 재원은 먼저 전력기반기금이나 에너지특별회계 등에서 조달하고, 장기적으로 탄소세 제도를 도입해 유관 특별회계를 조성해야 한다. 특히 원가 이하로 공급하고 있는 산업용 전기 요금을 현실화해 에너지 복지에 필요한 재원을 충당할 수 있다.

가난한 이들에게 값싼 에너지를 — 저소득층 주택 에너지 효율화 사업

에너지 빈곤층을 정의할 3가지 기준을 검토해보자. 먼저 빈곤선 기준으로, 사회적으로 인정되는 빈곤선 아래에서 생활하는 가구를 1차 대상으로 한다. 둘째, 에너지 비용 기준이다. 이 기준에 해당하는 가구에서 소득 중 에너지 비용으로 일정한 비율을 지출하는 가구를 대상으로 한다. 셋째, 적정 온도 기준이다. 지출하는 에너지 비용은 영국 사례처럼 주택 내부 온도를 알맞은 수준으로 유지하기 위한 최소 비용이어야 한다.

이런 기준들을 바탕으로 한국의 에너지 빈곤층을 다시 추산하면 약 201만 가구(482만 명)로, 전체 가구와 인구의 12.3퍼센트와 9.9퍼센트에 해당한다(2008년 기준). 지금 정부가 제시하는 120만 가구보다 81만 가구가 많다. 201만 가구로 추정되는 에너지 빈곤층 전체를 저소득층 주택 에너지 효율화 사업의 대상으로 삼아야 하지만, 짧은 기간에 모든 해당 가구의 주택을 대상으로 사업을 진행할 수는 없기 때문에 연차별 우선순위를 정해야 한다. 201만 가구를 대상으로 10년 동안 해마다 20만 가구씩 사업을 진행할 경우 몇 가지 기준에 따라 우선순위를 정할 수 있다.

한편 에너지 빈곤층의 기준에는 들어맞지 않지만 빈곤선 아래에 있는 계층에게도 다른 방식으로 주택 에너지 효율화 사업에 참여할 기회를 주는 게 바람직하다. 엄격한 의미의 에너지 빈곤층은 아니지만, 빈곤선 아래에 있는 계층도 이 사업을 거쳐 에너지 비용을 절감할 수 있다면 빈곤 문제를 개선하는 효과가 있을 것이기 때문이다. 다만 이런 경우에는 사업에 들어가는 비용을 공적 영역에서 전부 부담하기보다는 일부 비용을 보조하거나 융자하는 방식을 택하는 편이 좋다. 약 142만 가구가 이 계층에 해당한다.

　주택 에너지 효율화 사업 지원 체계는 지자체의 관심이 부족하고 인력도 모자라 수동적 형태로 나타나고 있으며 효과도 떨어진다. 재정도 거의 전부 산업통상자원부와 석유 회사들이 주는 지원에 기대고 있어 규모나 안정성 면에서 모두 부정적이다. 지원 체계를 안정화하려면 먼저 각 주체들의 사업별 구실을 체계화하고 명확히 분담해야 한다. 중앙정부는 전체 사업의 연간 계획을 수립하면서 재정을 마련하는 등 포괄적인 업무만 맡고, 사업 효과를 극대화하려면 전담 기구를 새로 만들거나 한국에너지재단을 개편해야 한다.

　전담 기구는 사업을 총괄하면서 재정(기금)을 배분하는 가이드라인을 만들어 실행하고 전체 사업을 관리해야 한다. 전담 기구에서 배분된 사업을 지역에서 총괄하는 업무는 각 지자체에서 맡되, 일방적이고 행정 편의만 고려하는 방식이 되지 않도록 민관이 거버넌스 구조로 참여하는 '에너지복지위원회'(가칭)를 만들어 사업을 관리해야 한다. 구체적으로 사업을 실행하는 단계에서는 지역별 시행 기구와 시공 업자가 필요한데, 시행 기구는 수혜자 실증 조사를 맡고 시공 업자는 에너지 진단과 직접 시공을 맡는다.

　지금 저소득층 주택 에너지 효율화 사업 지원금은 한국에너지재단의 지원 기준 아래 각 지자체와 사업자의 재량으로 지원하고 있지만, 최고 한도가 100만 원으로 가구별 지원 상한액이 낮은 편이어서 효율적인 사업을 기대하기 힘든 상황이다. 또한 각 가구별 특성이 고려되지 않고 있어 고른 단열 효과를 가져올 수도 없다. 반면 미국의 저소득층 주택 에너지 효율화 사업(WAP)의 경우, 단열 효과 목표 기대치를 충족시킬 수 있도록 재정을 지원하고 있다. 물론 미국의 가옥 구조와 한국의 가옥 구조는 크게 다르기 때문에 단열 목표 기대치 기준을 그대로 적용하기는 힘들지만, 적어도 사업의 기대 효과를 높일 수 있게 지원금을 상향 조정할 필요는 있다.

공개된 데이터나 정책 현황을 고려할 때 지원 한도 기준을 논리적으로 마련하기는 힘들다. 지경부와 한국에너지재단의 지원 금액 한도액 산출 근거도 자의적인데다가 사업 효과를 분석한 적이 없어 판단 근거로 삼기 힘들다. 다만 직접 시공에 참여한 관계자의 의견이나 환경단체인 환경정의가 2006년 진행한 사업의 에너지 절감율(7퍼센트)을 감안하면 지원 한도액은 환경정의가 제시한 수준인 최소 120만 원 이상으로 확대돼야 하며, 따라서 에너지 절감률을 더 높이는 정책의 차원에서는 시공 방법을 보완할 뿐 아니라 지원 한도액을 늘리는 문제도 고려해야 한다.

또한 정부가 빈곤층으로 가정한 120만 가구를 대상으로 지원 한도액을 지금처럼 약 100만 원으로 가정하면 최대 1조 2000억 원이면 모든 가구의 주택 에너지 효율화 사업을 진행할 수 있다. 이미 확보한 인력만 활용해 해마다 6~7만 가구를 수리한다고 가정하면, 모든 에너지 빈곤층 가구가 혜택을 받는 데 20년 정도가 필요하다. 따라서 정책 효과를 높이고 필요 예산의 적정 수준을 감안할 때 10년을 사업 주기로 삼는 편이 효과적일 것이다. 201만 가구로 다시 설정한 에너지 빈곤층을 120만 원의 최소 지원 한도액으로 지원할 경우 전체 예산은 2조 4120억 원 수준으로 늘어난다.

주택 에너지 효율화 사업의 사회적 효과를 높이고 지속 가능성을 확보하려면 두 가지 문제를 고려해야 한다. 첫째, 대상 가구 지원 우선순위 문제다. 기계적으로 예산을 할당하면 사업 효과를 낮추게 될 수도 있다.

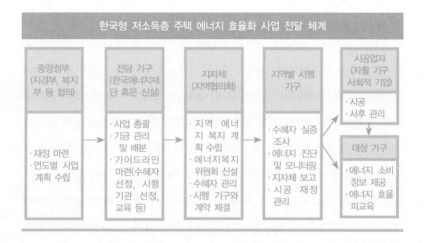

에너지 빈곤층의 규모 추정					
		가구		개인	
		가구수 (만가구)	전체 가구의 %	인구 수 (만 명)	전체 가구의 %
소득계층별 (경상소득 기준 빈곤율)	중위40	169	10.3	381	7.8
	중위50	201	12.3	482	9.9
	중위60	232	14.1	584	12.0

·자료: 통계청, 〈전국가계조사자료 2008년도 분기 원자료〉 (노대명 2009에서 재인용).

한국형 저소득층 주택 에너지 효율화 사업 전달 체계

중앙정부 (지경부, 복지부 등 협의)	전담 기구 (한국에너지재단 혹은 신설)	지자체 (지역협의회)	지역별 시행 기구	시공업자 (자활 기구 사회적 기업)
·재정 마련 ·연도별 사업 계획 수립	·사업 총괄 ·기금 관리 및 배분 ·가이드라인 마련(수혜자 선정, 시행 기관 선정, 교육 등)	·지역 에너지 복지 계획 수립 ·에너지복지 위원회 신설 ·수혜자 관리 ·시행 기구와 계약 체결	·수혜자 실증 조사 ·에너지 진단 및 모니터링 ·지자체 보고 ·시공 재정 관리	·시공 ·사후 관리
				대상 가구 ·에너지 소비 정보 제공 ·에너지 효율 피교육

따라서 우선 지원 대상을 정하고 프로그램을 단계적으로 설정해야 한다. 도심 지역보다 에너지 빈곤 문제가 더 심각한 농촌 지역에 우선순위를 두는 방식을 고려할 수도 있다. 농촌 지역은 가옥주가 많은데도 공급 연료나 가옥의 비효율성이 높아 복지나 환경 차원에서 먼저 접근해야 한다. 가옥 구조 형식을 기준으로 우선순위를 정하면 '농촌 단독형→도시 단독형→농촌 다세대형→도시 다세대형'이 될 수 있다.

산업통상자원부가 국회에 제출한 자료를 따르면, 2009년부터 2012년까지 가스 요금을 제때 내지 못해 가스 공급이 중단된 가구는 23만3665가구에 이른다. 또한 같은 기간 750만 가구는 전기 요금을 제때 내지 못해 전기 공급이 중단됐다. 2012년 한 해 동안 가스 공급이 중단된 경우는 5만 5803건이었고, 단전은 16만 5000건(516억 원)이었다. 국회예산정책처에 따르면, 2010년 한 해 동안 삼성전자 등 10대 기업 대상 전기 요금 지원액은 4387억 원에 이르렀다. 대기업을 대상으로 하는 산업용 전기 요금 혜택만 없애도 정부가 추산하는 에너지 빈곤층 130만 가구에 전기와 가스 등을 무상 공급할 수 있다.

지금 정부는 화석에너지 사용량을 최소 수준에서 안정적으로 보장하기 위한 정책으로 에너지 쿠폰 제도를 추진 중인데, 화석 에너지 사용을 줄이고 재생에너지로 전환해야 할 필요성에 비춰 긴급 구조 차원에서 일시적으로 운영하는 것이 좋다.

기후변화의 심각성과 에너지 자원의 문제는 이 시대의 화두가 된 지 오래다. 떼려야 뗄 수 없는 관계를 맺고 있는 이 두 문제는 접근 방법에 따라 차이가 많다. 기후변화에 집중 대응하면 에너지에 관련된 개인적 비용을 높여 사회적 약자들에게 역진적으로 나타날 가능성이 높고, 에너지 자원 문제에 집중하면 기후변화라는 화두를 해결하지 못할 가능성이 높다. 따라서 두 의제를 상호 보완하고 동시 효과를 일으킬 수 있는 정책을 모색하는 것이 어느 때보다도 절실하다. 저소득층 주택 에너지 효율화 사업은 상호 모순이 존재하는 정책의 괴리를 메울 수 있는 대표 프로그램으로 꼽힌다. 공급 확대가 아니라 효율성 강화를 통해 온실가스를 줄이고, 저소득층의 에너지 비용을 줄여 복지 효과를 가져오는 동시에 기후변화 시대에 걸맞은 녹색 일자리를 만들 수 있기 때문이다.

저소득층 주택 에너지 효율화 사업을 정착시키려면 에너지 빈곤층의
개념과 범위를 다시 세우고 분석 결과에 따라 단계적으로 접근해야 한다.
지금 정부가 쓰는 에너지 빈곤층의 정의는 외국 개념을 검토 없이 그대로
받아들인 탓에 한국에는 알맞지 않을 뿐 아니라 에너지 빈곤층의 규모도
제대로 파악하지 못하고 있다. 정책 효과성을 높이려면 이런 기본 인프라

를 어서 빨리 구축해야 한다.

또한 정책을 실행할 때 염두해야 할 점은 단기적인 시혜성 프로그램으로 끝나지 않게 중장기 대책을 마련해야 한다는 사실이다. 저소득층 주택 에너지 효율화 사업 자체에 적용할 단계적 계획을 만드는 한편 정책 대상층 말고도 사각지대에 놓인 빈곤층을 끌어안을 대책을 마련해야 한다. 그러려면 법과 제도를 반드시 고쳐야 하는데, 지방선거 같은 기회를 통해 에너지 빈곤층 문제를 쟁점으로 만들고 여론을 모으는 방향을 모색할 필요가 있다.

에너지 복지 정책의 효과적인 수단인 에너지 소비 효율 개선 사업은 에너지 기본권을 보장하면서도 에너지 사용을 줄일 수 있는 방안으로, 고유가와 기후변화 시대의 에너지복지법에서 핵심이 되는 우선 사업이 돼야 한다. 그러나 박근혜 정부는 에너지 쿠폰 제도에 무게를 두고 에너지 소비 효율 개선 사업은 부차적으로 다루고 있다. 에너지복지법도 에너지 전환의 전망에 통합돼야 하며, 장기적으로는 전환형으로 확대돼야 한다.

에너지 빈곤의 원인은 저소득, 노후 주택, 비효율 가전제품, 에너지 가격 상승 등이다. 그렇다면 대책은 '효율형' 에너지 복지 정책이어야 한다. 주택 에너지 효율화, 고효율 가전제품 보급, 생활 필수 에너지의 무상 공급 등 근본적인 접근이 필요하다. 특히 취약 계층을 대상으로 한 여름철 에너지 복지 정책은 주택 에너지 효율화 등을 통해 적은 에너지로 좀 더 쾌적한 삶을 살아갈 수 있게 하는 방향으로 바뀌어야 한다. 이 과정에서 복지 효과뿐 아니라 집수리 과정에서 일자리가 만들어지고 에너지 소비도 줄어 온실가스를 줄이는 환경 효과도 기대할 수 있다. 몇 년째 기재부와 산업부와 복지부 사이의 부처 갈등으로 국회에서 먼지만 쌓이고 있는 에너지복지법을 제정해 '에너지 빈곤 없는 따뜻한 에너지 복지'가 실현되는 기틀을 마련해야 한다.

보고서에 따르면 건축 에너자 효율화 사업은 단일 부문으로는 이산화탄소 배출 최대 저감 효과를 달성할 수 있는 분야다. 에너지 효율성 대책이 긍정적인 고용 효과와 경제 효과를 거두고 있으며, 이런 효과는 특히 건축 분야에서 두드러진다는 것이다. 유럽노동조합연맹(ETUC)이 2007년에 낸 〈기후변화와 고용〉 보고서에 따르면, 제곱미터당 전기, 난방, 온수 저감 목표 수치에 따라 투자비와 고용 효과가 달라지며, 각국의 주거 상황과 조건에 따라서도 달라진다.

2000년 영국 정부에 따르면 주택 부문의 경우 140만 달러가 투자될 때마다 11.3~13.5개의 정규직 직종이 창출됐다. 영국에서는 육체노동 일자리가 다양한 지역에서 창출됐지만, 우선 사회적 약자와 장기 실업자가 많은 주택 지역에서 창출됐다. 실업자 교육 프로그램이 필요하고, 교육을 마친 실업자들이 새롭게 창출된 일자리를 채울 수 있다. 결과적으로 주거 분야의 에너지 효율 프로그램은 국가 수준보다 지역 수준에서 수행될 때 일자리가 더 많이 창출되고 비용이 덜 든다. 그리고 지역 수준의 소규모 사업에서 외부 유출 없는 일자리 순증가 효과가 발생한다.

특히 2001년 시작된 독일의 '노동과 환경을 위한 동맹'의 프로젝트가 가장 성공적이다. 독일노동조합연맹(DGB)과 산하 노동조합이 주도해 만든 동맹은 노동조합, 연방 정부, 관련 사용자 단체들(건축, 단열재, 난방 장비와 냉방 장비의 설치와 설계)과 함께 프로그램을 진행했다. 프로그램의 목표는 연간 30만 가구의 주택을 보수하고, 건축 분야와 장비 설계와 생산에서 20만 개의 일자리를 창출하며, 연간 200만 톤의 이산화탄소를 줄이고(독일 주택 연간 배출의 4퍼센트), 임대인과 소유자의 에너지 비용을 줄이며, 실업 감소와 세금과 사회보장 납부의 증가로 40억 유로를 절약하는 것이다. 실제로 2004년에 독일 정부는 주택 20만 가구에 프로그램을 효과적으로 적용하고, 이산화탄소 100만 톤 배출을 감축하며(독일 주택 연간 배출량의 2퍼센트), 연간 2만 5000개의 전일제 일자리를 추가로 창출했다.

이런 영국과 독일의 사례가 주는 교훈은 무엇일까. (지방)정부는 기후변화 대응이나 에너지 저감과 효율화에 관한 명확한 목표를 설정하고 재정을 지원하거나 에너지 효율 정책 또는 수단을 선택하며, 고용 변화를 연구하고, 숙련 일자리를 창출하기 위한 연구개발 전략을 개발하며, 주택 에너지 효율 개선에 기여하는 전 부문 노동자와 실업자 교육 프로그램을 마련하고, 노동조합과 지역사회의 실질적인 참여를 이끌어야 한다.

에너지기후정책연구소 지음, 〈저소득층 주택에너지 효율화 사업의 복지·환경·일자리 효과 연구〉, 2010

에너지 빈곤층의 규모와 실태를 분석하고 국내외 사례를 소개한 뒤 지원 방안을 제시한다. 특히 고용 효과, 복지 효과, 온실가스 저감 효과를 분석하고 있다. 나아가 한국에서 활용할 수 있는 관련 지원 제도와 기금을 살펴보고, 이것들을 법이나 제도 측면에서 강화할 수 있는 방안을 모색했다.

서울시정개발연구원 지음, 〈저소득가구의 에너지 소비실태 조사·분석〉, 2009

한국 에너지 복지 프로그램의 현황과 문제점을 개괄해 설명하고, 저소득 가구의 에너지 소비 실태를 분석하고 있다. 아울러 선진국의 에너지 복지 프로그램을 소개하면서, 정책적 함의와 에너지 복지 정책의 방향을 제시한다.

한반도와 에너지

남과 북을 이어줄
평화의 에너지는
어디 있을까

인간 생활에 필수인 먹을거리, 물, 에너지는 생존권의 문제다. 특히 에너지는 산업은 물론 냉난방이나 취사, 교통, 전기제품 사용뿐 아니라 식량이나 물을 얻는 과정에서도 필요한 기본재다. 제3세계 에너지 문제는 그곳에 뿌리내리고 사는 사람들의 기본권을 위협하는 문제로 이해해야 한다.

　요즘 한국 사회는 '나눔'이 화두가 되고 있고, 최빈국에 후원을 하는 개인 후원자가 늘고 있다. 그러나 남북 관계가 교착 상태에 빠져 있고 미국의 북한 봉쇄 정책도 여전한 상황에서 북한 주민의 생존권에 가해지는 위협이 그 어느 때보다 높은 상황이다. 남-북 또는 북-미 간 갈등의 핵심 요소는 에너지 문제다. 특히 북한 에너지 위기는 핵무기와 원자력발전 시설을 둘러싼 주변 당사국 사이의 정치, 외교, 군사 차원의 갈등으로 치닫고 있다. 그러나 북한 에너지 위기의 밑바탕에 놓인 북한 주민의 생존권이 달린 기본권의 위기와 빈곤의 악순환에 주목해야 한다. 북한 정권을 평가하거나 정치, 외교, 경제 분야의 실리를 말하기 앞서, 에너지 위기로 원주민들의 삶이 얼마나 황폐해지고 있는지 관심을 갖는 게 중요하다.

　북한의 에너지 체계를 보면 자력갱생에 기초한 주탄종유(主炭從由) 정책에 따라 석탄 위주의 공급 구조가 정착됐다. 2009년 전체 에너지 수급 현황은 석탄 67.9퍼센트, 수력 19.6퍼센트, 유류 4.6퍼센트, 기타 7.9퍼센트 순이다. 북한의 에너지 공급은 발전 설비 노후, 외화 부족, 탄광 침수 등의 문제로 전체 수요의 약 50퍼센트 수준에 머무르고 있으며, 생산과 소비 모두 한계 상황에 직면해 있다.

　북한 이탈 주민들에 따르면 북한 주민들은 겨울철에 기본적인 난방 연료가 부족한 것은 물론 밥을 지을 연료조차 부족해 한꺼번에 밥을 해 여러 날 먹고 있다고 한다. 오죽하면 '1와트의 에너지는 한 방울의 피와 같다'는 구호가 나왔을까. 심각한 에너지 부족 탓에 산업 활동이 위축되면서 빈곤이 악순환하고 있다.

북한의 1차 에너지 소비량은 경상남도와 비슷하고, 총 발전량은 제주도 발전량에도 못 미친다. 북한의 에너지 공급 규모는 1991년 2192만 석유환산톤이었지만, 2009년 1591만 석유환산톤으로 줄었다. 남한의 에너지 공급이 같은 기간 동안 1억 361만 석유환산톤에서 2억 422만 석유

환산톤으로 증가세를 보인 반면, 북한의 공급 규모는 연평균 3퍼센트씩 줄어 1990년에 남한의 5분의 1 수준에서 2009년에는 남한의 15분의 1로 격차가 확대됐다. 또한 통계청 자료에 따르면 북한의 원유 도입량은 남한의 0.4퍼센트, 1차 에너지 소비량은 5.8퍼센트 수준에 지나지 않는다. 2011년 현재 북한의 원유 도입량은 1993년의 39퍼센트이고, 1차 에너지 소비량은 80퍼센트 수준에 머물러 있다. 노틸러스 연구소의 북한 에너지 전문가 피터 헤이즈는 "현재 북한의 에너지 사정은 1965년의 남한과 비슷하고, 석탄, 나무, 농작물 찌꺼기 등이 전체 에너지원의 3분의 1을 차지할 정도로 열악하다"고 분석한다.

북한 이탈 주민들은 산업 생산에 필요한 전력이 부족해 생산을 멈춘 공장이 속출하고, 평양 시내 12차선 대로를 다니는 차는 손에 꼽힐 정도라고 증언한다. 또한 섭씨 영하 12도의 추위에도 난방 연료를 배급받지 못하고 있다. 통일부가 추산한 북한의 전력 수요량 자료에 따르면 현재 북한에 필요한 전력량은 360억 킬로와트시로, 2005년 생산량 기준 약 150억 킬로와트시가 부족한 상황이다.

악순환 — 식량난, 에너지난, 산림 생태계 파괴

어쩌다 북한은 이렇게 심각한 에너지 위기에 몰리게 된 걸까? 북한의 에너지 위기는 무엇보다 1991년 소련 해체에 따른 오일 쇼크가 결정적 계기가 됐다. 소련에서 구상무역 결제 방법에 따라 국제 시장 가격의 절반으로 석유를 수입하던 북한은 소련이 해체되면서 석유 공급이 갑자기 줄었다. 소련 해체는 석유 부족뿐 아니라 '전력난'을 야기했다. 화력발전소와 수력발전소 등 소련 기술에 의존하던 북한 에너지 인프라는 유지와 개보수가 진행되지 않으면서 설비가 낡아 생산량이 빠르게 떨어졌다.

소련 해체에 따른 오일 쇼크가 북한 에너지 위기의 출발이었다면, 1990년대 중반에 일어난 홍수와 가뭄 등 자연재해는 이미 취약성을 드러내기 시작한 북한의 에너지 시스템에 치명타를 날렸다. 1995년과 1996년에 연이어 일어난 홍수는 농작물과 농촌 생태계를 파괴했으며, 도로와 철도를 훼손했고, 농촌 지역의 송배전망을 마비시켰다. 전력 소비 인프라를 망가뜨린 것이다. 또한 홍수로 많은 탄광이 범람하면서 석탄 채굴에 지장을 받았다. 홍수에 유실된 토사가 하천이나 댐으로 흘러들어 수자원을 감소시키고 발전 설비를 훼손해 전력 발전량을 줄이는 데 한몫했다.

북한은 산업 부문이나 화물 운송 부문에서 '자력갱생' 기조에 따라 석유 소비를 최소화하려고 전력에 의존하는 '전력 과소비 구조'를 만들어 냈다. 석탄 생산과 전력이 맞물린 구조이기 때문에, 전력난이 빚어지자 석탄 생산에 차질이 빚어졌다. 채굴과 석탄 수송도 전기를 쓰는 기관차 몫이기 때문에 석탄을 캐더라도 전력난 탓에 수송하기가 어려웠다. 전력이 모자라 석탄을 조달하기 어려워지고, 석탄이 모자라니 발전이 안 되는 악순환이 시작됐다. 잇따른 자연재해는 수력발전(53퍼센트)과 석탄발전(47퍼센트) 의존도가 매우 높은 북한 에너지 체계에 회복하기 어려운 치명상을 입혔다. 북한의 철도 연장은 2009년 현재 5242킬로미터로 남한(3378킬로미터)의 1.6배이고, 철도의 전철화율은 79퍼센트에 이른다. 또한 북한은 화물 운송의 90퍼센트, 여객 수송의 60퍼센트를 철도가 분담하는 이른바 '주철종도(主鐵從道)'의 철도 중심 교통 시스템을 갖추고 있다. 이런 구조는 역설적으로 전력난이 닥치자 물류와 운송 체계에 심각한 위기를 가져왔다.

산림 파괴와 산림 생태계 훼손도 근본적으로 식량난이나 에너지난에 깊이 관련된다. 식량난과 에너지난은 무분별한 산지 개발과 땔감 채취, 식물과 나물의 남획으로 이어졌고, 산림 생태계가 파괴되면서 장대비나 장마 때면 어김없이 홍수가 일어났다. 홍수는 토양 유실 등 또 다른 환경 문제를 일으키면서 식량난으로 이어지고, 자연환경이 더 심각하게 훼손되는 악순환을 겪게 됐다.

결론적으로 북한 에너지 위기는 소련이 해체되고 국제 유가의 절반 수준으로 공급받던 석유가 끊기면서 일어난 석유 파동에서 출발했다. 그 뒤 1990년대 중반 홍수와 가뭄이 이어지면서 전력 인프라가 붕괴하고, 토사가 흘러들어 수력발전 설비가 크게 고장 났다. 그러나 대부분 소련 기술로 건설된 전력 설비를 고칠 능력이 없어 방치할 수밖에 없는 상황이었다. 식량난에 따른 무분별한 벌목과 채집 등 산지 난개발이 토사 유입으로 이어지고, 전력난 탓에 석탄 생산과 운송이 차질을 빚으면서 또다시 발전량이 떨어지는 악순환이 반복되고 있는 것이다.

북한 에너지 위기를 지속 가능한 방식으로 해결할 수 있게 남한과 국제 사회가 지원을 시작해야 복잡하게 꼬인 실타래를 풀 실마리를 찾을 수 있다. 박근혜 대통령은 대통령 선거 때 한반도 환경 공동체와 남북 재생 가능 에너지 협력을 공약으로 발표했다. 한반도 문제를 아주 단순화할 수는 없더라도, 북한이 바라는 체제 안정과 경제 발전을 보장하고 자존감을 살리는 방안의 하나로 지속 가능한 남북 재생 가능 에너지 협력은 중요한 출발점이 될 수 있다. 물론 남한과 북한이 모든 종류의 핵을 포기한다는 전제가 필요하다.

북한을 위한 에너지 시나리오?

북핵 위기가 고조되던 1990년대 중후반부터 노무현 정부까지 남한을 포함한 국제 사회는 북한 에너지 위기의 해법으로 안중근 프로젝트, 극동 러시아 잉여 전력 송전, 송배전망 복구와 재생 가능 에너지 등을 제안했다. 먼저 2005년 7월 12일 한국 정부는 북한이 핵 폐기에 합의하면 독자적으로 200만 킬로와트 전력을 송전 방식으로 제공하고, 남한이 자금을 들여 북한까지 송배전 시설을 만든다는 이른바 안중근 프로젝트를 제안했다. 제네바 합의에 따라 경수로 건설에 들어갈 비용으로 북한에 전력을 제공한다는 제안으로, 송전선로와 변환 시설 건설에 드는 비용은 경수로 건설 상계 비용 안에서 해결할 수 있다는 것이다. 경기도 양주와 평양을 잇는 송전망을 거쳐 전기를 보내고, 양주에는 복합 화력발전소를 세운다는 구상이었다.

노틸러스 연구소의 북한 에너지 프로젝트에 참여한 강정민 박사는 "양주와 평양 간 송전망 및 관련 시설 투자비로 초기 비용만 3조 4000억 원이 든다"고 지적했다. 200만 킬로와트 규모의 화력발전소를 짓는 데 약 1조 원, 평양까지 송전망을 세우는 데 6000억 원, 200만 킬로와트 송전 전력을 수용할 북한의 송배전망 중 절반을 개선하는 데 1조 8000억 원이 필요하다는 것이다. 송전 정책은 막대한 비용도 문제지만 북한의 에너지 체제를 중앙 집중식 대형 발전소 위주로 재편해야 한다는 어려움도 있다. 송배전 설비 투자, 남북간 전력 밸런스 조정 같은 기술상의 문제 또한 풀어야 한다. 설사 프로젝트가 성사되더라도 전력의 절반가량을 남한의 송전에 의존해야 하는 상황은 북한이 정치적으로 받아들이기 어려운 제안이라고 할 수 있다.

한편 북한과 러시아는 2001년부터 러시아 극동 지역의 잉여 전력을 북한으로 보내는 계획을 본격 논의하기 시작했다. 블라디보스톡-청진 간 380킬로미터(러시아 250킬로미터, 북한 130킬로미터) 구간에 500킬로볼트 고압 송전선을 세워 300~500킬로볼트의 전력을 교류 연계 방식으로 송전하는 계획이다. 이 프로젝트는 러시아 국영 전력 회사 통합에너지시스템(UES)의 극동 지역 자회사인 보스토크에네르고가 추진하고 있으며, 남-북-러의 협상만 끝나면 2~3년 안에 공사를 마치고 전력을 공급할 수 있다고 한다. 비용은 5억 달러로 추정되는데, 지난 2002년 북한과 러시아는 전력 협력 양해 각서를 체결했다. 그러나 송전망 비용, 변환소 비용, 발전의 계절적 요인, 기술 문제, 송전망 연계에 관련된 환경 사항 등 해결해야 할 과제가 많다. 2·13 합의 이후 러시아가 꽤 적극적으로 추진할 뜻을 밝히고 있다.

동러시아와 중앙아시아의 가스를 중국, 한국, 일본으로 파이프라인을 거쳐 보내자는 제안은 지금까지 제시된 것만 20여 개에 이른다. 노틸러스 연구소에 따르면, 사할린에서 일본을 연결하는 비교적 짧은 것부터 중앙아시아에서 극동을 잇는 수천 킬로미터 연계망까지 다양하다. 또한 최근에는 러시아-중국 라인을 연장해 서해를 건너 남한을 잇는 구상까지 논의되고 있다. 이 방안 앞에는 많은 건설비, 긴 건설 기간, 기술 장벽, 정치 장벽이 도사리고 있다. 가장 구체화된 가스파이프 라인 계획의 하나가 '코러스(KoRUS) 계획'이다. 미 하원 군사위원회 부위원장인 커트 웰던 의원이 2003년 5월 처음 방북하면서 내놓은 해법으로, 시베리아 사할린의 천연가스를 북한을 관통해 남쪽으로 끌어오는 파이프라인을 건설하는 방안이다. 이 사업이 순조롭게 진행되면 북한은 안정적으로 에너지를 공급받고 통과료 수입까지 챙길 수 있다. 그러나 북한에 가스 인프라를 새로 건설해야 하고, 정치적으로 민감한 동북아에서 파이프라인 건설에 관련된 합의를 해야 한다는 게 문제다.

끝으로 송배전망 복구와 재생 가능 에너지를 연계한 해법이다. 지난 2002년 이탈리아 코모에서 EU 회원국 14개국에서 온 50명의 전문가가 모여 '북한을 위한 에너지 시나리오 — 한반도에서 에너지 시스템의 통합과 개선에 관한 국제 워크숍'을 열었다. 이탈리아 외교부가 주최해 연 이 워크숍에서 북한 대표단은 EU와 북미에서 온 전문가들과 함께 북한의 에너지 시스템 복구를 비롯해 재생 가능 에너지 기술의 개발과 확대를 둘러싼 논의를 벌였다. 북한은 이 회의에서 에너지, 교통, 과학기술, 통신 분야에서 외자 도입을 바라고 있다고 강하게 시사했다.

특히 북한의 지속 가능한 에너지 개발에 관한 논의가 집중 진행됐는데, 북한의 에너지 계획을 좀더 효율적으로 수립하기 위한 전문가들의 조사와 연구 지원이 필요하다는 점과 파일럿 프로젝트가 제시됐다. 구체적인 사례로 평양 시내 가로등 효율 개선 사업, 에스코(ESCO, Energy Service Company) 모델 수립, 가정용 전자제품 에너지 라벨링 등을 논의했다.

북한은 스위스와 스웨덴 합작 그룹인 다국적 기업 ABB와 협력해 송배전망 현대화 사업을 추진하는 등 외국 기술 도입을 꾸준히 모색했다. 그러나 전력 인프라 개선에 쓸 재원을 마련하기가 여의치 않은 현실, 북핵 문제 탓에 사업을 추진할 환경이 나빠진 상황, 미국이 북한에 취하고 있는 '전략 물자 지원 금지'의 결과 구체적인 성과를 얻지 못하고 있다. 또한 북한은 2001년 독일 지멘스 사에 발전 설비 투자를 요청하면서 대가로 광물을 제공하겠다는 제안을 했다.

태양 에네르기, 풍력 에네르기, 새로운 에네르기

북한의 에너지 수급 위기를 극복하기 위한 대안을 논의할 때, 북한체제의 특수성을 우선적으로 고려해야만 한다. 북한의 에너지 공급 주체는 국가다. 국가가 에너지의 계획, 관리, 이용 전반에 관련된 정책을 수립하고 집

북한 에너지 관리법 주요 내용(1998년 12월 3일 시행)	
	내용
법령의 목적	·에너지 낭비 요소 제거 ·에너지 수요 대처
정의	·태양열, 지열, 핵물질을 원천으로 생산된 열, 동력
공급 주체	·국가
에너지 생산	·석탄 수력 중심의 에너지 공급 체계 ·채취공업 우선 투자 ·매장 자원의 생산 극대화 ·석유 탐사, 원자력 개발
관리	·국가가 직접 관리 ·에너지 소비량 상급 기관에 보고 의무화 ·에너지 소비 기준 초과 시 손해배상 및 형사책임 부과 ·국가 계획 기관, 자재 공급 기관, 재정 은행은 에너지 관리에 필요한 설비, 자재, 자금의 우선 지원
수요 예측	·국가 계획 기관이 에너지 바란스, 에너지 소비 기준, 에너지 생산지와 소비지의 배치, 수송 조건, 생산 계획, 생산 공정과 기술 장비 기준을 고려해 에너지 공급 계획 수립
에너지 이용	·에너지를 소비하는 기관, 기업, 단체에 에너지 소비 기록 의무화 ·석유를 대체할 수 있는 석탄, 지열, 바이오에너지 사용 의무화
기술 개발	·국가가 에너지 전문 인재 양성 기술 개발 직접 주도

행한다. 북한 당국은 에너지 자급자족을 정책 목표로 삼고 석탄과 수력을 중심으로 석유 탐사와 원자력 개발을 병행하고 있다. 헌법을 보면 북한의 국가 정책은 최고인민회의가 '대내외 정책의 기본 원칙을 세운다'는 기준 아래 결정권을 갖는 듯하지만, 현실에서는 제도적으로 노동당이 당 정책으로 표현되는 에너지 정책을 비롯한 모든 정책의 결정권을 갖고 있다.

에너지 관련 법으로 에네르기관리법(조선민주주의인민공화국 1998년 12월 3일 시행)이 있는데, 이 법은 에너지의 정의를 "석탄, 원유, 수력, 풍력, 태양열, 지열, 핵물질을 원천으로 생산된 열, 동력"으로 규정하고 있다. 또한 에너지 이용에서는 석유를 대체할 수 있는 석탄, 지열, 바이오에너지의 사용을 의무화하고 있다.

에네르기관리법 이전에는 1996년 최고인민회의 상설회의에서 북한 전력 정책의 뼈대가 되는 전력법을 채택했다. 북한의 수력발전과 화력발전 부문은 내각 산하 전기석탄공업성이 관장했지만, 2006년 10월부터 전기석탄공업성을 전기공업성과 석탄공업성으로 분리해 운영하고 있다. 전기공업성은 전국의 전력 공급을 관리하고 발전소 운영은 연합 회사가 맡는다. 전기공업성은 북창화력발전연합기업소, 태천수력발전종합기업소, 평양화력발전연합기업소, 대동강발전종합기업소, 수력발전종합기업소와 압록강 수력발전회사 등을 관장하며, 그밖의 지방 단위에 많은 중소형 발전소를 관리하거나 운영하고 있다.

김정일 국방위원장은 2007년 공동 사설에서 "에네르기를 효과적으로 리용하고 절약하기 위한 과학기술적 문제들을 풀어야 하며 태양 에네르기, 풍력 에네르기를 비롯한 새로운 에네르기를 개발하기 위한 연구에 힘을 넣어 그 리용 전망을 확고히 열어놓아야 합니다"라며 재생에너지 개발의 필요성을 역설했다.

또한, 김정은 노동당 제1비서는 2014년 공동사설에서 "지금 있는 발전소들에서 전력생산을 최대한으로 늘이기 위한 대책을 세우는 것과 함께 긴장한 전력문제를 근본적으로 풀기 위한 전망계획을 바로 세우고 그 실현을 위한 투쟁에 힘을 넣으며 수력자원을 위주로 하면서 풍력, 지열, 태양열을 비롯한 자연에네르기를 이용하여 전력을 더 많이 생산하도록 하여야 합니다."라고 강조했다. 북한은 자력갱생 정책과 에너지난 탓에 재생 가능 에너지를 이용하는 기술을 개발하는 데 관심이 많다. 2006년에 중국 베이징에서 열린 동북아 에너지 협력회의에서 리용호 북한 대표는 "화석연료의 부족으로 새로운 에너지 대안을 찾을 수밖에 없었다"며 재생 가능 에너지의 필요성을 강조했다. 국토의 80퍼센트가 산지로 수력발전,

풍력발전, 조력발전이 유망한 북한은 다양한 분야에서 재생 가능 에너지를 활용하고 있는데, 지역별로 에너지 부족분을 해결할 소형 발전소를 짓고, 공장, 군대, 탁아소에는 건물별 전력 자립 시스템을 갖추고 있다.

북한은 또한 '신·재생에너지개발 국가 5개년 계획'을 수립해 산림 연료와 농산 연료의 활용을 극대화하고, 풍력, 조수력, 태양광, 소수력을 개발하고 있다. 1993년 북한 정부는 재생에너지 개발을 위해 '신에너지개발센터(NCEDC, Non-conventional energy development center)'를 만들어 관련 업무를 일원화했다. 또한 1994년 '신재생 에너지 산업화를 위한 국가비상임위원회(NNREC, National Non-Standing Renewable Energy Commercial)'를 조직해 재생 가능 에너지 기술을 개발하는 데 힘쓰고 있다. 1998년 '에네르기 관리법'을 통해 각 기관, 연구소, 가정에서 재생 가능 에너지 활용 방식을 개발하라고 독려했다.

신재생에너지 기술을 연구하는 주체는 김일성대학교, 김책공대, 기계공학연구소, 전기공학연구소, 열동력연구소, 지질연구소, 수력연구소 등 국가 산하의 중요 연구 기관을 모두 포함했다. 풍력, 태양광, 태양열, 조력, 바이오매스, 연료전지를 주력 과제로 선정해 연구하지만, 풍력 분야에 가장 관심이 많다. 평양국제새기술정보센터(PIINTEC)는 NGO로 활동하며 국제 정보를 취합하면서 다양한 경로를 거쳐 국제 사회에 재생 가능 에너지 개발과 교육 분야에 지원을 해달라고 요청하고 있다.

북한의 재생 가능 에너지 개발 상황과 활용 현황은 바깥에 잘 알려져 있지 않지만, 다양한 재생 가능 에너지를 개발하는 데 힘을 쏟고 있다는 사실은 명확하다. 특히 풍력과 바이오매스 자원을 개발하고 활용하는데 관심이 많다. 국가 중요 연구 기관이 재생 가능 에너지에 관련된 연구와 개발을 하고 있는 만큼 특정한 재생 가능 에너지원에 관한 정보와 기술력은 생각보다 뛰어날 수도 있다. 북한 자신도 기초 연구는 뛰어나지만 자본력과 기술력이 부족하다고 평가하고 있으니 말이다.

풍력, 소수력, 바이오가스 메탄 발효 등 재생 가능 에너지 시설이 꽤 많이 설치돼 있지만, 기술력이 뒤떨어진데다 원자재가 부족해 제대로 된 에너지를 생산하지 못하고 있다. 풍력발전기나 소수력에 오토바이용 모터를 사용하는 정도다. 송배전망 인프라가 무너진 상황에서는 분산형 전원을 실현하는 재생 가능 에너지를 활용하는 방안이 북한 에너지 시스템에 적합하다.

북핵 위기? 북한 에너지 위기!

지속 가능한 발전을 앞당기거나 지속 가능한 사회로 전환하려면 에너지의 생산과 소비를 지속 가능성 관점에서 다시 정립해야 한다. 윤순진 서울대학교 교수는 이런 요건을 충족시키는 에너지 체제를 "에너지 효율성 향상과 에너지 절약으로 에너지에 대한 수요를 최대한 줄이고, 재생 가능 에너지로 전환하며, 에너지의 생산과 소비가 가능한 지역에서 분산적인 방식으로 사용되는 것"으로 정의했다. 재생 가능 에너지는 지속적으로 사용할 수 있으며, 고갈될 염려가 없고, 소규모 분산형 시스템을 추구하며, 민주적인 통제가 가능하기 때문에 지속 가능한 에너지원이라고 할 수 있다.

2002년 남아프리카공화국 요하네스버그에서는 '지속 가능 발전을 위한 세계 정상회담(WSSD, World Summit on Sustainable Development)'이 열려 현대적 에너지의 혜택을 받지 못하는 개발도상국 인구 20억 명의 '에너지 접근권 강화'와 에너지 접근 '인프라 건설'을 강조했다. 또한 지속 가능한 에너지 시스템을 구축하기 위해 에너지 효율의 극대화, 에너지믹스의 청정화, 재생에너지 확대를 추진하고, 에너지의 안정적 공급을 보장해야 한다고 역설했다.

지속 가능한 에너지 체제의 구성 요소는 에너지원 자체의 지속 가능성(고갈되지 않고 환경 친화적인 에너지), 에너지 소비와 공급 시스템의 형평성과 민주성(에너지 이용의 편익과 비용이 세대 간과 세대 안에서 고르게 배분되는 정도)이다. 또한 중앙 집중형 공급 체제가 아니라 분산형 지역 자립형 공급 시스템이 중요하다. 에너지 체제의 지속 가능성을 강화할 수단에는 수요 관리, 분산형 에너지 체제, 재생 가능 에너지 확대 등이 있다.

북한 에너지 체제의 가장 큰 특징은 에너지 절대 부족 상태다. 지속 가능성 정의에 비춰 해석하면 '현세대의 필요를 충족하지 못하는 상태'다. 2002년 WSSD에서 에너지 빈곤 인구로 분류한 '20억 인구'에 속하는 것이다. 북한 에너지 문제의 해결은 인간 삶에 기본적으로 필요한 에너지, 곧 취사, 난방, 조명, 온수 같은 기본 에너지 서비스를 확보하면서 출발해야 한다. 북한 주민들의 에너지 빈곤은 생존을 위협하는 수준이다. 식량난만큼 심각한 에너지 부족 문제를 해결할 인도적 차원의 긴급 지원이 필요하다. 특히 에너지 생산 시설 자체의 노후화 문제가 심각한데, 지금은 에너지 인프라에 재투자를 할 수 없을 정도로 경제 사정이 나쁘다.

둘째, 북한 에너지 체제의 또 다른 특징으로 단순한 에너지 공급원을 꼽을 수 있다. 북한은 1차 에너지원은 석탄에, 전력은 수력과 석탄 화력발전에 전적으로 의존하고 있다. 1차 에너지원의 70퍼센트 이상을 석탄에 의존하는데, 질 낮은 석탄을 사용한 결과 대기 오염에 더불어 이산화탄소 과다 배출이라는 과제를 동시에 안고 있다. 전력을 수력에 의존하는 발전 구조는 동절기와 갈수기의 전력 공급 상황에 심각한 영향을 미친다. 석탄 자원 활용은 에너지 자립도를 높이는 데 기여했지만 지금 같은 에너지난의 원인을 제공하기도 했다. 북한은 2005년 4월 유엔 기후변화협약에 따른 온실가스 배출 감축을 목표로 하는 교토 의정서에 가입했으며, 2006년 중국 베이징에서 열린 아시아 에너지 안보 워크숍에서는 북한 대표가 "CDM 분야에 있어 국제 사회와 협력을 원한다"는 발표를 하기도 했다.

셋째, 북한은 2005년 기준 94퍼센트라는 높은 에너지 자립도와 분산형 에너지 체제를 갖추고 있다. 또한 자력갱생을 원칙으로 국내 부존 에너지 자원을 이용해 에너지를 자립하는 것을 정책의 최우선 과제로 삼고 있다. 현실적으로는 북한이 놓인 정치 상황과 부족한 외화 탓에 에너지를 수입할 수 있는 여건이 안 되는 측면도 중요하다. 극심한 에너지 부족 현상과 폐쇄적인 경제 체제는 결국 각 지역에서 에너지를 생산하는 '1지역 1발전소' 정책으로 귀결됐다. 주요 전력 계통에서 제외된 지역은 자체 전력을 생산해 공급하는 자급자족 정책인 셈이다. 지역에서 에너지를 생산하는 방법을 찾다 보니 자연스럽게 지역의 자연에너지를 적극 활용하고 있다. 하루아침에 외부의 석유 공급이 중단된 쿠바도 북한 같은 분산형 에너지 공급 시스템을 구축했다. 북한과 쿠바 사례는 에너지 고갈이라는 상황에 놓일 때 우리가 택할 수밖에 없는 유일한 길을 보여준다. 지역의 자연에너지를 이용한 소규모 분산형 에너지 체제가 중요하다.

넷째, 북한 에너지 체제는 정부 주도의 공급 중심 에너지 체제다. 정부가 에너지의 이용, 관리, 공급에 책임을 지고 있으며, 기본적으로 중앙집중식 공급 중심 체제다. 북한의 에너지 관련 정책은 노동당의 경제 정책에 따른 필요 에너지 수요 산출, 기존 생산 에너지를 제외한 추가 에너지의 자체 개발, 생산 가능한 능력과 규모의 결정, 에너지 자원 조사와 타당성 검토, 추가 에너지 생산을 위한 계획 작성과 정책 자료 제출, 노동당의 최종 정책 결정과 발표라는 과정을 거쳐 진행된다. 특히 국가 최고 지도자의 주관적 결정이나 시기적으로 제기되는 국내외의 정치, 외교, 군사적 요구에 따라 노동당에서 에너지 정책을 단기적이나 장기적으로 변경 또는 재결정한다.

북한의 심각한 에너지난은 외부의 일시적이거나 한시적인 에너지 공급에 의존하는 방법으로는 절대 해결할 수 없다. 북한 에너지 문제를 바라보는 시각도 어떤 에너지원을 공급할 것인가에서 통일 뒤 장기적인 관점에서 남북한의 에너지 체제를 어떻게 지속 가능한 체제로 전환할 것인가로 바뀌어야 한다. 나아가 북한뿐 아니라 남한의 에너지 체제를 전환하는 문제도 함께 고민하기 시작해야 한다. 미래를 내다보는 장기 관점에서 북한 에너지난을 해결하는 동시에 한반도에 지속 가능한 에너지 체제를 수립하는 문제의 해답을 찾아야 한다. 북한의 에너지난을 해결하는 일은 단순히 골치 아픈 문제를 해결하는 데 그치지 않고 에너지 전환의 중요한 기회가 된다. 남북 에너지 협력을 통해 세계 최고의 에너지 소비 증가율을 보이고 있는 한국과 석탄을 주요 에너지원으로 이용하는 북한이 기후변화협약 시대를 살아갈 수 있게 체질을 바꿔야 한다.

북한에 재생 가능 에너지를 지원하면 남한의 재생 가능 에너지 산업이 성장하는 효과를 거둘 수 있다. 남한 안에서도 재생 가능 에너지 산업은 고용 창출 효과가 높은 중소기업이 맡고 있다. 남한에서 정책 원칙을 설정하고 이 원칙을 통해 북한이라는 안정된 시장을 확보하면 재생 가능 에너지 산업은 짧은 기간에 성장할 수 있다. 나아가 세계적으로 새로운 성장 산업으로 각광받고 있는 재생 가능 에너지 시장에서 주요 수출국으로 떠오를 수 있다. 이렇게 관련 산업이 발달하면 재생 가능 에너지의 생산 단가가 낮아져 지속 가능한 에너지 체제를 수립하는 데도 도움이 될 수 있다.

남북 에너지 협력의 장기 목표는 한반도에 지속 가능한 에너지 체제를 구축하는 것이며, 이 목표는 재생 가능 에너지를 중심으로 지역 분산형 에너지 체제를 수립해 달성할 수 있다. 발전소와 송배전 설비 등 전력 시설이 낡고 송배전망이 전반적으로 붕괴해 중앙 집중식 에너지 공급이 불가능한 상황에서 지역 단위의 풍부한 재생 가능 에너지 자원을 활용하는 분산형 에너지 공급 방안은 매우 적합하며, 실현 가능성이 높다.

평화의 에너지 — 남북 재생 가능 에너지 협력과 한반도 평화

북한 에너지 위기를 해결하는 방안은 중소 규모의 재생에너지 지원을 통해 인도주의적 차원의 민간 에너지 기본권을 확립하고, 노후 발전 설비의 개보수와 풍력 등 재생에너지 단지를 조성해 산업 부문의 에너지 문제를 해소하는 것이다.

북한 주민의 심각한 에너지 위기는 식량처럼 인도적 차원에서 어서 빨리 지원을 해 해결해야 한다는 점이 중요하다. 기술 측면, 산업 측면, 정치 측면을 모두 고려해 남한이 당장 제공할 수 있는 재생 가능 에너지는

풍력발전소로 전등을 밝히는 북한 운하리의 어느 주민(사진: 노틸러스 연구소).

태양광, 태양열, 풍력, 바이오, 소수력 등이다. 이미 풍력의 경우 제주도에서는 1~2메가와트급 풍력실증단지가 운영 중이다. 또한, 태양광과 태양열은 물론이고, 축산분뇨를 이용한 전력생산과 고효율 화덕이나 초소수력 등 적정기술을 이용한 전력생산도 당장 지원할 수 있다.

따라서 북한의 지역 분산 독립형 에너지 시스템을 강화하고 노후 설비를 개보수하는 한편, 일회적 지원이 아니라 안정적인 연료 확보와 운전 비용이나 유지 비용 등을 감안한 지속 가능한 에너지 체계를 지원해야 한다. 또한 지원 에너지의 군용 전환 가능성 등 불필요한 시비를 피하려면 철저하게 민간용과 산업용으로 나눠 검증 가능한 방식으로 지원해야 한다. 이런 지원이 단순한 퍼주기가 아니라 남한의 산업적 이해, 특히 원자력이나 전력 회사 등이 아닌 재생 가능한 에너지 산업 등 중소기업 육성을 통한 일자리 창출 등 경제적 파급 효과로 연결될 때, 남한과 북한의 상호 이해를 증진할 수 있는 장기 전망을 갖는 방향으로 진화할 수 있다.

재생 가능 에너지는 평화의 에너지다. 북한 에너지 문제를 해결하는 일은 한반도 위기의 근원을 해결하는 일이다. 한반도는 세계에서 정치적으로 가장 민감한 곳이다. 에너지원은 인간의 생존과 경제 활동에 필수적이지만 군사적으로 악용할 때는 커다란 파괴력을 발휘할 수도 있다. 원자력의 평화적 이용과 군사적 이용은 동전의 양면 같은 관계이기 때문에 핵을 폐쇄하는 대가로 다시 핵을 제공하는 방안은 적절하지 않다. "평화를 위한 원자력"은 불가능하다. 따라서 국제 정치나 안보에 관련돼 마찰이 없는 에너지가 필요한데, 재생 가능 에너지는 이 요건을 충족한다.

또한 남한의 장기적인 이익과 경제 활성화에 도움이 된다. 에너지 협력을 통해 남북 경협 모델을 실현하거나 남북 산업의 활성화를 달성할 수 있다. 북한에 재생 가능 에너지를 지원하면 남한의 재생 가능 에너지 산업이 성장할 수 있다. 남한의 재생 가능 에너지 산업은 국내 시장이 형성되지 않아 어려움을 겪고 있는데, 정부가 북한 에너지 협력을 재생 가능 에너지로 설정하면 관련 시장이 형성된다. 재생 가능 에너지 산업에서 활동하는 기업은 대부분 중소기업으로 고용과 중소기업 활성화라는 성과를 동시에 얻을 수 있다. 대북 협력을 통해 남한의 재생 가능 에너지 산업이 성장하면 세계적으로 새로운 성장 산업으로 각광받고 있는 재생 가능 에너지 시장에서 주요 수출국으로 부상할 수 있다. 재생 가능 에너지 산업이 발달하면 재생 가능 에너지의 생산 단가를 낮춰 한국의 지속 가능한 에너지 체제를 수립하는 데도 도움이 된다. 재생 가능 에너지 시장이 점점 커지면서 세계 각국은 시장을 선점하기 위한 투자와 기술 확보 경쟁에 뛰어들고 있다. 재생 가능 에너지는 갈등이나 분쟁이 일어날 가능성이 적은 에너지로, 전통 에너지 체제가 갖는 갈등과 여러 부정적 외부 효과를 예방할 수 있다.

기후변화에 따른 국제 사회의 환경 규제와 화석에너지 고갈에 대비하고 자립할 수 있는 에너지 시스템, 곧 환경 친화적이고 지속 가능한 에너지원의 이용이라는 관점에서 보면 재생 가능 에너지가 가장 알맞다. 재생 가능 에너지는 온실가스가 거의 발생하지 않으며, 재생 가능한 태양이나 바람 같은 자연자원을 에너지원으로 하기 때문에 고갈될 염려가 없다. 재생 가능 에너지는 2005년 2월 16일 발효된 교통 의정서에 따라 온실가스를 감축하는 주요 수단으로 채택했다.

재생 가능 에너지는 또한 에너지를 공급하는 데 걸리는 시간이 짧다. 북한에서 에너지 문제는 인권 차원에서 긴급 지원이 필요할 정도로 심각하다. 당장 인도적인 에너지 지원을 할 수 있는 에너지원으로 건설 기간이 짧아야 한다. 대규모 화력발전소와 가스 복합 화력발전소를 짓는데 짧게는 3년에서 길게는 10년이 걸리지만, 태양광은 1개월, 풍력발전은 6개월 안 공사를 마칠 수 있다.

또한 재생 가능 에너지는 북한의 에너지 체제에 적합하다. 발전소와 송배전 설비 등 전력 시설이 노후화하고 송배전망이 붕괴하면서 중앙 집중식 에너지 공급을 할 수 없는 상황에서 지역 단위로 에너지를 공급하는 분산형 에너지 공급 방식이 알맞다. 재생 가능 에너지는 지역에서 생산하고 소비할 수밖에 없기 때문에 분산형 에너지 체제에 적합하며, 대규모 송전 시설도 필요 없다. 소도시 또는 작은 마을 단위로 독립적인 공급망을 건설할 수 있다.

마지막으로 재생 가능 에너지는 경제적 측면에서도 유용하다. 한국은 어떤 방식으로든 북한의 에너지에 비용을 지불해야 하다. 건설비, 건설이 끝날 때까지 들어가는 중유 비용, 송배전망 비용까지 모두 감안해야 한다. 풍력발전과 태양광발전은 대규모 송전 비용이 들지 않는다. 추가 연료가 필요 없다는 것도 장점이다. 바이오 에너지와 폐기물 에너지, 풍력, 태양열은 이미 많이 상용화됐다.

북한에 신재생에너지를 공급하자는 아이디어가 완전히 새로운 것은 아니다. 국제안보 전문 싱크탱크인 노틸러스 연구소는 지난 1998년 북한 평안남도 온천군 운하리에 5기의 풍력 발전기를 설치한 바 있다. 노틸러스 연구소의 스캇 브루스 미국 사무소 소장과의 인터뷰를 통해 북한에 신재생에너지를 지원했던 경험과 지원 가능성 등을 들어봤다. 브루스 소장은 영국 벨파스트의 퀸스대학과 UC버클리에서 역사를 전공했으며, 버클리 역사연구회 등에서 활동하고 있다.

북한에 풍력 발전소를 지원했던 이유는 무엇인가.

북·미간의 신뢰구축조치(CBM)로 기획된 시범사업이었다. 존스재단, 록펠러재단 등 민간 재단에서 재정 지원을 했다. 당시 프로젝트는 비정부기구(NGO)가 북한에 식량이 아닌 에너지를 지원하는 최초의 사례였다. 풍력발전기 용량은 11kW로 50가구의 주민 2,300명 가운데 절반이 하루 12시간 이용할 수 있는 에너지원이 됐다.

그 당시에 풍력발전소로 경수로를 대체한다는 미 정부의 숨은 뜻이 있었던 것은 아닌가.

그렇지 않다. 당시 빌 클린턴 미 행정부는 경수로 제공을 반대하지 않았다.

당시에 왜 운하리를 선택했는가.

평양과 남포에서 가까웠기 때문이다. 풍력발전 장비를 배로 운반해야 했기 때문에 항구 부근 마을을 선택한 것이다.

신재생에너지가 북한에 어떤 유용함을 주는가.

우선 북한으로서는 중국으로부터 '에너지 독립'을 할 수 있다. 석유와 달리 태양광이나 풍력은 북한도 갖고 있다. 석탄처럼 고갈되거나 환경문제를 유발하지도 않는다. 이와 함께 핵이 포함되지 않는다는 것도 미국으로서는 중요한 의미를 갖는다. 이와 함께 북한 전국이 아니라 지역 차원에서 에너지 생산이 가능하다. 필요한 마을마다 소규모 발전소를 설치해 학교와 병원의 전력을 공급할 수 있다.

북한은 신재생에너지가 아니라 경수로를 원하지 않는가.

북한의 에너지 문제는 단순하지가 않다. 경수로를 짓는다고 해도 북한의 에너지 문제는 해결되지 않는다. 경수로 발전소에서 전기가 필요한 지역으로 송·배전 시설이 연결돼야 하는데 북한은 그런 시설이 없다. 따라서 북한으로서는 에너지원을 다양화할 필요가 있는 것이다.

당시 풍력발전기를 설치할 때 북한 주민들의 반응은.

처음에는 미국 사람들이 와서 이상한 공사를 한다고 두려워했다. 그러나 시간이 흐르면서 프로젝트의 성격을 이해하고 매우 협조적으로 변했다.

북한 당국도 최근 세계적인 신재생에너지 부각 등에 대해 알고 있었나.

북한 당국자들도 신재생에너지를 개발해야 한다는 필요성에 대해 잘 알고 있다. 국제적인 신재생에너지 워크숍에도 북한 대표단이 참석하는 것으로 알고 있다.

경수로 대신 신재생에너지를 지원한다면 북한이 받아들일까.

북한에 경수로는 김일성 전 주석의 유언 때문에 합목적성을 갖고 있어 설득하기가 어려울 것이다. 그러나 북한이 끝까지 경수로를 요구한다면 북핵 협상은 결국 파국을 맞게 되고 말 것이다. 따라서 절충점을 찾아야 한다. 신재생에너지가 원자로 못지않게 '하이테크'라는 사실을 갖고 설득해봐야 할 것이다.

북한에 다시 풍력발전 등을 지원할 계획은.

가능성은 계속 검토하고 있다. 무엇보다 펀딩(모금) 문제가 해결돼야 한다. 또 북·미간의 외교 문제도 있다.

풍력발전소 지원을 다시 한다면 지난번과는 어떻게 달라질까.

1998년 프로젝트는 사실 거꾸로 된 것이었다. 원래 풍력발전소를 세우려면 먼저 대상 지역의 바람의 세기와 빈도를 측정하고, 그 지역 주민의 전력 수요를 조사하는 것이 순서다. 그런데 당시에는 일단 발전기를 세우고 봤다. 어쨌든 당시에 북한 주민의 전력 사용 행태 등 많은 자료를 축적했다. 따라서 민간 차원이든 정부 차원이든 풍력 등 발전 지원 사업이 재개되면 당시에 축적한 자료를 유용하게 사용할 수 있을 것이다.

운하리의 풍력 발전기들은 아직도 작동되고 있나. 2002년까지는 계속 전기를 공급한 것을 확인했다. 그러나 그해 말에 북핵 문제가 다시 불거지면서 소식이 두절됐다(《서울신문》 2009년 3월 23일).

이강준 외 지음, 〈남북에너지 협력방안 연구 ― 재생가능에너지를 중심으로〉, 국회사무처, 2007
북한 에너지 위기는 주민들에게 생존 문제이자 인권 문제다. 보고서는 북한 에너지 위기의 실태와
원인을 규명하고, 재생 가능 에너지를 확산하려는 북한의 노력을 소개하고 있다. 한반도 재생 가
능 에너지 협력을 통해 핵 갈등을 해소할 수 있을 뿐 아니라 북한 에너지 위기를 해결할 수 있다
고 주장한다. 구체적인 로드맵도 제시하고 있다.

기후변화협약과 에너지

북극곰은
기후 혼돈을
막을 수 있을까

텔레비전을 켜면 지구 온난화 공익 광고들이 쏟아진다. 북극곰이 나와 "저를 광고에 쓰지 마세요"라고 말하는 광고까지 등장했다. 이런 광고들의 공통점은 온실가스 배출 문제를 개인적 윤리의 문제로 치환한다는 점이다. 전기 플러그를 뽑고, 개인 승용차 이용을 줄이고, 냉장고를 비우면 마치 지구 온난화가 해결될 것처럼 말한다. 그렇게 사는 게 지구인의 의무라는 말도 빼놓지 않는다. 이런 시각은 인간의 낭비적 생활 태도가 환경 파괴의 주범이라는 관점에서 비롯된다. 과연 그럴까?

서울에서 부산까지 4명의 가족이 휴가를 떠난다고 가정하자. 서울에서 부산까지 가는 KTX 요금은 5만 7000원 정도다. 왕복하면 11만 4000원이고, 4가족 차비는 45만 원이 훌쩍 넘어간다. 자동차를 타고 간다고 하자. 석유 가격이 많이 올랐다고는 하지만 20만 원이면 충분하다. 이런 상황에 누가 기차를 타고 다니려 할까? 기차는 승용차에 견줘 온실가스 배출량이 6분의 1에 지나지 않지만 우리는 2배가 넘는 가격 때문에 승용차 선택을 강요당한다. 가전제품들은 어떤가? '작은 것이 아름답다'고 외치지만 가전제품 양판점은 용량이 작은 냉장고는 취급도 하지 않는다. 텔레비전은 전력 소모가 적은 CRT형을 대신해 대형화된 PDP나 LCD 제품이 자리를 차지하고 있다. 착하게 살려고 해도 착하게 살기 힘든 구조다. 이쯤 되면 온실가스 배출량이 단순히 개인의 문제만은 아니라는 사실이 분명해진다.

전세계로 눈을 돌리면 문제는 더 명확해진다. 2003년 세계사회포럼에서 한 캐나다 여성은 사람들이 물질적 욕망에 사로잡혀 있는 게 현대 사회의 문제이기 때문에 개인적 욕망을 줄이는 게 핵심이라고 말했다가 제3세계 NGO 활동가들의 거친 비판을 받았다. 언뜻 보면 지구 온난화

세계적 환경단체 WWF의 기후변화 캠페인 광고 포스터(사진: WWF).

가 소비를 부추기는 경제 체제 자체의 문제에서 기인했다고 말하는 듯하지만 제3세계 사람들이 받아들이는 말의 무게는 달랐다. 자본주의와 신자유주의 때문에 경제적으로 힘들어진 제3세계가 보기에 선진국의 책임을 지적하지 않은 채 개인에게 공평한 희생을 요구하는 논리는 불평등을 더하는 '그릇된 착한 생각'에 지나지 않기 때문이다. 물론 지구 온난화 문제는 '공동의 차별화된 책임(common but differentiated responsibilities)'이 원칙이다. 빈곤 문제와 지구 온난화 문제를 나눈 채 단순히 온실가스 감축만 요구하는 태도는 인간이 인간답게 살 수 있는 최소한의 권리마저 무시하는 결과를 낳는다. 지구 온난화의 원인은 선진국과 부유층 등 에너지 다소비 그룹에 있는데, 온난화를 이유로 노동자나 저소득층 등 사회적 약자에게 희생을 요구하는 방식은 오히려 거센 반발을 불러와 지구 온난화 대응을 가로막는 걸림돌이 될 수 있다.

몇몇 환경운동가는 인간의 탐욕이 문제라고 하지만, 그런 말도 사실이 아니다. 탐욕을 제어하지 못해 지구 온난화가 일어난다는 주장은 본질에서 벗어나 개개인에게 책임을 돌리기 마련이다. 개개인의 소비를 말하다 보면 인구 정책을 거론하게 되고, 선진국보다 인구 증가 속도가 빠른 제3세계 국가를 향해 불합리한 요구를 할 가능성이 있기 때문이다. 이런 생각이야말로 도덕적 생활의 우월함을 앞세우며 우생학과 인종 차별 등 끔찍한 결과를 낳은 맬서스주의로 귀결할 수밖에 없다. 그러나 이런 생각은 옳지 못하다. 아프리카의 어느 작은 마을에서 헐벗은 흑인 소녀가 다 깨진 거울을 들고 이가 나간 빗으로 머리를 빗고 있는 장면을 상상하자. 우리는 그 소녀에게 "네가 지구온난화의 주범이야"라고 말할 수 있을까? 오스트레일리아인 1명이 아프리카의 차드인 700명분의 온실가스를 배출하고 있는 지금 우리가 차드인에게도 온실가스 배출을 줄이라고 말하는 게 과연 합리적인 일일까? 기후변화는 개인의 도덕적 문제가 아니라 불합리한 사회적 구조의 문제다.

이제 북극곰은 잊어야 할 때가 됐다. 기후변화 하면 가장 먼저 떠올리는 이미지가 북극곰이다. 빙하가 녹아 북극곰이 익사하거나 먹이가 사라져 멸종 위기에 놓였다는 말은 인터넷을 뒤지면 어렵지 않게 찾을 수 있다. 물론 북극곰은 소중한 친구이자 보호해야 할 대상이다. 그렇지만 기후변화 문제를 개인적 실천 윤리의 수준으로 몰아가고 사회 구조에서 떼어놓는 순간, 기후변화를 근본적으로 해결하는 일은 불가능하다. 북극곰이 등장하는 텔레비전 광고와 환경단체들의 캠페인을 비틀어 봐야 하는 이유가 여기에 있다.

기후변화에 관련해 최고 권위를 인정받는 기후변화 정부간 협의체 (IPCC)는 2013년 제5차 평가보고서를 내어 지금의 기후변화는 인간의 책임이 99퍼센트 이상 확실하고 매우 위험한 수준에 이른 사실을 확인했다. 보고서에 따르면 기후변화의 속도는 더욱 빨라져 21세기 안에 온도가 최대 섭씨 4.8도 정도까지 상승해 환경과 경제에 커다란 피해가 발생할 수 있다고 경고했다.

기후변화를 일으키는 가장 큰 원인은 화석연료다. 화석연료가 우리 문명을 지탱하는 가장 중요한 요인인 만큼 기후변화에 대응한다는 말은 문명의 전환을 뜻하는 것이나 다름없다. 결국 기후변화는 환경 문제일 뿐 아니라 정치, 경제, 문화 등 사회 전반에 걸쳐 커다란 영향을 미치는 최우선 과제가 될 수밖에 없다. 특히 에너지 사용량의 조정은 각국의 경제성장에 직결된다. 게다가 기후변화는 인류가 경험하지 못한 대규모 환경 재앙의 형태로 나타나고 있어 사회자본이 받는 피해도 여기에 비례하는 양상을 보인다. 기후변화를 21세기 인류가 직면한 최대 문제로 꼽는 이유가 바로 이것이다.

더 심각한 문제는 기후변화가 모든 국가에 똑같은 영향을 주지 않는다는 점이다. 해당 국가의 지리학적 위치나 대응 역량에 따라 기후변화의 영향은 커다란 편차를 보인다. 게다가 저소득층, 농민, 노동자, 토착민들에게 기후변화는 생존의 문제다. 생활 공간이 없어질 수 있고 생존을 이어가는 데 필요한 여러 생산 활동이 큰 제약을 받고 있기 때문이다. 그런데 이런 사회적 약자들이 기후변화에 영향을 미치는 기여도는 매우 낮다. 따라서 기후변화는 남반구와 북반구로 대변되는 불평등 사례이고, 한 사회 안에서도 피해와 부담의 정도에서 편차가 큰 대표적인 부정의 사례

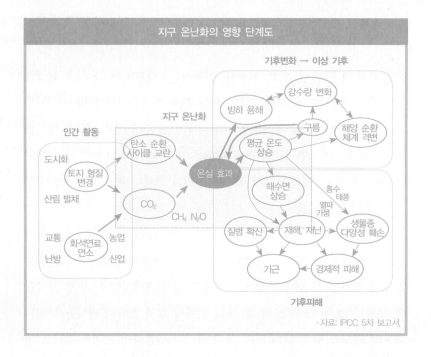

지구 온난화의 영향 단계도

기후변화 → 이상 기후

인간 활동 　　지구 온난화

강수량 변화

빙하 용해

구름

해양 순환
체계 격변

탄소 순환
사이클 교란

평균 온도
상승

도시화

토지 형질
변경

온실 효과

산림 벌채

CO₂

해수면
상승

홍수
태풍
열파
가뭄

CH₄ N₂O

교통

화석연료
연소

농업

질병 확산

재해, 재난

생물종
다양성 훼손

난방

산업

기근

경제적 피해

기후피해

·자료: IPCC 5차 보고서

다. 더 나아가 물질적 풍요를 누린 현세대와 기후변화의 피해를 온전히 짊어질 미래 세대 사이의 불평등 문제로 확장되기도 한다.

따라서 기후변화 문제를 단순히 환경 문제로 치부하는 시각은 의식적으로 단편화한 인식에 지나지 않는다. 이런 인식은 기후변화 때문에 일어날 수 있는 민감한 논쟁을 회피하거나 경쟁 구도가 굳어진 국제적인 정치와 경제 시스템을 연장하려는 앙시앵 레짐의 의도에 무의식적으로 동조하게 된다. 몇몇 환경단체가 지구 온난화 대응에는 적극적이지만 기후변화에 내몰린 사회적 약자의 권리에는 큰 관심을 보이지 않는 행태도 마찬가지다. 게다가 이렇게 기득권에 치우친 접근은 기후변화를 불러온 역사적 책임을 지라고 요구하는 개발도상국들의 이해하고도 충돌해 결국 기후변화에 전지구적으로 대응하기 어렵게 할 가능성이 높다. 기후변화는 모든 인류의 책임이기는 하지만 책임의 정도가 모두 똑같다고 할 수는 없다. 산업혁명 이후 온실가스를 대부분 배출한 선진국이 훨씬 큰 책임을 져야 한다.

기후변화 책임을 분산하라

산업혁명 뒤 화석연료 사용량이 빠르게 늘면서 세계 온실가스 배출량도 크게 늘어났다. 2010년 현재 세계 온실가스 배출량은 3억 3615만 이산화탄소톤(tCO_2)으로 추산된다. 교토 의정서의 기준 연도인 1990년에 견주면 50퍼센트 정도 증가한 수치로, 교토 의정서를 통해 온실가스를 감축한다던 의지하고 반대로 가고 있다. 이런 상황에서도 세계는 2020년 이후의 온실가스 감축 체제에 합의하지 못하고, COP 18 카타르 총회에서 교토 의정서를 연장하는 데 급급했다. '포스트 2020' 체제에 세계가 느끼는 부담은 더욱 커졌다.

전세계 온실가스 배출량이 크게 증가한 것보다 더 큰 문제는 개발도상국 말고 주요국의 배출량도 20퍼센트 정도 증가한 사실이다. 물론 중국과 인도의 온실가스 배출량이 각각 100퍼센트 넘게 증가하기는 했지만, 10억이 넘는 인구 대국이라는 점에서 보면 1인당 배출량은 아직 세계 평균에 크게 못 미친다. 그렇지만 최대 온실가스 배출 국가인 미국을 비롯해 교토 의정서에서 부속서 I 국가로 분류돼 감축 의무가 있는 국가들마저 배출 증가율이 두 자릿수를 넘으며 전체 온실가스 배출량 상승에 아주 크게 기여하고 있는 현실은 우리에게 중요한 사실을 알려준다. 앞에서 말한 대로 전세계가 공동으로 책임져야 하는 감축량이 훨씬 커진 데 견줘 선진국들이 져야 하는 부담은 상대적으로 줄어 포스트 2012 체제에

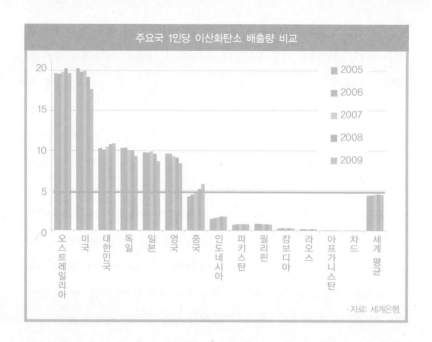

주요국 1인당 이산화탄소 배출량 비교

자료: 세계은행

서 전세계 공유 비전이 합리적인 선에서 결정되면 선진국보다 개발도상 국의 부담이 상대적으로 더 커질 수밖에 없다.

또한 개발도상국이 높은 온실가스 배출 증가율을 기록하고 있다 하 더라도 전체 배출량에서 150개국이 넘는 개발도상국이 배출하고 있는 온 실가스 양은 전체 대비 약 30퍼센트 수준이다. 반면 OECD 30여 개국이 배출하고 있는 온실가스 양은 전체 대비 49퍼센트에 이르러 지구 온난화 기여도에서 커다란 차이를 보이고 있다.

1인당 배출량 환산 자료를 보면 차이는 더욱 벌어진다. 미국이 20 이산화탄소톤이 넘고, 캐나다 20이산화탄소톤, 러시아 10.6이산화탄소톤, 오스트레일리아 16.3이산화탄소톤, 영국 10이산화탄소톤, 일본 8.7이산화 탄소톤으로 매우 높은 1인당 배출량을 기록하고 있다. 반면 개발도상국 들은 평균 2.4이산화탄소톤에 지나지 않고, 저개발국들은 평균 0.2이산화탄소톤에 그치고 있다. 기후변화협약에서도 이런 점을 고려해 기후변화 대응에서 '공동의 차별화된 원칙'이 필요하다는 점을 명확히 하고 있는데, 각국의 부담을 할당하는 협상 과정에서는 이런 원칙이 종종 무시된 채 선진국들의 경제 보호 논리에 휘둘려 논의에 진척이 없거나 협상이 아예 결렬되는 양상을 보이고 있다.

미국, 일본, EU 등은 온실가스 의무 감축 체제에 선진국과 개도국이 모두 참여하는 단일한 법적 문서를 채택하자고 주장한 반면, 중국 등 개도국은 교토 의정서를 연장해 선진국의 의무 감축과 개도국의 자발적 감축 체제를 함께 유지하자고 되풀이하면서 협상은 앞으로 나아가지 못하고 있다. 미국, 일본, 오스트레일리아 등은 이런 상황에서 선진국의 감축 의무만 규정한 교토 의정서를 연장하는 방식은 받아들일 수 없다며 교토 의정서 연장이 개도국 온실가스 감축에 연동돼 있다는 점을 분명히 하기도 했다. 일본과 오스트레일리아 등 몇몇 국가는 이미 교토 의정서 2차 기간 불참을 선언했다. 중국 등 개발도상국은 자발적으로 온실가스를 감축할 생각이라고 밝히고, 예전 협상에서 개도국은 의무 감축 부담을 지지 않기로 결정한 선진국들을 강하게 비판했다. 치킨 게임 양상이 계속되다 보니 앞으로 열릴 기후변화총회에서도 합리적인 결론을 이끌어내기 어려울 것이라는 비판적 전망이 지배적이다.

난전 기후변화협약 — 역사, 내용, 전망

기후변화를 둘러싸고 위기감이 싹트기 시작하던 1990년대 초반 세계 각국은 지구 온난화를 막기 위해 1992년 리우 회의에서 기후변화협약을 체결했다. 1994년 기후변화협약이 공식 발효된 뒤에는 1995년부터 당사국

COP 진행 역사와 주요 결정 사항				
회차	일시	장소	주요 결과물	주요 논의(협의) 사항
COP 1	1995. 3.	독일 베를린	베를린 위임 사항	· 2000년 이후의 온실가스 감축을 위한 협상 시작
COP 2	1996. 7.	스위스 제네바		· 감축 목표에 법적 구속력을 부여하기로 합의
COP 3	1997. 12.	일본 교토	교토 의정서	· 선진국(Annex I 그룹)들의 온실가스 배출량 감축 의무화. 2012년까지 1990년 기준 평균 5.2퍼센트 온실가스 감축 목표
COP 4	1998. 11.	아르헨티나 부에노스 아이레스	부에노스 아이레스 행동 계획	· 교토 의정서의 세부 이행 절차를 마련하기 위한 행동 계획 수립
COP 5	1999. 11.	독일 본		· COP 6 개최 일정과 방법 논의
COP 6	2000. 11.	네덜란드 헤이그		· 미국, 일본, 오스트레일리아 등 상부(Umbrella) 그룹과 EU 사이의 견해 차이로 협상 결렬
COP 6.5	2001. 7.	독일 본	본 협정	· 교토 의정서 이행 방안 협상, 교토 메커니즘과 흡수원 등에서 EU와 개발도상국 사이의 거래와 양보로 협상 타결
COP 7	2001. 11.	모로코 마라케쉬	마라케시 선언	· 청정 개발 체제 등 교토 메커니즘 관련 사업을 추진하기 위한 기반을 마련. 교토 의정서 이행 방안 최종 합의
COP 8	2002. 10.	인도 뉴델리		· 기후변화 적응, 지속 가능 발전, 온실가스 감축 노력 촉구 등을 담은 뉴델리 각료 선언 채택
COP 9	2003. 12.	이탈리아 밀라노		· 기후변화 특별기금(Speacial Climate Change Fund)과 최빈국(Least Developed Countries) 기금의 운용 방안 타결
COP 10	2004. 12.	아르헨티나 부에노스 아이레스		· 포스트 교토 체제의 의무 부담 비공식 논의 시작
COP 11	2005. 11.	캐나다 몬트리올		· 포스트 교토 체제 후속 대책 협상 시작
COP 12	2006. 11.	케냐 나이로비		· 포스트 교토 체제 논의 일정에 합의. CCS 기술의 CDM 사업화 본격 논의 시작
COP 13	2007. 12.	인도네시아 발리	발리 행동 계획	· 포스트 교토 기후변화 협상의 기본 방향(선진국, 개도국 모두 참여)과 일정 논의. 측정, 기록, 검증 가능한 방법(MRV)으로 온실가스 감축을 수행하는 내용을 담은 발리 로드맵 채택. 2009년 COP 15까지 논의 완료 명시

COP 14	2008. 12.	폴란드 포즈난		·COP 15 논의를 위한 방향과 일정 수립
COP 15	2009. 12.	덴마크 코펜하겐	코펜하겐 협정	·포스트 교토 체제의 구체 내용 합의 실패. 기온 상승 폭을 산업화 이전 대비 섭씨 2도 이내로 제한하는 외교적 수사에만 합의
COP 16	2010. 12.	멕시코 칸쿤	칸쿤 합의	·구체 목표 수립 실패. 개발도상국 지원을 위한 단기 자금 300억 달러와 녹색기후기금 설치 합의
COP 17	2011. 11.	남아공 더반	더반 플랫폼	·칸쿤 합의 이행 확인. 교토 의정서 연장 논의. 선진국 대 개도국 대립 구도가 강대국(미국, 중국 등) 대 약소국(군소 도서국, 최빈국 등)대립 구도로 재편
COP 18	2012. 11.	카타르 도하		·교토 의정서 연장 합의. 포스트 교토 체제 수립을 2015년 회의까지 마치기로 합의
COP 19	2013. 11.	폴란드 바르샤바		·각국 온실가스 감축 계획서 제출 합의. 협상 의제 설정 관련 대립 심화

총회를 해마다 열면서 기후변화를 막기 위한 공식적인 국제 협상을 시작했다. 인간의 환경 조정 능력을 벗어나고 있는 기후변화를 막으려는 노력이 최초로 결실을 맺은 것이 1997년의 교토 의정서다. 2005년에 공식 발효된 교토 의정서는 부속서 I에 속한 선진국과 강제 이행국들이 2008년부터 2012년까지 1990년 대비 평균 5.2퍼센트의 온실가스를 의무 감축해야 한다고 규정하고 있다. 그렇지만 지구 온난화를 막기에는 터무니없이 부족한 수치였고, 그나마 최대 온실가스 배출국인 미국이 의정서 비준을 거부하면서 전지구적으로 온실가스 배출량은 아직 증가 중이다.

　　포스트 2012 체제는 교토 의정서가 발효된 2005년부터 논의되기 시작해 그해 열린 당사국 총회인 COP 11에서 논의 체계가 마련됐고, COP 13에서는 논의 완료 시점을 2009년 COP 15로 규정하는 '발리 행동 계획(Bali Action Plan)'이 채택됐다. 그 결과 포스트 2012 체제를 2009년 안에 확정하는 구도가 성립됐다. 그러나 이런 합의는 이견이 드러나면서 무참히

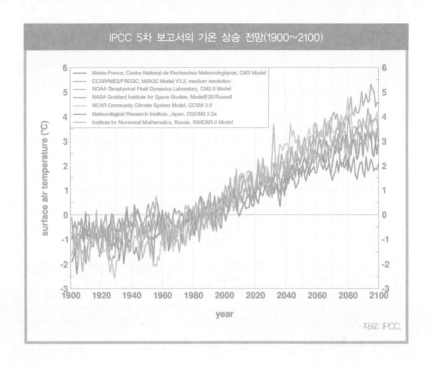

IPCC 5차 보고서의 기온 상승 전망(1900~2100)

- 자료: IPCC.

버려졌고, 당사국들은 다시 2015년까지 포스트 2012 체제를 논의하자고 결정했다. 2010년 멕시코, 2011년 남아프리카공화국, 2012년 카타르에서 기후변화협약 당사국 총회가 포스트 2012를 주제로 진행됐지만 납득할 만한 합의는 나오지 않았다. 결국 당사국들은 카타르 총회에서 교토 의정서를 2020년까지 연장하자고 합의한 뒤 포스트 2012를 포스트 2020으로 바꿔 협상을 계속하고 있다. 포스트 2020 합의를 2015년 파리 총회(COP 21)까지 연장하기로 했지만 협상 결과를 낙관하는 사람은 거의 없다.

기후변화협약 당사국 총회가 중요한 이유 중 하나는 유엔 주도의 다자간 협상이 지속될 수 있느냐 하는 점이다. 지금까지 열린 총회가 화려한 외교적 수사만 나도는 껍데기에 지나지 않기는 했지만, 어쨌든 유엔이 주도하는 다자간 협상 체제가 좌초되는 사태를 막는 구실을 한 것도 사실이다. 따라서 포스트 2012를 둘러싼 협상에서 전혀 진척이 없다면 다자간 협상에 초점을 맞춘 기후변화협약 체제는 다시 무용론에 휘말릴 수 있다. 실제로 2011년 유엔 안전보장이사회가 연 공개 토론회에서는 선진국들과 군소 도서국들을 중심으로 기후변화 문제를 안전보장이사회에서 다루자는 의견이 제기됐다 철회되기도 했다. 안전보장이사회 15개 국가에만 협상 권한을 부여하면 선진국이 개발도상국들이 연대하지 못하게 막을 수 있고, 특히 미국, 영국, 프랑스는 거부권을 갖고 있기 때문에 협상을 아주 유리하게 이끌 수 있다는 셈법이었다. 신뢰할 수 없는 일부가 전체 의견을 좌지우지할 수 있는 아찔한 순간이었다. 기후변화에 따른 책임과 영향이 전체를 포괄한다는 점을 감안하면 모든 당사국들이 참여하는 다자주의 협상은 불가피하다.

기후변화협약 체제가 깨지면 앞으로는 각국의 자발적 감축에 기댈 수밖에 없는 상황이다. 기후변화협약이 껍데기뿐인 결론을 내면서도 근근이 유지되고 있는 이유는 다자주의 협상 체제가 필요하기 때문이다. 선진국에 지나치게 유리하다고 평가받던 코펜하겐 협정에 반발한 당사국 중 볼리비아를 뺀 모든 나라가 그다음 회의인 칸쿤 합의에 찬성표를 던진 사실이 극단적인 예다. 개발도상국들은 코펜하겐 협정하고 내용이 달라진 게 없다는 평가를 받은 칸쿤 합의에 왜 찬성했을까. 다자간 협상 체제가 깨지는 상황은 기후변화 대응을 이끌 동력을 상실한다는 의미이기 때문이다. 그러나 지금의 다자간 협상 체제가 이해관계의 충돌로 아무 성과를 내지 못하고 있는 현실이 딜레마로 떠올랐다. 앞으로 기후변화협약은 이런 정치적 정글에서 헤어나기 힘들 듯하다.

포스트 2020 체제의 초점은 지구 온난화를 완화할 수 있는 수준으로 '누가', '얼마나', '무엇을', '어떻게' 줄일 것인가에 있다. 이미 그동안 기후변화협약 총회를 거치며 2020년 뒤에는 전세계 모든 국가가 온실가

도하 기후변화협약 당사국 총회장에서 환경단체들이 '기후 혼돈'을 막아야 한다는 캠페인을 벌이고 있다(사진: 그린피스).

스 감축에 동참하기로 했지만, 이런 합의가 국제적으로 감축량을 할당받은 의무 감축을 받아들인다는 것인지는 확실하지 않다. 모두 감축하기로 했지만, 누가 얼마나 감축하느냐 하는 가장 중요한 문제가 해결되지 않았기 때문이다. 과학자들은 파국적 결말을 막으려면 대기 중 이산화탄소 농도를 450피피엠 이하로 유지해야 한다고 하지만, 이 목표는 각국의 이해관계 때문에 특단의 조치 없이는 달성할 수 없다고 여겨지고 있다. 이미 2013년에 400피피엠을 돌파했다. 특단의 조치를 내리려면 포스트 2020 체제에서 획기적인 수준으로 온실가스 감축 목표와 강제 이행 수단이 도출돼야 하는데, 선진국들은 자국 목표를 낮추려 하고 개도국들은 온실가스를 의무로 감축하지 않으려 노력하고 있는 상황이라 전망은 아주 불투명하다.

온실가스 배출 감축은 각국의 경제성장 가능성을 밑바탕에 깐 제로섬 게임 양상을 보이고 있다. 현대 산업 경제가 에너지 의존도가 높다는 점을 생각하면 민감한 경제 문제들이 여럿 포함될 수밖에 없는 만큼 태생적으로 개별 국가 또는 양자 간 협상만으로는 감축에 한계가 생길 수밖에 없다. 거듭 기대에 못 미치는 결과를 이끌어내면서도 많은 국가가 기후변화협약 COP 체제 아래에서 전세계 합의를 시도하는 이유가 바로 이것이다. 또한 2013년에 나온 IPCC 5차 보고서 주요 내용은 기후변화가 인류가 배출한 온실가스 때문이라는 점을 분명히 했고, 이 흐름을 제어하지 않으면 통제할 수 없는 수준의 피해가 예상된다는 점도 명확해졌다. 이제 전세계의 관심은 다시 포스트 2020 체제와 기후변화협약 당사국 총회에 집중되고 있다. 포스트 2020 체제는 2011년 '더반 플랫폼(Durban Platform)'에 따라 2015년 파리 COP 21까지 논의를 마무리해야 한다. 2009년 코펜하겐 협정과 2010년 칸쿤 합의를 통해 포스트 2020의 구체적인 윤곽이 잡히기는 했지만 구체성과 구속력이 전혀 없는 상황이기 때문에, 2014년 리마 총회(COP 20)와 2015년 파리 총회에서 모든 논의를 끝내야 하는 절박한 상황이다.

포스트 2020 메커니즘의 주요 쟁점 중 하나는 배출권 거래제나 '개발도상국 삼림 훼손과 삼림 감소에 따른 온실가스 배출 저감(REDD+, reduction of emissions from deforestation and degradation)' 등 시장 기반 메커니즘을 폭넓게 인정하는 문제다. 그동안 기후변화협약의 논의 방향을 볼 때 이미 맺어진 합의가 아니더라도 이 메커니즘을 강화하는 조처가 나올 가능성이 높기는 했지만, 큰 이견 없이 2009년 코펜하겐 협정에 포함되면서 위상을 확실히 인정받았다. 그렇지만 문제는 이미 EU 배출권 거래제 시장에서 배출권 가격이 폭락한 사태에서 드러났듯이 시장에 전적으로 의존하는 방식은 감축의 불확실성을 높인다는 점을 간과한 것이다. 시장 의존적인 메커니즘은 온실가스 감축 비용을 줄일 수 있다는 점에서 대부분의 국가들이 찬성하지만, 개도국의 감축 목표가 정해지지 않은 상태에서 주요 선진국이 개도국의 배출권을 확보하는 데 집중하면 결국 온실가스 절대 총량은 줄어들지 않는 상황이 벌어질 수 있기 때문이다. 게다가 대기라는 공공재를 사유화해 거래를 해서는 안 된다는 근본적인 주장까지 나타나면서 시장 의존적인 감축 방법은 폐지되거나 최소한으로 제한돼야 한다는 의견이 계속 제기됐다. 추가적인 세부 이행 규칙을 다시 논의하겠지만 코펜하겐 협정에서 아무런 보완 장치 없이 시장 메커니즘을 수용한 점은 큰 문제다. 시장 메커니즘이 지구 온난화를 부추기고 있는 상황을 생각하면 현재 체제를 근본적으로 수정하는 논의는 더 어려워졌기 때문이다.

시장은 우리를 구원할까

기후변화를 막기 위한 다양한 해결책들이 기후변화 총회를 중심으로 제안돼왔다. 그렇지만 기후변화 총회를 강대국들이 좌지우지하는 상황이 계속됐고, 강대국들은 책임 있는 행동을 약속하고 지속 가능한 지구를 고민하기보다는 책임을 회피하고 감축 목표를 줄여 되도록 책임에서 멀어질 수 있게 자기들만의 기준을 만들고 있다. 더 나아가 기후변화를 막기 위한 대응책으로 '시장'을 내세우며 가격을 매기는 데에만 관심을 가져왔다. 그러다 보니 기후변화 총회는 기후변화를 막기 위한 논의의 장이 아니라 이산화탄소 같은 온실가스를 어떻게 사고팔지 흥정하는 시장으로 전락하고 말았다. 사실 어떻게 오염할 수 있는 권리를 누가 어떻게 만들어낼 수 있느냐 하는 가장 근본적인 질문을 던지며 반발할 수 있다. 이

"탄소배출권을 사시면 허리케인을 무료로 드립니다."
탄소 거래 제도에 반대하는 환경단체의 포스터(사진: Global Forest Coalition).

미 모든 것을 자본화하고 사고파는 세상에서 그런 질문은 몇몇 근본주의
자들이 제기하는 철학적 논쟁일 뿐이다. 그렇지만 이런 근본적인 문제를
제쳐놓더라도 시장 기반의 기후변화 대응은 자본주의 시장이 갖고 있는
문제하고 얽혀 더 복잡해지고 있다.

　자본주의는 자본의 순환을 동력으로 작동한다. 자본의 순환은 필연적으로 끊임없는 생산과 소비를 요구한다. 소비가 줄면 자본은 돌지 못하고, 시장은 무너질 수밖에 없다. 그렇기 때문에 더 싸게 더 많이 만들어 파는 게 기업의 숙명이자 자본주의의 이치다. 여기서 문제는 어떤 재화를 만들어내려면 자연 자원을 반드시 투입해야 한다는 사실이다. 결국 뭔가를 계속 생산하고 소비해야만 유지될 수 있는 자본주의 시스템은 지속적으로 자연 자원을 투입할 수 있어야 한다. 따라서 지금 우리의 체제는 지속적인 지구 환경을 이야기하는 세계에는 전혀 맞지 않다. 이런 이유 때문에 자본주의에 비판적인 학자들은 21세기의 에너지 위기와 환경의 위기를 맞아 자본주의 시스템이 변화하지 않는 한 결국 몰락할 것이라고 이야기한다.

　그러나 여전히 많은 국가가 탄소에 벌금을 매기거나 탄소의 양을 제한하는 수준의 조치로 기후변화를 막을 수 있다고 주장한다. EU는 2005년부터 탄소배출권 거래 제도(ETS, Emission Trading System)를 도입했다. 기업을 대상으로 온실가스 배출 한도를 정하고 기준보다 더 배출한 기업은 벌금을 내거나 덜 배출한 기업에게서 초과분에 해당하는 양을 사올 수 있게 했다. 사실 이 시스템은 처음부터 탄소에 가격을 매기는 행위가 올바르냐는 근본적인 문제부터 결국 다배출 기업은 초과 배출분만큼 배출권을 사면 되기 때문에 실제 온실가스를 감축하는 효과도 적을 것이라는 비판을 받았다. 그러나 EU는 탄소배출권 가격이 올라가 기업들이 비용 압박을 받으면 자연스럽게 감축을 하려고 노력하게 된다고 낙관했다. 결과는 그리 좋지 않았다. 처음부터 기업 눈치를 본 EU가 온실가스 배출권을 대량 발행한데다, 경제 위기까지 겹치면서 오히려 배출권이 남아돌고 수요는 줄어들었다. 기업이 배출하는 온실가스가 줄어들기는커녕 전반적으로 늘어나면서 실효성에 의문이 제기되기도 했다. 결국 탄소배출권 시장을 키워 탄소 배출량을 줄이고 시장을 매개로 기후변화에 대응하려던 시도는 모두 실패로 돌아갔다. 사실 이런 결과는 당연하다. 이미 지금의 세계를 지배하고 있는 시스템이 지속 가능한 미래나 지속 가능한 지구를 보장하기 어려운 근본적인 문제를 지니고 있기 때문에 체제를 근본적으로 변화시키지 않고 기후변화 문제를 해결할 수 있다는 생각은 그저 현실에 안주하고 싶은 인간의 바람일 뿐이다.

온실가스 감축이 본격화되면 가장 많은 손해를 볼 수밖에 없는 기업은 석유 마피아(자칭 에너지 기업)들이다. 그러나 자본주의가 지배하는 이 세계에서 가장 큰 기업들 역시 대부분 에너지 기업이다. 이 기업들은 지구 온난화를 염려해 새로운 에너지를 준비하고 있다고 하지만, 아직도 석유에서 가장 많은 이익을 얻으면서 막강한 권력을 보장받고 있다. 가장 큰 손해를 볼 수밖에 없는 기업들에게 가장 많은 권력이 주어져 있

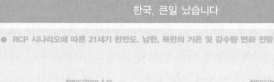

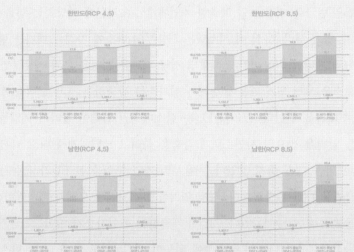

한반도 기온 상승 전망(자료: 기상청).

2013년 여름, 유례없는 폭염이 한반도를 강타했다. 수은주는 날마다 최고치를 찍었고, 기상 관측 사상 한 번도 나타나지 않아 사문화된 초열대야(밤 온도가 섭씨 30도 이상 유지되는 현상)까지 나타났다. 전주와 대구는 8월 중순까지 평균 온도가 섭씨 36도를 기록하면서 열대 지방인 방콕(34℃), 자카르타(32.6℃)를 앞질렀다. 이런 기후변화 현상은 시작에 불과하다. 한반도의 산림 기후대는 섭씨 2도만 상승해도 서울을 포함한 중부 지역이 상록 활엽수가 살 수 있는 난대 기후대로 바뀔 것으로 추정된다. 현재 기후에서는 난대림 지대가 남부 해안과 제주도 저지대에 국한돼 있지만 평균 기온이 섭씨 2도 오르면 전라남도, 전라북도, 경상남도, 충청남도에 더해 경상북도 일부와 경기도 일부가 난대 기후대로 바뀔 것으로 예상된다. 아울러 섭씨 4도가 오르면 남부 해안 지대는 아열대 기후대로 바뀔 것으로 예상되며, 현재 한반도의 대부분을 차지하는 온대 기후대는 크게 줄어 대부분 난대 기후로 바뀔 전망이다. 국립기상연구소 자료에 따르면 2070년 무렵에는 백두대간을 뺀 남한 전역이 아열대 기후가 될 가능성도 있다. 조금 더 더워지는 게 무슨 큰 문제냐고? 나무와 식물은 발이 없기 때문이다. 식량 생산량이 크게 줄면서 인구도 빠르게 줄어들 전망이다. 경제 인구가 부족해지면 경제 전반이 영향을 받을 테고, 온도 극단화 현상 탓에 폭염이 길어지면 생산성도 영향을 받을 것이다. 2009년 국립환경정책평가연구원은 2100년까지 기후변화 때문에 2800조 원의 기본적인 피해가 발생한다고 예상했다. 연간 30조 원에 맞먹는 큰 금액이다.

다면 결과는 불을 보듯 뻔하다. 거대 권력을 수단으로 기업 규모와 이윤을 키우고, 지구 온난화에 어서 빨리 대응해야 하는 의무는 외면한 채 이윤을 유지할 수 있는 방식을 최선의 선택인 양 떠벌릴 게 분명하기 때문이다.

셸이나 엑슨모빌, 브리티시페트롤리엄(BP) 등 석유 마피아들이 풍력이나 태양광을 활용한 에너지를 늘려가며 지구 온난화에 대응하고 있다고 주장하는 사람들도 있다. 그러나 이런 주장은 겉으로 드러나는 현상을 지나치게 피상적으로 받아들인 결과다. 석유 마피아들이 지닌 힘의 원천은 수십 년 동안 만들어놓은 친석유 정치인, 정부, 군대의 네트워크다. 이런 네트워크는 풍력발전으로 옮겨가면 쓸모없게 된다. 그래서 석유 마피아들은 석유 생산량을 조절해 시장 원리라는 미명 아래 아직 경제성을 확보하지 못한 경쟁 관계에 놓인 에너지원의 개발이나 보급을 늦춘다. 심지어 이란 정권을 무너뜨리고 이라크 전쟁을 일으키는 등 폭력 수단까지 서슴지 않고 활용하면서 기후변화에 대응하려는 여러 노력을 방해했다. 기후변화가 심각해지면서 이런 노력을 드러내놓고 반대하기는 어려워졌지만, 그 이면에는 아직도 추악하고 끈끈한 친석유 동맹이 유지되고 있다. 풍력이나 태양광 같은 재생 가능 에너지원은 석유 마피아들에게 액세서리 같은 것이다. 경쟁 원칙과 시장 원리라는, 지구 온난화 시대에 걸맞지 않은 시스템이 작동하는 한 가장 많은 이윤을 안겨주는 석유를 포기할 리 없기 때문이다. 석유가 온실가스를 배출하건 말건 말이다.

시장 원리에 따른 해결이 마치 종교처럼 숭배되면서 이 기업들을 견제할 수 있는 방법이 아무것도 없다는 것 또한 문제다. 자본의 몰상식한 폭주를 효과적으로 막으려면 정부가 어쩔 수 없이 대규모 개입을 해야 한다. 그러나 정부는 이미 공기업 민영화, 부자 감세, 각종 환경 규제와 기업 규제를 철폐하는 신자유주의에 기울어 기업인지 정부인지 구분할 수도 없는 상황이다. 그동안 정부와 기업은 우리에게 자본주의 방식 말고는 대안이 없고, 시장 원리를 거스르는 해결 방식은 불가능하다고 낙인찍느라 바빴다. 세금을 더 거두고, 공공 지출을 늘리고, 공적 조치를 강화해 지구 온난화에 대응하는 방식은 사실상 실패를 인정하는 것이나 다름없기 때문이다. 결국 정부는 모순된 행동을 하게 됐다. 시장이 지구를 구원할 것이라고 말하면서도 기업을 생존시키기 위해 끊임없이 도로와 공장을 만들고 세금을 쏟아붓는다. 탄소배출권이 온실가스를 줄인다고 말하면서도 대규모 공장 증설을 허용해 더 많은 배출권을 만들어낸다. 심지어는 가장 모범적이라는 유럽의 탄소시장도 전체 배출량의 반도 감당하지 못하고 있는 상황에서 천문학적인 시장 형성 비용을 지출했다. 이게 바로 정부와 기업이 만들어내는 검은 커넥션이다. 심지어 석유 마피아들의 강력한 지원을 받은 부시 정부는 지구 온난화가 인간이 끼친 영향 때문이라는 사실조차 인정하지 않으려 했다. 온실가스 배출을 제한하는 어떤 국제 협약에도 참여하기를 꺼렸고, 미국이 참여하지 않으면서 교토 의정서는 반 토막 났다. 지금 논의되는 포스트 교토 체제에서도 미국은 온실가스 배출 제한을 최소화하려고 노력 중이다. 자본주의적 해결 방식은 기후변화의 해결책으로 옳지 못하다.

에너지기후정책연구소 지음, 《착한 에너지 기행》, 이매진, 2010

에너지기후정책연구소 지음, 《나쁜 에너지 기행》, 이매진, 2013

에너지라고 다 같은 에너지가 아니다. 《착한 에너지 기행》과 《나쁜 에너지 기행》은 에너지기후정
책연구소 연구원들이 전세계 곳곳을 찾아 에너지 관련 사례를 소개하고, 우리에게 어떤 에너지가
필요한지, 기후정의가 왜 필요한지 말하는 책이다. 우리 시대 에너지 불평등과 에너지 대안에 관
련된 생생한 사례를 알고 싶은 사람에게 읽기를 권한다.

조너선 닐 지음, 김종환 옮김, 《기후변화와 자본주의》, 책갈피, 2011

기후변화는 개인의 문제가 아니라 사회 구조적 문제이며, 시장 거래를 통한 해결 방식은 대안이
아니라고 강조한다. 자본주의가 기후변화를 일으키고 악화시키는 과정을 구체적인 사례를 들어
설명한다.

존 벨라미 포스터 외 지음, 황정규 옮김, 《환경주의자가 알아야 할 자본주의의 모든 것》, 삼화,
2012

우리 사회는 여전히 경제성장을 갈구한다. 또 환경 위기는 기술 발전이나 경제를 조금만 수정하
면 극복할 수 있다고 말하는 사람들이 있다. 그러나 저자들은 그런 노력이 오히려 생태 위기를
진척시키고 있기 때문에 체제 변화를 목적으로 하는 생태 혁명이 필요하다고 주장한다.

기후정의와 에너지

시장은 기후변화를 멈출 수 있을까

기후변화 시대에는 국가 간 갈등 말고도 에너지를 많이 쓰는 생활 습관을 지닌 부자와 에너지를 거의 쓰지 않는 가난한 사람들 사이에도 부정의 관계가 형성되고, 이런 관계는 사회적 영향을 받아 더욱 심해진다.

서울과 지방을 비교하자. 서울에 사는 사람들은 지방이나 산골에 사는 사람들보다 훨씬 더 많은 에너지를 소비한다. 서울을 포함한 도시 사람들이 상대적으로 온실가스를 더 많이 배출하고 기후변화에 지는 책임 또한 더 크다. 그러나 서울을 비롯한 수도권과 도시는 사회적 인프라와 공공 서비스를 잘 갖추고 있고, 마찬가지로 기후변화의 영향, 곧 홍수와 가뭄 등에 대비한 방재 시설도 잘 정비돼 있다. 반대로 기후변화의 책임이 덜한 산간이나 지방의 경우 이런 혜택을 받지 못하는 경우가 많다. 기후변화에 따라 더 강해진 여름철 태풍 때문에 해마다 산간과 해안 지역의 피해액은 늘고 있지만, 대도시는 상대적으로 안전하다.

이런 상황은 도시를 중심으로 발전한 현대 사회가 가진 기본 문제다. 사회적 약자와 도시 문화, 그리고 정치적이고 사회적인 관계가 기후변화를 만나 새로운 불평등을 만들어낸다. 2005년 여름 허리케인 카트리나가 미국을 강타한 뒤 유색 인종과 빈민이 많이 사는 뉴올리언스 주의 피해 저감과 복구 대책이 매우 더뎠다는 보도가 쏟아졌다. 뉴올리언스 주가 아니라 뉴욕이었다면 아주 다르게 대응했을 것이라는 의심도 이어졌다.

태국도 마찬가지다. 2009년 북부 산간지대에 쏟아진 기록적인 장마로 불어난 강물이 하류에 있는 수도 방콕을 집어삼킬 위기가 닥치자 행정 당국은 물을 빈민들이 사는 외곽 지역으로 돌렸다. 수도와 도시를 지키려는 필사의 행동이었다. 수도가 수몰되면 한 국가의 행정뿐 아니라 경제까

지 마비될 수 있다는 점을 고려하더라도 사회적 불평등 문제를 잘 보여주는 사례다. 결국 기후변화의 책임이 누구에게 더 있느냐가 아니라 누구에게 권력과 자본이 있느냐가 기후변화의 피해자를 결정하는 셈이다.

에너지 고갈과 기후변화 문제가 21세기 인류를 위협할 만큼 심각하다는 사실은 이미 잘 알려져 있다. 지금 당장 화석연료 사용량과 에너지 소비를 줄이면 해결되는 문제다. 그런데 왜 모두 위기라고 이야기하면서 막상 단순해 보이는 이 해결책을 행동에 옮기지 못하는 걸까? 에너지 문제와 기후 문제가 더는 하나의 환경 문제로 치부되기 어려울 만큼 우리 삶에 밀접히 관련되고, 우리 삶은 화석연료를 기반으로 만들어진 정치적, 사회적, 경제적 구조 안에 갇혀 있기 때문이다. 기후변화 문제는 복잡한 실타래처럼 얽혀 있다.

'기후정의'라는 낯설고 어려운 단어에 익숙해지려면 기후변화라는 현상이 사회적으로 어떻게 불평등을 낳는지 알아야 한다. 기후변화는 세대 간 문제로 보면 부정의할 수밖에 없다. 기후변화는 한 세대에 머물지 않고 다음 세대에 더 큰 영향을 준다. 지금의 기후변화는 이미 백 몇 십 년 전에 배출한 온실가스의 영향도 받는다. 지금 우리 세대들의 활동은 다음

순위	이산화탄소 배출 (2011년 현재)	온실가스 배출+산림 (2005년 현재)	인구당 이산화탄소 배출량 (2007)	이산화탄소 누적 배출량 (1850~2007)	인구당 이산화탄소 누적 배출 (1850~2007)
			기준에 따른 국가별 온실가스 배출 순위의 변화		
1	중국(28.6%)	중국(16.4%)	카타르(36.9톤)	미국(28.8%)	룩셈부르크
2	미국(16%)	미국(15.7%)	미국(17.3톤)	중국(9%)	영국
3	인도(5.8%)	브라질(6.5%)	오스트레일리아 (17톤)	러시아(8%)	미국
4	러시아(5.4%)	인도네시아(4.6%)	러시아(11.6톤)	독일(6.9%)	벨기에
5	일본(3.7%)	러시아(4.6%)	독일(9.3톤)	영국(5.8%)	체코
6	독일(2.4%)	인도(4.2%)	영국(7.8톤)	일본(3.87%)	독일
7	한국(1.7%)	일본(3.1%)	중국(5.4톤)	프랑스(2.77%)	에스토니아
8	캐나다(1.6%)	독일(2.3%)	세계 평균(4.5톤)	인도(2.44%)	캐나다
9	인도네시아(1.4%)	캐나다(1.8%)	아프리카 평균 (0.9톤)	캐나다(2.2%)	카자흐스탄
10	사우디아라비아 (1.4%)	멕시코(1.6%)	에티오피아(0.1톤)	우크라이나(2.2%)	러시아

· 자료: Netherlands Environmental Assessment Agency, the World Resources Institute.

세대에 떠넘겨질 것이다. 국제 환경단체인 그린피스가 이런 사실을 단적으로 보여주는 동영상을 만든 적이 있다. 선로 위에 서 있는 중년 남성이 자신을 향해 돌진하는 기차를 바라보며 기후변화는 내 문제가 아니라고 자조적으로 이야기한다. 기차가 자기에게 가까이 다가오자 그 남자는 몸을 피하지만, 등 뒤에 서 있던 작은 꼬마 아이가 보인다. 기후변화의 세대 간 불평등을 단적으로 보여주는 충격적인 내용이다. 점점 심각해지는 기후변화가 당장 내 세대의 생존을 위협할 수준은 아니지만 우리가 교묘하게 피한 그 피해는 미래 세대의 생존을 위협할 수 있다. 기후변화라는 문제에서 자유롭게 살면서 화석연료를 사용해 산업화를 달성한 몇 세기 전세대들과 세상에 나오는 순간부터 기후변화의 위기 속에서 살아야 하는 지금 세대는 이미 불평등한 관계를 맺고 있는 것이다. 이렇듯 기후변화를 둘러싼 문제는 시간과 장소가 뒤섞여 있기 때문에 해결하기 어렵고, 정의에 기반을 둔 시각이 더욱더 절실히 요구될 수밖에 없다.

이런 기후변화의 특성 때문에 기후변화 해결을 둘러싸고 국가 간 갈등이 높아지고 있다. 먼저 선진국들의 역사적 책임 문제가 있다. 세대 간 불평등하고 같은 맥락에서 이미 많은 화석연료를 쓰면서 산업을 발전시킨 선진국과 이제 막 경제 개발을 시작하는 개발도상국 사이에 불평등이 있고, 더 많은 책임이 있는 선진국이 문제를 해결하려고 더 노력해야 한다. 유럽이 재생 가능 에너지를 확대하고 기후변화 대응에 선도적으로 나서고 있지만, 사실 유럽 국가들은 이미 막대한 양의 온실가스를 배출했다. 따라서 과거에 온실가스를 배출한 책임을 져야 한다. 선진국은 기후 문제를 해결할 역사적 책임이 있다.

둘째, 새롭게 경제가 성장하고 있는 개발도상국들의 온실가스 배출 문제다. 지금 기후변화를 둘러싼 가장 큰 화두 중 하나는 중국이나 인도처럼 빠른 속도로 성장하는 국가들이다. 중국과 인도는 이미 온실가스 배출 세계 1위와 3위를 차지하고 있다. 문제는 중국과 인도뿐 아니라 이제 막 경제가 성장하기 시작한 개도국들의 화석연료 사용을 어떻게 줄이게 하느냐이다.

셋째, 어떻게 책임의 기준을 세우는 문제가 있다. 이런 논의는 선진국의 역사적 책임이라는 문제에 이어지는데, 그렇다면 대기 중 온실가스 농도를 어느 수준까지 낮춰야 하고 누가 책임을 져야 질 것인가가 중요하다. 지금까지 합의한 내용은 1997년 교토 의정서에 따라 선진국이 2009년 대비 최소 5.2퍼센트의 온실가스를 감축하기로 한 게 전부다. 그러나 오히려 선진국의 온실가스 배출량은 늘어나고 있고, 최근에는 일본,

오스트레일리아, 캐나다 등 선진국이 이런 기준이 합당하지 않다고 문제를 제기하고 있다. 기본적으로 온실가스 배출을 줄이는 데는 동의하지만 그 책임을 선진국만 져야 하는 것은 아니라는 주장이다. 물론 전지구적 위기 상황인 만큼 모든 국가가 나서야 한다는 말은 맞다. 그럼 누구 더 책임이 큰 것일까?

대답이 쉽지는 않다. 지금 전세계 이산화탄소 배출량에서 중국, 미국, 인도가 차지하는 몫이 50퍼센트에 가깝다. 그러나 다른 온실가스와 산림 파괴에 따른 이산화탄소 흡수원의 소멸을 함께 고려하면 브라질이나 인도네시아처럼 열대우림이 있는 국가가 순위에 들어온다. 또한 이산화탄소 배출량을 인구로 나누면 중국의 순위는 미국보다 낮아지고, 오히려 카타르가 1위로 올라간다. 이렇게 기후변화의 책임을 이야기할 때 기후변화가 지닌 특성 탓에 매우 다른 기준들이 생겨나게 된다.

마지막으로, 과연 한 국가에서 배출되는 온실가스가 오로지 그 국가만의 책임이냐는 문제다. 동남아와 중국에서 들여오는 저가 제품을 쓰며 살아가는 요즘에 과연 그 제품을 생산할 때 배출하는 온실가스를 오로지 생산 국가만 책임져야 하느냐는 질문이다. 제품을 팔아 수익을 얻는 쪽은 그 나라이고 그 회사이니까 당연하다고 할 수 있지만, 다국적 기업이 개도국에 공장만 세워 제품을 생산하는 경우도 많고 무엇보다 저가 상품이 제품 생산국뿐 아니라 선진국 사람들의 삶에서 매우 중요한 구실을 하고 있기 때문이다. 그렇다면 이 제품을 만들어낼 때 배출된 온실가스는 오로지 개발도상국의 책임인 걸까? 또한 아마존과 보르네오 섬의 산림을 파괴하는 무분별한 산림 벌채도 결국 선진국의 산림 소비를 충족시키기 위한 게 아닐까? 기후변화의 복잡한 특성 탓에 기후변화 문제는 단순한 환경 문제가 아니라 정치, 경제, 사회 문제에 연결될 수밖에 없다.

기후정의 운동이 기후변화 대응 운동의 중심으로 대두된 지는 얼마 되지 않았다. 명확히 이야기하면 기후정의 운동은 각개전투를 하던 많은 기후변화 대응 운동 진영이 기후정의라는 깃발 아래 헤쳐 모인 것이나 다름없다. 다시 말해 기후정의 운동은 전혀 새로운 운동이 아니라 많은 목소리들이 결합한 산물이다. 기후변화를 둘러싼 논쟁은 기후변화와 인간의 활동이 어떤 상관관계가 있는지 밝혀내는 데 한동안 시간을 허비했고, 그 뒤 기후변화가 얼마나 부정의한가를 둘러싼 논쟁으로 넘어갔다. 원인 제공자와 책임이 없는 피해자들을 구분하면서 과학의 영역을 넘어서는 큰 그림으로 기후변화 문제를 바라보기 시작했고, 2000년 초반에 접어들어 여기에 인종과 계급 문제를 대입하기 시작했다. 2002년 인도네시아 발리에서 열린 민중회의에서 기후정의라는 개념을 쓰기 시작했고, 그 뒤 기후정의는 기후변화 대응 운동의 핵심으로 자리 잡았다.

이런 흐름은 해마다 연말에 진행되는 기후변화 당사국 총회에서 확인할 수 있다. 2000년대 초반과 중반까지 기후변화 문제를 둘러싼 시민사회 영역의 목소리는 '기후행동네트워크(Climate Action Network)'라는 국제 환경단체 모임이 대변했다. 기후행동네트워크는 기후변화 협상에 대응하려고 만들었는데, 기후변화를 둘러싼 과학 논쟁을 비판하고 선진국의 책임을 강조하면서 관련 국가들을 상대로 로비 전략을 세우는 등 정치 전략을 내세웠다. 그렇지만 제3세계 주민들의 처지를 대변하지 못하고 선진국 NGO들의 시각이 중심이 되자 연대체로서 지닌 한계가 비판받기 시작했다. 그 뒤 2007년 발리에서 열린 제13차 기후변화 당사국 총회에서 제3세계 NGO들과 진보적 환경단체들이 중심이 된 '기후정의네트워크(Climate Justice Now!)'라는 연대체가 결성됐다. 기후정의네트워크는 기후 문제가 인권 문제, 불평등 문제, 그리고 끊임없는 생산과 소비를 조장하는 시스템, 곧 자본주의 자체의 문제라고 주장했다. 그동안 제3세계의 불평등 문제와 선진국과 개도국 사이의 문제에 집중한 '남반구 중심(Focus on the Global South)'이나 '제3세계 네트워크(Third world Network)' 같은 시민단체는 물론 개도국의 풀뿌리 조직, 여성 단체, 농민 단체, 원주민 단체까지 기후정의네트워크에 참여하기 시작했다. 기후변화 협약 당사국 총회가 해를 거듭하면서 유럽 국가의 시민단체를 중심으로 기후정의를 내세우며 '기후정의행동(Climate Justice Action)'도 결성했다. '기후정의행동'은 유럽을 중심으로 한 선진국 환경단체와 그린피스, 세계 자연보호기금(WWF)과 국제 환경단체들을 망라했는데, 상대적으로 기후정의 문제에 목소리를 높이지 않던 환경단체들까지 기후정의의 필요성을 인식하기 시작했다고 볼 수 있다.

기후정의네트워크와 기후정의행동이 만들어지면서 2009년 코펜하겐에서 열린 제15차 기후변화 당사국 총회는 기후정의 운동이 핵심 쟁점이 됐다. 코펜하겐 총회는 2013년 이후 교토 의정서를 대체하려는 논의를 마무리하는 회의였기 때문에 시민사회는 큰 관심을 보였다. 회의 기간에 열린 NGO들의 도심 행진에는 10만 명이나 참여했다. 이 민중 행진을 기후정의네트워크와 기후정의행동이 주도하면서 '기후정의'는 기후 문제를 다루는 핵심 쟁점으로 부각됐다. 그 뒤 기후정의는 NGO뿐 아니라 정부도 쓰는 용어가 됐고, 지금은 기후변화 문제에서 빼놓을 수 없는 핵심이 됐다.

기후정의 운동이 본격적으로 의제를 생산하고 결집한 때는 2010년 볼리비아에서 열린 '기후변화와 지구 대지의 권리를 위한 세계 민중 총회'다. 코펜하겐에서 열린 COP 15가 전세계 시민사회에 실망만을 안겨주면서, 기후정의 운동에 전적인 지지를 보내던 볼리비아의 에보 모랄레스 대통령이 볼리비아에서 대안적인 전세계 사회운동의 민중 회의를 열자고 제안하면서 구체화됐다. '아메리카를 위한 볼리바르 대안(ALBA)' 국가들이 거들고 나서면서 제안은 더 힘을 얻었다. 참가자들은 지금의 자본주의 시스템이 가장 근본적인 문제라는 점을 상기하고, 자본주의 발전 모델이라는 질병을 치료하지 않는 한 기후변화를 막을 수 없으며 불평등 문제도 해결할 수 없다고 주장했다.

세계 각국에서 온 약 3만 명이 참가한 민중 총회에서 참가자들은 선진국들이 짜놓은 틀에 갇힌 기후변화 당사국 총회를 비판했다. 지구의 날인 4월 22일 열린 폐막 행사에는 5만여 명이 모여 공식 선언문을 채택했다. 선언문은 선진국들의 역사적 책임을 묻고 선진국이 개발도상국에 갚아야 할 '기후 부채(Climate Debt)'를 인정하는 내용에 더해 식량 주권과 원주민 인권 보장 등을 담고 있다. 특히 세계적 국민투표라는 세계 민주주의를 이야기하면서 유엔을 중심으로 한 강대국의 게임에 반대하고 시장 기반의 비민주적 규칙을 거부한다고 밝힌 뒤, 새로운 세계의 규칙을 만들자고 제안했다. 최근 5년 사이에 '기후정의 운동'은 주류 기후변화 대응 운동으로 성장했다. 자본과 시장을 기반으로 한 접근을 반대하며 어머니 지구와 인권을 지키는 데 힘을 보태는 사람들이 많아지고 있다.

많이 뒤처져 있기는 하지만 한국에서도 노동, 농민, 환경을 아우르는 기후정의 운동을 실현하려는 시도가 있었다. 그동안 기후변화협약 당사국 총회를 함께 준비하던 단체들이 일상적인 연대 단체 구성을 모색하다가 2011년에 노동, 정당, 환경, 시민, 사회 등 20여 개 단체가 모여 기후정의연대를 결성했다. 그러나 그 힘은 아직 아주 미약하다. 환경운동, 특히 기후변화 대응 운동의 기반이 약하기도 하고 중요 주체인 노동자와 농민이 감당해야 할 문제들이 쌓여 있기 때문에 기후변화에 온 힘을 쏟기 힘든 상황이다.

2011년 11월, 국제 공동 행동의 날에 참가해 남아프리카공화국 더반 시내를 행진하는 사람들.

기후정의는 앞서 말한 대로 서로 다른 진영에서 정의를 주장하던 그룹들이 한 우산 아래 모여 있는 모양새다. 그래서 이 흐름에는 1999년 세계무역기구에 반대하며 반세계화를 외친 사례나 세계 자본주의의 메카인 월가에서 금융 기관을 비판한 사례도 포함될 수 있다. 모두 정의라는 문제를 살펴보고 시스템을 전환하자고 이야기하는 목소리인 셈이다.

한국도 이제 기후변화에서 자유롭지 못한 상황에 놓여 있다. 온실가스 배출에 관련된 많은 책임을 지라는 국제 사회의 요구를 받는 동시에 이상 기후가 계속되면서 당장 기후변화의 피해자가 될 수도 있다. 한국의 기후변화 대응 또는 기후정의 운동은 중요성에 견줘 매우 뒤쳐져 있는 게 현실이다. 그렇지만 기후정의 운동이 단순히 기후나 환경에 관한 이야기가 아니고 지금 농민, 여성, 노동의 영역에서 고민하고 문제의 핵심으로 생각하는 자본주의 시스템을 향한 문제 제기라는 점을 고려하면, 한국에서도 곧 다시 같은 우산 아래 모여 힘을 모아낼 수 있을 것이다.

기후변화 문제를 풀기 위해 국내외 많은 나라와 단체들은 다양한 캠페인을 통해 시민들의 행동을 촉구하고 있다. 그런데 캠페인의 내용을 보면 심각한 기후변화를 막기 위해 에너지를 절약해야 한다고 강조한다. 기후변화가 심각하기 때문에 우리 모두 행동해야 하는 것은 맞다. 그런데 텔레비전을 틀면 뭔가를 사라고 세뇌하는 광고들이 쏟아지는 상황에서 시민들에게 에너지를 줄이고 기후변화를 막으라고 이야기하는 행동은 모순이다. 무언가 소비하고 자본이 끊임없이 돌아야만 생명을 이어갈 수 있는 자본주의는 에너지를 비롯해 지금의 소비적 삶을 자제해야만 해결할 수 있는 기후변화와 과연 함께할 수 있을까? 그렇기 때문에 기후정의를 외치는 사람들은 "기후변화가 아니라 시스템이 바뀌어야 한다(System Change, Not Climate Change)"고 이야기한다.

2009년 코펜하겐에서 열린 기후변화 당사국 총회에 참석한 베네수엘라 대통령 우고 차베스는 미국을 겨냥해 이런 말을 한다. "미국은 달러를 만들 수 있습니다. 그냥 찍어내는 거죠. 그리고 미국은 그렇게 생각합니다. 자기들의 은행과 자본주의 시스템을 지켰다(save)고……. 만약 기후가 은행이라면 이미 거기에 저축(save)을 해뒀어야 합니다."

미국을 비롯한 선진국들이 기후변화가 이렇게 심각해지게 방관하지 않고 기후를 잘 관리했다면(저축했다면) 지금의 위기는 없었을 것이라는 말이다. 그리고 인류에게 중요한 기후변화가 자본주의를 지키는 은행만도 못하느냐는 말이기도 하다. 경제 위기를 맞아 달러를 찍어내 경기를 부양하고 자본주의를 지키려 하면서 막상 더 중요한 기후변화 문제에 관련된 행동에는 전혀 나서지 않는 미국의 행태를 비꼰 것이다.

선진국들은 지금도 여전히 자본주의 시스템을 지키는 일이 지속 가능한 지구보다 중요한 듯하다. 그러니 눈앞의 경제성장과 지속 가능한 자본의 흐름을 더 중요하게 여길 수밖에 없다. 그렇다면 대안은 없는 걸까? 끊임없이 자신들의 자원과 지구의 미래를 자본을 상대로 거래해야 하는 걸까? 신자유주의에 맞서 자신들만의 리그를 만들기도 한다. 베네수엘라가 중심이 돼 라틴아메리카의 좌파 국가들이 모여 만든 ALBA가 대표적이다. 물론 ALBA가 지속 가능한 삶을 보장하는 완벽한 대안은 아니다. 그렇지만 적어도 기후변화에 대응하고 자본주의 시스템에서 빠져나올 수 있는 방안의 하나로 고려할 필요는 있다.

신자유주의를 부정하는 ALBA는 독자적인 원칙에 따라 운영되고 있다. ALBA의 운영 목적은 모두 9가지다. 첫째, 이윤이 아닌 국민들의 삶을 향상하고 협력을 바탕으로 회원국 간의 무역과 투자를 증진하며, 둘째, 모든 회원국 국민들에게 무상의료와 무상교육을 제공하고, 셋째, 회원국의 에너지 자원을 통합하며, 넷째, 미국과 지역 신자유주의 미디어에 대응하는 대안 미디어를 통해 라틴아메리카의 정체성을 확립하고, 다섯째, 회원국의 토지를 재분배하고 식량 안보를 지키며, 여섯째, 국영 기업을 육성하고, 일곱째, 기본 산업을 발전시켜 경제적으로 독립하며, 여덟째, 노동운동, 학생운동, 사회운동을 장려하고, 아홉째, 친환경 사업을 펼친다 등이다. 물론 이런 목적은 개별 국가가 달성할 수 없다. 베네수엘라를 필두로 한 이 동맹은 초기에는 쿠바와 함께 2개국으로 시작됐지만, 지금은 남미 3개국(베네수엘라, 볼리비아, 에콰도르), 중남미 2개국(온두라스, 니카라과), 카리브해 연안 4개국(쿠바, 도미니카, 세인트빈센트그레나딘, 엔티가바부다)을 합한 9개 가입국, 4개 초대국(멕시코, 아르헨티나, 파라과이, 자메이카), 1개 옵서버(베트남)로 구성된 대규모 무역 공동체로 성장했다. 동맹에 속한 국가들은 서로 필요한 것을 나눈다. 베네수엘라는 쿠바에서 의사와 교사를 들여오고 대신 석유를 준다. 자본이 폭력적인 힘을 바탕으로 누군가의 희생을 강요할 수 없게 된다. 자본을 위해 우리의 미래를 팔지 않아도 되는 것이다. 물론 이런 동맹은 동맹국 사이의 끈끈한 믿음과 유대가 있어야 실현된다. 그런 점에서 ALBA가 베네수엘라의 값싼 석유를 중심으로 유지되고 있는 현실은 아쉽다. 재생 가능 에너지를 중심으로 하는 구조로 전환된다면 동맹의 미래는 더욱 밝지 않을까?

기후변화 막다가 경제가 맛 간다?

기후변화를 막으려고 전세계가 힘을 모으는 흐름에 미국이 찬물을 끼얹었었다. 2001년 기후변화협약에서 탈퇴한 것이다. 기후변화에 가장 책임이 큰 미국이 빠지면서 교토 의정서를 통해 뭔가 바꿔보자는 목소리는 힘이 빠졌다. 미국 대통령은 조지 W. 부시였다. 조지 부시는 이 협약이 "우리 경제에 해롭고(Harm) 우리 노동자들을 힘들게(Hurt) 한다"며 탈퇴한 이유를 댔다. 실제 이런 경제 위기가 올 수 있다는 전망을 뒷받침한 연구도 있다. 2009년 환경개발국제연구소(IIED)는 기후변화에 적응하는 데 해마다 1조 5000억 달러가 필요하다고 예측했다. 그런데 과연 기후변화를 막으면 비용만 많이 들고 경제가 나빠질까? 그리고 경제가 나빠지는 게 가장 큰 문제일까?

　먼저 기후변화 대응에 따른 비용과 경제 위기의 문제를 살펴보자. 사실 기후변화가 심각해지면서 적극적인 노력과 참여를 통해 기후변화 대응 비용을 줄일 수 있다는 반론도 나왔다. 2012년 영국의 온실가스 감축 목표 달성에 관한 보고서에서 영국 기후변화위원회는 이제까지 많은 보고서가 큰 비용이 든다고 전망했지만 GDP 1~2퍼센트 수준이면 2050년까지 목표를 달성할 수 있다는 결론을 내렸다. 2009년부터 진행된 논쟁을 반영한 결론인데, 인구 감소, 경제 상황의 변화, 시민 참여 등을 포함해 다양한 수단을 고려할 때 충분히 가능하다는 것이다.

오히려 기후변화에 적극 대응하지 않는 방식으로 미래의 GDP에 영향을 줄 수 있다는 연구도 있다. 영국의 주요 일간지《가디언》도 기후변화 탓에 해마다 40만 명이 사망했고, 전세계 GDP 중 1.6퍼센트에 해당하는 금액인 1조 2000억 달러가 감소하고 있다고 밝혔다. 2012년 인도주의 단체인 국제개발지원연구협회(DARA)가 발표한 보고서〈기후 취약 관찰(Climate Vulnerability Monitor)〉에 따르면 기후변화 탓에 2010년 약 500만 명이 사망하고 20만 명이 재난과 기아에 시달렸으며, 2500만 명이 대기오염 피해를 입었다. 특히 이런 피해는 개발도상국처럼 기후변화와 대응에 취약한 국가에 집중된다. 기온이 섭씨 1도 올라가면 자기 나라의 농작물 생산량이 10퍼센트 줄 것이라고 말하는 방글라데시 총리 세이크 하시나(Sheikh Hasina)는 농산물 수출이 줄면 GDP가 줄 뿐 아니라 식량 안보에 큰 문제가 생긴다고 염려한다. 이렇게 지금 바로 기후변화에 대응하지 않으면 커다란 경제적 손실을 입을 뿐 아니라 인명 피해와 식량 감소 등이 이어져 우리 삶 자체가 위협받게 된다. 지금 들어가는 비용을 줄이는 문제를 놓고 다툴 게 아니라 미래의 손실을 막기 위한 지금의 행동이 필요하다.

그런데도 그 행동 때문에 눈앞에서 경제적 손실이 발생한다면 아직 다가오지 않은 미래의 손실보다 충격이 클 수밖에 없다. 기후변화를 막기 위해 화석연료 사용량을 줄이고 온실가스 배출을 억제한다고 해서 반드시 경제 위기가 닥치는 것은 아니다. 다만 에너지 시스템과 산업 구조의 전환은 피할 수 없다. 그래서 석유 자본이 많은 미국이 이런 문제를 트집 잡아 기후변화협약에서 탈퇴한 것이다. 근본적인 문제를 해결하는 과정에는 많은 진통이 따른다. 많은 사람이 직장을 잃을 수 있고, 에너지 다소비 산업은 설 자리를 잃게 될 것이다. 그러나 반대로 재생 가능 에너지를 중심으로 새롭게 만들어지는 시장을 통해 새로운 일자리와 산업이 생겨난다. 기후변화 대응으로 경제 위기가 초래된다는 논리는 위기라는 측면만 부각한다. 그러나 다른 한편에는 많은 기회들이 기다리고 있다.

어떤 기회가 있을까? 기후변화 대응이 고용에 미치는 영향을 분석한 연구를 살펴보자. 2007년 유럽노동조합연합(ETUC)이 온실가스 저감 정책의 영향을 받을 유럽 지역의 고용 흐름을 추정한 연구에서는 전반적으로 화석연료에 기반을 둔 에너지 집약적 산업에서 고용이 줄어든다고 예측했다. 철강 산업의 경우 기후 정책에 따라 에너지 가격 등 비용이 상승하면서 유럽연합 25개 국가의 35만 개 일자리 중 5만 개가 사라질 수 있다. 물론 얼마나 과감한 온실가스 저감 목표를 세우고 어떤 방식으로 그 목표를 달성할지 예측한 시나리오에 따라 결과는 다양하게 나타나지만, 일자리는 줄어든다는 게 결론이다. 그렇지만 모든 일자리가 줄어든다고 이야기하는 것은 아니다. 이미 있는 일자리, 특히 에너지 다소비 산업의 일자리가 줄어드는 반면 재생 에너지에 직접 관련된 일자리는 50퍼센트 늘 것이라고 예측한다. 또한 화석연료 발전 분야의 일자리는 에너지 효율과 재생 에너지 분야 일자리로, 도로 교통 분야 일자리는 철도와 대중교통 분야 일자리로 대체되며, 건물 에너지 효율에 관련된 일자리는 새로 만들어질 가능성이 있다고 한다.

기후 식민주의 ― 기후변화와 새로운 전근대

18세기 영국을 시작으로 19세기 미국, 독일, 일본까지 이어진 산업혁명에는 더 많은 에너지와 자연 자원이 필요했다. 선진국들은 늘어난 수요를

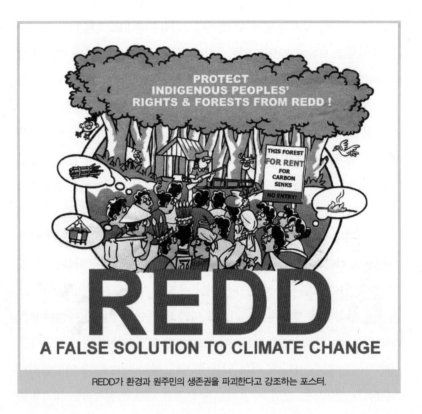

REDD가 환경과 원주민의 생존권을 파괴한다고 강조하는 포스터.

식민지 확보라는 부적절한 방식으로 해결했다. 그리고 지금 경제 위기와 기후변화라는 두 가지 위기가 닥친 상황에서 선진국들은 또다시 같은 방식으로 문제를 풀려고 한다.

17~18세기하고 다른 점이라면 무력을 통한 점령이 아니라 자본을 통한 점령이라는 것뿐이다. 명분은 기후변화 대응이다. 선진국들은 온실가스 배출 기준을 높게 정해 온실가스를 많이 배출하는 기업들을 자국에서 퇴출시키면서도 자국 기업이 다른 나라에서 온실가스를 배출하는 문제는 애써 외면했다. 온실가스 감축을 노린 정책이라지만 기업들이 자기나라에서 배출하던 온실가스를 해외에 나가 배출하게 만들었을 뿐이다.

개도국은 이렇게 들어오는 기업을 마다할 이유가 없다. 기업이 들어오면 고용이 늘고 세수가 늘어난다고 생각하기 때문이다. 온실가스 감축 의무도 없고 온실가스 배출량도 상대적으로 적으니 온실가스를 조금 더 배출하는 문제를 심각하게 여기지 않는다. 개도국은 결국 자국의 배출권을 외국 기업에 기꺼이 팔아버리는 셈이다. 그리고 여전히 이것을 윈윈 전략이라고 이야기한다.

사례는 아주 많다. 불법 벌채를 막아 이산화탄소 산림 흡수원을 지킨다는 REDD와 조림 사업을 통해 흡수원을 늘린다는 REDD+ 사업을 보자. 산림 파괴를 막고 산림 면적을 늘린다는 목적은 겉으로 보면 아주 좋다. 그렇지만 조림 사업은 이미 오랜 시간 원주민들이 자기들만의 문화와 삶을 지키며 살아온 지역에서 많이 진행된다. 파괴된 열대우림을 되살린다는 사업이 펼쳐지는 곳은 원주민 거주 지역일 확률이 더 높다. 조림 사업 대상으로 숲이 묶이면서 원주민들은 졸지에 삶의 터전을 잃고 있다. 선진국이 돈을 대면 현지 정부는 대상 지역을 개발제한구역으로 묶어 땅을 몰수하고 원주민을 내쫓는다. 이런 방식이 산림 보호라는 미명 아래 자행된다. 결국 기후변화를 막으려는 행동 때문에 원주민의 문화, 언어, 삶이 모두 사라지게 된다.

원주민환경네트워크(IEN)는 REDD 사업이 선진국과 대기업에 온실가스 감축권을 주면서 원주민과 산림을 내어주는 짓이라고 비판한다. 그리고 약 600만 명의 원주민이 숲을 기반으로 살아가고 있다는 유엔식량농업기구(FAO)의 연구 결과를 바탕으로 숲은 단순히 개척을 위한 무대가 아니라 우리의 삶과 생명이 깃든 곳이라고 이야기한다. 파푸아뉴기니나 페루처럼 이미 REDD 사업이 진행된 곳에서는 인권 유린, 강제 퇴거, 사기, 갈등, 부패, 군사화가 진행 중이다. 선진국과 대기업은 온실가스를 감축하기 위해 의도적이거나 의도하지 않은 방법으로 다른 국가들을 희생시키고 있는 것이다. 그렇기 때문에 원주민환경네트워크 등 원주민 단체와 기후정의를 주장하는 국제 NGO들은 21세기의 새로운 기후 식민주의를 비판하고 있다.

부수적 피해 — 기후변화 대응과 기술 맹신

50년 전 만해도 누구나 핸드폰으로 영상을 보며 통화하고 언제든 인터넷으로 필요한 정보를 주고받을 수 있는 지금의 삶은 상상 속에서나 가능한 일이었다. 눈부신 기술 발전이 편리한 삶을 가능하게 했다. 기후변화 분야에서도 기술을 개발해 기후변화의 영향을 줄이거나 이산화탄소 배출량을 줄이려는 다양한 시도가 있었다. 그렇지만 이런 기술 의존적인 방식은 또다시 몇 가지 문제를 불러온다. 첫째, 기술을 맹신한 결과 당장 실행할 수 있는 변화를 생각하지 않고 새로운 기술만 기다리며, 그나마 인류에게 얼마 남지 않은 시간을 허비하게 한다. 둘째, 여러 가능성과 기술이 논의됐지만, 아직까지 그런 주장을 펼친 사람들의 이야기처럼 획기적으로 온실가스를 줄이거나 기후변화 속도가 늦춰지는 결과가 나타난 적이 없다. 마지막으로, 어설프게 제시된 기술들이 오히려 갈등을 더욱 부추기는 현실이 곳곳에서 목격되고 있다.

　몇 가지 사례를 살펴보자. 탄소포집 저장 기술은 발생된 이산화탄소를 모아 대기로 배출되지 못하게 격리시킨 뒤 모아놓은 탄소를 해양, 지중, 지표 등에 저장하는 기술이다. 그러나 아직은 탄소를 저장하는 과정에서 문제가 생길 수 있어 상용화되지 않았다. 폐유정, 폐가스전, 폐석탄층 등 자원을 추출하고 남은 빈 공간에 저장하는 방식이 가장 많이 논의되고 있다. 그러나 이런 방식은 탄소를 단순히 저장하는 기술이기 때문에 배출을 막는 근본적인 해결책이 아닐뿐더러 자칫 사고라도 나면 많은 양의 이산화탄소가 한꺼번에 유출되는 큰 사고로 이어질 수 있다. 또한 이기술이 상용화되면 큰 사회적 문제를 불러올 것이다. 핵폐기물 저장소 부지 선정 문제처럼 어디에 저장소를 둘지, 만일의 경우 일어나는 사고를 어떻게 책임질 것인지 등 말이다. 그런데도 우리 삶을 바꾸지 않고 지금의 소비 행태와 편리한 삶을 유지하게 해줄 수 있다는 맹신 탓에 기술을 통한 이런 해결 방식은 아직도 논의 중이다.

또 다른 예는 이미 익숙한 바이오에너지다. 바이오에너지의 부작용에 관해 들어본 이들도 이제는 꽤 많아졌다. 석유를 대체할 기술로 거론되는 바이오에너지는 그나마 다른 기술에 견줘 많이 발전해 있다. 바이오에너지는 풍력과 태양광 같은 친환경 대체에너지의 하나로 많이 소개되고 있고, 바이오에너지 중 바이오연료가 자동차 연료로 쓰는 휘발유와 경유(디젤)를 대체할 수 있다고 보는 사람도 있다. 그렇지만 문제는 바이오연료가 친환경적이지 않을 수 있으며 실제로 많은 사회 문제를 일으키고 있다는 사실이다. 바이오연료에는 바이오디젤과 바이오에탄올 등이 있는데, 원료인 바이오매스로 무엇을 쓰느냐에 따라 달라진다. 바이오매스에는 축분부터 목질계 등 사탕수수나 유채 같은 식물들도 포함된다. 문제는 사탕수수나 유채 같은 식물들로 바이오에너지를 얻어 석유를 대체하는 기획이 지속 가능하지도 않고 친환경적이지 않다는 점이다. 석유 소비를 바이오에너지로 대체하려면 얼마나 많은 바이오매스가 필요하고, 이 바이오매스를 생산하려면 얼마나 많은 땅이 있어야 할까?

바이오에너지로 활용하려면 유분이 많이 든 원료가 좋은데, 이런 작물들은 햇볕이 좋고 유기물이 많은 열대우림에서 잘 자란다. 열대우림은 우리 지구의 허파이자 이산화탄소를 흡수하는 고마운 존재다. 그런데 갑자기 바이오에너지를 찾는 수요가 늘면서 변화가 시작됐다.

식량을 연료로 쓰는 데 반대하는 캠페인에 쓰인 포스터.

지금 많은 바이오에너지 자원을 생산하고 있는 아마존, 인도네시아, 말레이시아의 열대우림 지역이나 라틴아메리카 지역 모두 전통 방식으로 식량을 가꿔왔다. 그런데 갑자기 팜, 옥수수, 콩 같은 작물의 가격이 오르면서 대규모 농업이 나타나고 돈이 되는 바이오 작물을 심기 시작했다. 옥수수처럼 주식이 되던 작물의 가격이 너무 올라 평범한 시민들은 살수 없게 됐고, 대체 작물도 덩달아 공급이 달리면서 가격이 올라갔다. 결국 2007년에서 2008년 이집트, 멕시코, 방글라데시 등 많은 국가에서 식량 구할 돈이 모자라 시민들이 기아에 허덕이는 사태가 벌어지면서 폭동이 일어나기도 했다. 기후변화를 막는다는 명분으로 시작했지만, 이 해결책은 산림 파괴와 식량 문제라는 또 다른 갈등을 만들어냈다. 기후변화를 막아낼 근본적인 해결책 없이 지금의 삶을 이어가는 방식은 더 큰 사회 문제를 불러온다.

단순한 수학 문제다. 한 달에 100만 원을 버는 A씨 가정은 그동안 한 달에 200만 원씩 써서 1000만 원의 빚을 지고 있다. 늘어나는 빚을 감당하기 힘들어 회계사의 도움을 받기로 했다. 사정을 들은 회계사는 "수입의 두 배를 쓰시니까 그런 것 아닙니까. 버시는 만큼만 쓰는 습관을 기르세요"라는 가장 기본적인 조언을 했다. A씨 가정은 10년 뒤 과연 어떻게 돼 있을까?

탄소 중립이란 이런 것이다. 탄소 중립은 경제 활동으로 배출되는 탄소의 양이 전혀 없는 상태가 되는 것을 가리킨다. 말 그대로 받아들이면 탄소 중립은 매우 윤리적이고 환경적인 활동이다. 그렇지만 여기에는 여러 함정이 도사리고 있다. 첫째, 이미 온실가스 배출량이 지구가 수용할 수 있는 양을 넘어섰다는 점이다. 유엔개발계획(UNDP)은 2008년 관련 보고서를 내어 전세계가 배출하는 온실가스 양이 29기가톤(Gt)에 이르러 지속 가능한 탄소 배출량 대비 2배를 넘어섰다고 경고했다. 빠른 산업화가 진행 중인 개발도상국들이 선진국 생활 수준에 이르면 3~9배 정도에 이를 것으로 예상된다고 한다. 파국적 결말을 막기 위해 지금은 중립이 아니라 감축이 필요하다. 중립은 자기 위안식 '면죄부'에 지나지 않는다.

둘째, 그나마도 면죄부를 받으려고 돌려막기를 시도한다는 점이다. 해외 자원 개발이 대표적이다. 2008년 대우로지스틱스는 아프리카의 마다가스카르에서 경상남도 면적보다 넓은 130만 헥타르의 땅을 99년간 빌렸다가 주민들이 거세게 반발하자 계약을 취소했다. 대우로지스틱스는 농지를 개발해 절반 정도는 팜 오일 농장을 조성한 뒤 바이오연료를 생산한다는 계획을 갖고 있었다. 그 넓은 땅에서 만들어진 바이오연료가 자동차 연료로 쓰인다면 어느 정도 온실가스를 줄이는 효과가 있을 것이다. 그렇지만 우리에게 농지를 빼앗긴 마다가스카르는 끊임없는 식량난을 겪어야 하고, 이윤을 창출해야 하는 농장식 운영은 마다가스카르의 온실가스 배출량을 늘릴 수밖에 없다. 한국은 그밖에도 인도네시아 등에서 대형 팜 오일 농장을 조성해 운영 중이다. 옥스팜(Oxfam) 같은 국제 NGO들이 선진국들이 탄소 상쇄를 빌미로 바이오연료라는 새로운 식민주의 무기를 꺼내고 있다고 비판하는 이유가 바로 이것이다.

셋째, 한 사회가 탄소 중립이라는 개념을 받아들이려면 '대기'라는 공유재에 상품 가치를 부여해야 한다는 점이다. 탄소 중립은 배출하는 양만큼 줄이는 방식이기 때문에 과학의 영역처럼 보이지만, 관련 사실을 관리하고 입증하려면 가상의 상품성을 인정해 시장의 영역으로 전환시키는 힘이 작용하고 있다. 교토 의정서에서 인정하고 있는 유연성 체제가 그런 힘이다. 배출권 거래제, 공동 이행, 청정 개발 체제로 대표되는 유연성 체제는 배출되는 온실가스에 가격을 책정하며, 개별 감축 행위가 없더라도 온실가스 거래를 통한 감축을 인정하고 있다. 이 제도는 실효성이 있었을까? 전세계 탄소배출권의 97퍼센트가 거래되는 유럽연합의 탄소 시장은 준비 기간과 1차 기간까지 합쳐 8년이 지났지만 지금 사상 최악의 사태를 맞이하고 있다. 톤당 거래가가 처음 도입할 때보다 80퍼센트 이상 낮아져 유럽 기업들은 애써 돈을 들여 온실가스 저감 시설을 갖출 필요가 없게 됐다. 그냥 시장에 값싸게 나온 온실가스 배출권을 사들이면 되기 때문이다. 주요 선진국들이 자국 내부의 감축을 피하고 개도국에서 배출권을 확보하는 데만 주력한다면 온실가스 절대 총량이 줄어들 가능성은 전혀 없다고 해도 지나친 말이 아니다. 탄소 중립 제도가 이윤 추구가 목적인 시장을 만났을 때 나타날 수 있는 부작용이 지금 모두 드러난 셈이다.

그런데도 탄소 중립이라는 신화는 꺾일 줄 모른다. 여전히 기업들은 나무를 심거나 일회용 컵을 쓰지 않는 식으로 친환경 이미지를 쌓으려 한다. 이윤을 극대화하려고 개발도상국에 공장을 지으면서도 온실가스 배출량이 약간 줄어드는 설비를 덧붙여 친환경 공장을 건설했다고 홍보한다. 상쇄량에 비교도 되지 않을 만큼 많은 온실가스 배출량을 뒤에 감춘 채 말이다. 결국 탄소 중립이란 현실적인 개념이라기보다는 개별적 행위의 상징에 지나지 않는다.

법이나 제도 차원의 지원은 더 심각하다. 한국이 2015년에 도입할 예정인 온실가스 배출권의 무상 할당 비중은 95퍼센트에 이른다. 또 감축 기간 안에는 배출권을 이월할 수 있다고 인정해 배출권을 장사 수단으로 활용할 수 있는 길까지 열어뒀다. 반면 목표를 지키지 않았을 때 부담하는 과징금은 톤당 최대 10만 원 수준이다. 기업들이 수천 억 원의 시설을 투자하거나 생산을 조절하게 할 정도의 강제 조치가 되기 힘들다. 현재 온실가스 목표관리제가 시행 중이지만 정부는 이 제도를 강화하면 기업이 질 부담이 크기 때문에 '현실적'이지 못하다고 주장한다. 물론 목표관리제도 허술한 처벌 규정 탓에 실효성이 없기는 하지만, 배출권 거래제를 도입해 기약 없이 수정하고 보완하면서 막대한 재정을 투입하기보다는 제도를 개혁하는 편이 훨씬 '현실적'이다.

2010년 제3세계 NGO들이 주축이 돼 진행한 기후변화 세계 민중 총회는 탄소 중립 신화를 신랄하게 비판한다. 탄소 중립은 자본이 자신들의 이윤을 지속 가능하게 하기 위해 만든 환상에 지나지 않으며, 자연과 인간의 조화나 지구 대지의 권리, 원주민들의 삶을 인정하지 않는 기후 부정의의 대표 사례라는 것이다. 또한 직접적인 감축 행동 없이 기술주의에 기반을 둔 행위를 인정하는 방식은 불확실성으로 가득 찬 미래를 지나치게 낙관적으로 본 결과라고 비판했다. 탄소 중립을 강조할수록 사회적 부정의가 확대되고 그만큼 근본적인 대응은 더욱 늦어질 뿐이라는 말이다.

탄소 중립은 올바른 방향이 아니다. 쓰는 양만큼을 줄이는 행동이기 때문에 '윤리적' 의미가 있을 수는 있다. 그러나 이미 지나치게 많이 배출된 온실가스 문제를 해결하는 대안이 되지 못한다는 점, 그리고 과다 배출할 수밖에 없는 사회 시스템에 면죄부를 준다는 점에서 '사회적' 방향이라고 볼 수는 없다. 기업은 환경을 내세우며 에너지 집약적 생산 활동을 관성적으로 이어가고, 소비자는 '에코'라는 이름이 붙은 딱지에 안도하며 과잉 소비를 계속하는 상황은 사회적 부정의에 다름 아니다. "이 카드를 사용하시면 온실가스 ○○kg을 줄일 수 있습니다"라는 카피는 고도의 마케팅일 뿐이지 지구 온난화를 완화하는 데 어떤 도움도 되지 않는다. 필요 없는 소비를 줄여 소비 행위 중 배출하는 온실가스를 줄이고, 그 자금으로 재생 가능 에너지 시스템에 투자하는 쪽이 훨씬 도움이 된다.

산림과학원에서 개발한 탄소나무계산기라는 게 있다. 내가 배출하는 온실가스를 상쇄하려면 얼마나 많은 나무를 심어야 하는지를 계산하는 도구다. 우리 가족의 연간 온실가스 배출량은 5988킬로그램이고, 이 배출량을 상쇄하려면 해마다 2156그루의 어린 소나무를 심어야 한다. 하루 6그루다. 우리 가족이 특별히 온실가스를 많이 배출하는 것도 아니다. 전기와 가스는 평균 가정 수준이고 자동차는 없다. 쓰레기나 그밖의 다른 요소는 뺀 수치다. 자, 이제 선택의 시간이다. 탄소 상쇄를 하려고 하루 6~10그루의 나무를 죽을 때까지 심든지, 온실가스를 배출하는 시스템 자체를 바꾸는 노력을 하든지. 무엇이 합리적일까.

기후변화와 어머니 대지의 권리를 위한 세계 민중 총회
(2010년 4월 22일 볼리비아 코차밤바)의 민중 협정

오늘날, 우리의 어머니 대지는 상처를 입었고 인류의 미래는 위험에 놓여 있다.

"코펜하겐 협정"에서 규정된 것처럼 지구 온도가 섭씨 2도 이상 올라가면 우리의 어머니 대지 전체가 영원히 돌이킬 수 없는 피해를 입게 될 가능성이 50 퍼센트로 예측된다. 생물종의 20~30퍼센트는 멸종 위기에 놓일 것이다. 삼림의 대부분이 영향을 받고, 가뭄과 홍수가 지구상의 각기 다른 지역에 영향을 주게 되며, 사막화는 확대되고, 극지의 얼음이 녹고, 안데스 산맥과 히말라야 산맥의 빙하는 줄어들 것이다. 많은 도서 국가들이 사라질 것이며, 아프리카는 섭씨 3도 이상 온도가 올라갈 것이다. 게다가 전세계적으로 식량 생산은 줄어들고, 지구상의 드넓은 지역에서 삶의 터전이 궤멸적으로 파괴되고, 전세계적으로 기근에 시달리는 사람들이 증가할 것이다. 그 수가 이미 1억 2000만 명을 넘어섰다.

과학계의 한 축과 공모 관계인, 이른바 '선진국'이라고 불리는 국가들의 기업과 정부는 자본주의 시스템이라는 원인에 관한 성찰 없이 온도 상승을 제한하는 문제로 기후변화를 이끌었다. 우리의 세련된 모델은 종착지에 이르렀고 위기에 직면했다. 그 모델은 가부장적이고, 산업혁명 이후로 가속화된 인류와 자연의 복종과 파멸에 기반을 두고 있다.

자본주의 시스템은 경쟁과 전진, 무한 성장 원리를 도입했다. 이 생산과 소비 체제는 고삐 풀린 이윤 창출을 추구하고, 자연에게서 인류를 분리하며, 자연에 관한 지배 논리를 도입했고, 모든 것을 상품화했다. 물, 지구, 인간 게놈, 문화유산, 생물종 다양성, 정의, 윤리, 인간의 권리와 삶 등 모든 것을 말이다.

자본주의 체제하에서 지구 대지는 날 것의 자원으로 취급될 뿐이다. 그리고 인류는 소비자이자 생산수단이고, 사람들은 지구를 자기 자신을 위한 가치만으로 바라볼 뿐 자기 자신으로는 여기지 않는다.

자본주의는 민중의 저항을 억압하고, 영토와 자연 자원을 쥐락펴락하는 제도를 도입하고 축적하는 과정을 위해 강력한 군사적 사회를 요구한다. 그것이 지구를 식민지화하는 제국주의 시스템이다.

인류는 거대한 난관에 부딪혀 있다. 자본주의, 약탈, 죽음의 길로 계속 갈 것이냐, 아니면 자연에 조화롭게 살고 생명을 존중하는 길을 택할 것이냐 하는 선택 말이다.

우리가 자연과 인류의 조화를 회복하는 새로운 체제를 구축하는 것은 필수불가결하다. 그리고 자연과 균형을 맞추기 위해 인류가 평등해져야 하는 것은 무엇보다 중요하다. 우리는 세계의 민중들에게 회복, 가치 복원, 원주민들의 지식과 지혜, 관습을 확장하자고 제안한다. 원주민들은 인류와 개인적이고 상호 의존적이며 상호 보완적이고 정신적인 관계로 엮인 살아가는 생명체인 지구 대지를 인지하는 방법으로서 '잘 사는 법'에 관한 생각과 방법을 단적으로 보여준다.

기후변화에 직면한 우리들은 생명의 원천으로서 지구 대지를 인정하고, 다음 같은 원칙에 기초한 새로운 시스템을 구축해야 한다.

· 모든 것과 모든 것 사이의 조화와 균형
· 상호 보완, 연대, 평등
· 공동의 행복과 모든 사람이 지닌 기본 필요의 충족
· 자연하고 조화하는 인간
· 인류가 가진 것이 무엇인지가 아니라 스스로가 누구인지에 대한 인지
· 식민주의, 제국주의, 간섭주의의 모든 형태의 제거
· 인류와 어머니 대지의 평화

우리는 무제한적이고 파괴적인 개발 모델을 지지하지 않는다. 모든 국가들은 자국민의 기초 수요를 충족시키기 위해 필요한 상품을 생산하고 제공해야 한다. 그러나 부유한 국가들의 생태발자국은 지구가 수용할 수 있는 양보다 5배 이상 높기 때문에 결코 지속적으로 성장할 수 없다. 현재 이미 지구의 재생력을 30퍼센트 이상 초과했다. 우리 지구 대지를 과잉 개발하는 시스템이 계속된다면 2030년 무렵에는 2개의 별이 필요할 것이다. 인류가 지구의 구성요소 중 하나에 불과한 상호 의존적 시스템 안에서는 전체 시스템을 불균형하게 만들지 않고 인간이 유일한 권리를 행사하기란 불가능하다. 인간의 권리를 보장받고 자연하고 조화를 회복하기 위해서는 지구 대지의 권리를 실질적으로 인지하고 지원하는 행동이 필요하다. 따라서 우리는 '어머니 대지의 권리에 관한 전세계 선언'을 위해 다음 과제를 제안한다.

· 생명과 생존의 권리
· 존경받을 권리
· 생물 수용력의 재생 권리와 인간의 개조 행위에서 벗어나 생명을 유지하기 위한 순환을 계속할 권리
· 차별화된 존재이며 자율적이고 상호 관계를 가진 존재로서의 본래의 모습과 독자성을 유지할 권리
· 생명의 근원으로서 물을 공급할 수 있는 권리
· 공기를 깨끗하게 할 수 있는 권리
· 종합적인 건강의 권리
· 오염과 공해, 독성 폐기물이나 방사능 폐기물에서 자유로울 권리
· 어떤 의미로는 본연의 모습이나 활력 있고 건강한 기능을 위협하는 유전적 구조를 개조하고 수정하는 것에서 자유로울 권리
· 이 선언에서 명시돼 있는 권리들이 인간의 활동으로 침해받는 상황에 대해 즉각적이고 충분한 회복의 권리

'전세계 공유 비전'은 효과적인 유엔 기후변화협약의 2조를 만들기 위해 온실가스 농도를 안정화하기 위한 작업이다. 기후변화협약 2조에는 '기후 시스템이 위험한 인위적 행위를 막기 위한 수준으로 대기의 온실가스 농도를 안정화'해야 한다고 적시돼 있다. 우리의 비전은 역사적인 공동의 차별화된 책임의 원칙에 기초해 있다. 이 원칙은 온실가스 농도를 전지구의 평균 기온 상승을 최대 섭씨 1도로 제한하는 300피피엠으로 되돌릴 수 있게 선진국에 수량화된 감축 목표를 요구하는 것이다.

민중들과 대응 운동, 세계 각국의 지지와 함께 이런 비전을 달성하도록 조속히 행동할 것을 강조한다. 이것은 협약의 궁극적인 목표에 동의하며 지구의 기후 시스템이 평형을 유지하는 상태를 찬성하는 우리의 비전이 유지되는 동안 선진국들이 단기 목표를 포함해 의욕적인 온실가스 감축 목표를 수립하도록 논의해야 한다는 것을 말한다.

기후변화협상에서 진행되는 "장기협력행동의 공유 비전"에 관한 논의는 대기 중 온실가스 농도나 증가하는 기온을 제한하는 것으로 의제가 되면 안 되지만, 능력 형성, 생산과 소비의 양상, 그밖의 자연과 조화를 추구하는 어머니 대지를 인정하는 차원에서 필요한 요인들에 관한 균형적이고 필수적인 방법들은 포함돼야 한다.

기후변화의 주요 원인이자 역사적 책임을 갖고 있는 선진국들은 반드시 정의롭고 효과적이며 과학적인 기후변화 해결책을 기본으로 할 수 있는 모든 역량을 동원해 기후 부채를 책임지고 인정해야 한다. 이런 차원에서 우리는 선진국에 이렇게 요구한다.

· 선진국의 온실가스 때문에 침해받은 개발도상국들의 대기 공유지를 복원하라. 이것은 선진국의 온실가스를 흡수하고 줄여서 대기 공유지에 관한 식민화를 해체하는 것을 의미한다.
· 개발도상국들이 제한된 대기 공유지에서 살아가느라 잃어버린 발전의 기회를 만들기 위해 필요한 재정과 기술을 이전하라.
· 선진국들이 주도한 기후변화 정책 때문에 이주해야 했던 수백만 민중들에 관한 책임을 인정하라. 또한 선진국들은 인간의 권리를 충분히 보장받는 좋은 삶을 포기해야 했던 개발도상국 주민들을 괴롭히고 있는 제한적 이주 정책을 철폐하라.
· 선진국이 배출하는 지나치게 많은 온실가스 때문에 늘어나고 있는 피해를 막고, 최소화하며, 막을 수 있는 수단을 제공해 개발도상국들이 기후변화로 겪는 영향에 관련된 적응 부채(adaptation debt)를 인정하라.
· 지구 대지의 권리에 관한 유엔 전세계 선언을 채택하고 이행함으로써, 이런 부채를 지구 대지에게 진 많은 빚의 일부로 인정하라.
· 재정적 배상에 초점을 맞출 뿐만 아니라 우리의 지구 대지와 모든 생물체에게 순수의 복원을 의미하는 정의를 회복해야 한다.

우리는 교토 의정서를 폐기하려는 국가들이 품은 의도를 개탄한다. 교토 의정서는 선진국들의 온실가스 배출 감축을 명문화한 유일한 법적 기제다.

우리는 감축 의무가 있는데도 1990년부터 2007년까지 11.2퍼센트 배출 규모가 증가한 선진 국 세계를 고발한다.

같은 기간 동안 무분별한 소비 때문에 남아프리카공화국은 온실가스 배출량이 16.8퍼센트 증 가했고, 1인당 이산화탄소 배출량은 평균 20~23톤에 이르렀다. 이런 수치는 '제3세계' 주민 평균의 9배가 넘고, 사하라 사막 이남의 아프리카 주민 평균에 견주면 20배가 넘는다.

우리는 변칙에 지나지 않는 '코펜하겐 협정'을 단호히 거부한다. 코펜하겐 협정은 자발적이고 개별적인 수단에 기초해 온실가스를 줄이기 때문에 선진국에게는 면죄부나 다름없고, 지구 대 지의 환경이 지닌 본연의 모습을 해칠 수밖에 없으며, 지구의 온도를 섭씨 4도 정도 상승시킬 것이다.

2010년 말 멕시코에서 열리는 다음 당사국 총회에서는 2013년부터 2017년까지 2차 이행 기 간을 위해 선진국이 자신들의 경계 안에서 1990년 대비 최소 50퍼센트 정도의 온실가스를 명확하게 줄이는 데 동의하고, 실질적인 온실가스 감축 실패를 숨기려는 온실가스 탄소시장 또는 그밖의 상쇄 체제를 배제하는 내용으로 교토 의정서를 개선해야 한다.

우리는 무엇보다도 선진국들의 개별적 감축 할당 책무를 만들기 위한 선진국 그룹의 목표를 수립할 것을 요구한다. 그 목표는 각각의 온실가스 감축 수단으로서 교토 의정서의 틀 안에서 각자의 노력이 보충되는 구조여야 한다.

지구상에서 교토 의정서를 승인하지 않은 유일한 부속서 I 국가인 미국은 교토 의정서 승인을 통해 지구상의 모든 민중들에게 명확한 책임 의식을 보여야 한다. 또한 자신의 경제 규모에 적합한 감축 목표를 받아들이고 승인하는 공약이 필요하다.

우리 민중들은 기후변화의 악영향에서 보호받을 동등한 권리를 가지고 있고, 역사상 선진국들 이 저지른 배출 행위가 유발한 영향을 감내하라는 기후변화 적응 개념을 거부한다. 그런 적응 개념은 전지구적 위급 상황을 직면하게 만든 선진국들의 생활 방식과 소비 방식을 정당화하 는 것이다. 우리는 적응이 기후변화의 부정적인 영향들을 강제적으로 맞닥뜨리게 하는 것이며, 삶의 대안 모델을 통해 자연과 조화할 수 있는 방법을 증명하는 대안이 아니라 온실가스 배 출을 상쇄하기 위한 보조 수단이라는 점에서 염려를 표한다.

모든 국가의 자주적이고 투명하며 공평한 참여 방법 아래 설계된 재정 체계의 일부로서 오로 지 기후변화에만 쓰이는 적응 기금을 조성해야 한다. 이 기금은 개발도상국의 기후변화 영향 과 비용, 그리고 이런 영향들에서 파생되는 요구에만 쓰여야 하고, 선진국들을 감시하는 데 쓰여야 한다. 또한 극단적이고 순차적인 기후 현상 때문에 기회를 잃는 현재와 미래의 피해를 배상하는 체계도 포함돼야 한다. '잘 사는 삶'이 제한되는 것처럼 우리의 별이 생태적 한계를 넘어 서면 나타날 수 있는 영향들에 관련된 추가 비용도 마찬가지다.

코펜하겐 협정은 전적으로 자원이 부족한 몇몇 국가들이 개발도상국에 강요한 것이다. 또한 자원의 감소와 적응에 다가서는 상황을 조장해 개발도상국들을 약탈하며 민중들을 분리하고 대립을 만들려는 시도다. 우리는 또한 기후변화에 취약한 개발도상국들을 분류하는 국제 협상 과정은 받아들일 수 없다고 선언한다. 그런 과정은 기후변화 취약국 사이에 논쟁을 낳고, 불평등과 차별을 불러온다.

지구 온난화를 제어하고 지구를 식히기 위한 인류의 거대한 도전은 원주민과 지역 농부들에게서 찾아볼 수 있있다. 이것은 생산의 지속 가능 모델을 향한 농업의 실행과 더불어 농업과 식량 주권 문제의 해결에 기여하는 그밖의 전통 모델과 관습으로 나아가는 전환을 통해서만 달성될 수 있다. 이 과정은 자신의 종자와 땅, 물, 식량 생산을 관리하는 민중의 권리를 보장받는 것이자 지구 대지와 조화하는 생산 형태를 통해 가능하다. 그런 형태는 지구 대지와 상호 보완적이며 각국과 민중들의 독립적인(참여적, 공공적, 공유적) 생산을 강화하는 차원에서 충분하고 다양하며 영양가 높은 식량에 접근하는 지역 문화 환경에 적합한 것이다.

기후변화는 지금 전세계 농업은 물론 원주민과 농부들의 삶의 방식에 심각한 영향을 주고 있다. 또한 미래에는 이런 영향이 더욱 심해질 것이다.

전지구적 자본주의 생산방식의 사회적, 경제적, 문화적 모델과 적당한 영양 상태를 충족하지 못하면서 시장을 위해 식량을 생산하는 법칙에 기댄 기업식 농업은 기후변화의 주요 원인 중 하나다. 이런 농업은 오로지 전지구의 기아를 증가시키고 기후변화 위기를 심화시키는 기술적이고, 상업적이며 정치적인 접근 방법에 지나지 않는다. 이런 이유에서 우리는 자유무역협정과 통합 협정(Association Agreements), 생물에 관한 지식 재산권 적용에 관련된 모든 형태에 반대한다. 현재의 기술적인 패키지(농약, 유전자 조작)와 현재의 위기를 심화시킬 뿐인 잘못된 해결책(바이오연료, 지구공학(geo-engineering. 지구 온난화를 막기 위해 바다에 철을 뿌리거나 대기 중에 황을 뿌리고, 태양과 지구 사이에 우주 거울을 만드는 등 지구 환경을 인위적으로 바꾸는 방법. CCS도 넓은 범위의 지구공학이다), 나노 기술 등) 등이 여기에 속한다.

우리는 마찬가지로 자본주의 모델이 거대 공공 기반 시설 프로젝트를 만들고, 채굴 프로젝트나 물 사유화, 그리고 군사 무장 지대를 통해 땅을 더럽히는 행위를 맹렬히 비난한다. 그런 행위는 원주민들의 영토를 빼앗고, 전통적인 식량 주권을 억제하며, 사회적 환경 위기를 심화시킨다.

우리는 모든 민중과 살아 있는 생물, 그리고 지구 대지가 물을 사용할 수 있는 권리가 인정받기를 요구한다. 그리고 우리는 인간의 기본권으로 물 사용권을 인정하는 볼리비아 정부의 제안을 지지한다.

기업형 농장을 포함해 유엔 기후변화협약 협상에서 활용되고 있는 숲의 정의는 받아들일 수 없다. 단일 경작 농장은 숲이 아니다. 따라서 우리는 원시림과 밀림, 그리고 지구의 다양한 생물 시스템을 인정하기 위한 협상의 목적에 걸맞은 정의를 요구한다.

유엔 원주민 권리 선언은 기후변화협상에 있어 확실하게 인정되고, 이행되고 통합돼야 한다. 삼림 파괴와 감소를 피하고 원시림과 밀림을 보호하는 가장 좋은 전략과 행동은 땅과 영토에 관한 집합적 권리를 보장하고 인정하는 것이다. 특히 숲의 대부분이 원주민과 민족, 그리고 그밖의 전통적인 공동체의 영지 안에 있다는 것은 심사숙고해야 한다.

우리는 개발도상국 삼림 훼손과 삼림 감소에 따른 온실가스 배출 저감(REDD)이나 이것의 변형인 REDD+, REDD++ 같은 시장 메커니즘을 비판한다. 이 제도들은 민중의 주권과 이것보다 앞선 자유의 권리를 훼손하고 있다. 또한 각국의 주권과 민중의 관습, 자연의 권리를 포함한 고지에 입각한 동의 역시 훼손한다.

오염을 일으키는 국가들은 민중과 원주민의 전통적인 유기농 구조 안에서 숲을 보존하고 회복하는 비용에 필요한 경제와 기술적 자원들을 직접 이전하고 지원해야 하는 의무를 지니고 있다. 보상은 탄소시장에서 만들어진 것이 아니고, 선진국들이 약속한 직접적이고 추가적인 성격의 기금 자원이어야 한다. 결코 탄소 상쇄로 만들어서는 안 된다. 우리는 국가들이 존재하지도 않고, 제한적인 결과를 만들어내며, 시장 메커니즘에 기초한 지역 숲에서 저지르는 행동을 멈추라고 요구한다. 우리는 각 정부에 숲의 종자, 과실수, 그리고 원시 식물군이 주인이 되고, 민중들이 운영하고 집행하는 형태로 원시림과 밀림을 회복시키는 전지구적 프로그램을 만들자고 요구한다. 각 정부는 삼림 이권을 없애야 하고, 석유를 땅속에 그대로 두는 것을 지지해야 하며, 특히 삼림지 안에서 탄화수소를 만드는 행위를 멈춰야 한다.

우리는 세계 각국에 기후변화의 결과 생겨난 도전을 충족시킬 수 있는 협상과 정책, 그리고 적절한 정책 수단 중에 국제노동기구 협약 169조의 원주민 권리에 관한 국제 선언을 포함해 원주민의 권리와 국제 인권 기준의 효과적인 이행을 보장하고 존중할 것을 인정하라고 요구한다. 특히 우리는 각국에게 영토와 땅, 그리고 자연 자원이 우리의 전통적인 삶의 방식이 가능하게 하고, 증진시키며, 기후변화를 효과적으로 해결하는 데 기여한다는 주장을 법적으로 승인하라고 요구한다.

우리는 원주민들이 모든 협상 과정에 참여해 함께 논의해야 하며, 원주민들의 동의를 반영할 사전적이고 통제받지 않는 차원의 완전하면서도 효과적인 수단을 요구한다. 이것은 기후변화에 관계된 수단을 기획하고 이행하는 과정에서도 마찬가지다.

현재 환경의 퇴보와 기후변화는 위험한 수준에 도달했고, 이런 상황에서 가장 중요한 것 중 하나는 국내외 이주에 관한 문제다. 추정에 따르면 1995년까지 이미 2500만 명의 이주민이 발생했다. 현재는 5000만 명 정도가 될 것으로 추정되며, 2050년까지 기후변화의 결과로 2억 명에서 10억 명 사이의 난민이 발생할 전망이다.

선진국들은 기후 이주자를 자국 영토에 받아들이고, 국제적 협약에 서명해 이주자의 기본권을 인정하는 등 책임 의식을 보여야 한다. 국제적 협약은 기후 이주에 관한 정의를 내리고, 단호한 결단에 따라 모든 국가들이 이 정의를 수용하는 것이어야 한다.

국가와 기업, 그리고 그밖의 주요 주체들의 책임을 명확히 하기 위해 이주민과 난민, 삶의 터전을 잃은 사람들의 권리에 관련해 원거주지와 경유지, 도착지 국가가 저지른 명백하고, 기록을 남길 수 있으며, 심판을 내릴 수 있고, 징벌할 수 있는 침해 행위를 고발할 수 있는 국제양심법정(International Tribunal of Conscience)을 설립하라.

현재 기후변화와 코펜하겐 협정의 목표에 따른 개발도상국 재정 지원은 매우 적다. 공적개발

원조(ODA)와 공공 자원에 더해, 선진국들은 개발도상국의 기후변화 대응을 돕기 위해 해마다 GDP의 최소 6퍼센트 이상을 지원하겠다고 약속해야 한다. 이 금액은 국방비하고 비슷한 수준이고, 실패한 은행과 투기꾼들을 구제하는 데 쓰인 자금의 5분의 1이 안 되기 때문에 충분히 실행할 수 있다. 게다가 국방비나 부실 은행 회생 지원에는 전지구적 우선순위와 정치적 의지에 관한 중대한 의문이 제기될 수밖에 없다.

현재 체계의 비효율성을 고려하면 새로운 재정 모금 체제는 2010년 멕시코 당사국 총회에서 수립돼야만 한다. 부속서 I 국가의 재정 모금 실행에 관한 승인을 확보하기 위해 기후변화협약 당사국 총회가 책임과 기능을 담당하며, 개발도상국들에게 중대한 대표성을 부여해야 한다.

시장 메커니즘이 실질적으로 온실가스 감축을 지원했지만, 1990년에서 2007년 사이 선진국들의 온실가스 배출량은 크게 증가했다.

탄소시장은 지구 대지를 매매해 생기는 수지맞는 장사가 됐다. 그 결과 땅과 물, 심지어 생명 자체를 대상으로 한 약탈과 파괴만 자행됐다. 기후변화 대응을 위한 대안적인 방법은 아닌 것이다.

최근의 금융 위기는 중간 브로커가 출현하고 투기 때문에 취약하고 불확실해진 금융 시스템을 조절할 능력이 없다는 사실을 보여준다. 그 결과 우리 지구 대지에서 살아가는 인간 존재를 보호하고 보전하는 데 전체적으로 무책임하다.

우리는 탄소시장을 확장하거나 증진시키는 내용의 새로운 체계를 만들려는 현재의 협상 목표를 인정할 수 없다. 탄소시장은 온실가스를 줄이는 실질적이고 직접적인 행동을 이끌지도 못하고, 기후변화 문제를 해결하지도 못하고 있다. 개발과 기술 이전에 주목한 기후변화협약 아래에서 선진국들이 의무를 이행해야 한다고 요구하는 행동이 필요하다. 그리고 오로지 선진국의 시장 기술을 목적으로 짜인 '기술 공개 행사(technology showcase)'도 거부해야 한다. 기술의 교환을 다자간의 종합적인 참여형 조정, 운영, 평가 체계로 만들기 위해 가이드라인을 수립해야 한다. 이런 기술들은 유용하고, 깨끗하며, 사회적으로 건전해야 한다. 마찬가지로 적절하며 지식 재산권에서 자유로운 기술 목록, 그리고 재정을 마련하기 위한 기금의 설립이 근본적이다. 특히 특허권은 낮은 소득과 접근성을 증진시키기 위해 개인의 배타적 권리에서 공공의 영역으로 이전해야 한다.

지식은 보편적인 것이어야 하며, 개인의 재산이나 개인적으로 전유하는 대상이 되면 안 되고, 기술의 형태로 적용돼서도 안 된다. 선진국은 개발도상국에 자국의 기술을 공유할 책임이 있으며, 기술과 혁신을 창조하기 위해 개발도상국에 연구센터를 지을 의무가 있고, '잘 사는 삶'을 보호하고 개발 방식과 적용 방법을 증진시켜야 할 책임이 있다. 세계는 반드시 전통적인 방식을 회복하고 다시 배워야만 한다. 지구 대지에 조화하는 '잘 사는 삶'을 위해서는 수용력을 회복하기 위한 전통적인 삶의 방식과 지식, 그리고 영성을 확대해야 할 뿐만 아니라 지구의 파괴를 막을 수 있는 원주민들의 방식을 수용해야 한다.

효과적으로 책임과 의무를 준수하게 하기 위해 받아들인 유엔 기후변화협약과 교토 의정서 체제 아래에서 선진국의 정치적 의지가 부족하다는 점을 고려해, 그리고 지구 대지와 인간의 권리를 침해하는 기후와 환경에 맞선 범죄를 제재하고 지구 대지와 인간을 보호하는 법적인 국제 조직이 부족한 현실을 고려해 우리는 국제기후·환경정의재판소(International Climate and Environmental Justice Tribunal)를 창립하자고 요구한다. 이 재판소에는 기후변화를 유발하고, 오염 행위에 소홀하거나 그런 행위를 저지르는 국가와 기업과 인간들을 막고, 심판하며, 징벌하기 위한 법적 자격을 부여해야 한다.

국제기후·환경정의재판소는 온실가스 감축 실행을 포함해 유엔 기후변화협약과 교토 의정서의 실행을 실패하게 만든 선진국에 맞서 제소하는 국가들을 지원하는 구실을 한다.

우리는 유엔의 모든 회원국이 국제기후·환경정의재판소 설립 결정을 받아들이게 하기 위해 유엔 안에서 근본적인 개편을 목표로 나아갈 것을 제안한다.

인류의 미래는 위태롭고, 코펜하겐 당사국 총회가 실패한 현실에서 볼 수 있듯 우리는 선진국의 지도자 그룹이 모든 국가에 관련된 결정을 내리는 것을 허락할 수 없다. 이런 결정은 우리 전체에게 달려 있다. 따라서 선진국과 다국적 기업의 온실가스 감축 수준, 선진국의 재정 공약, 국제기후정의재판소의 설립, 지구 대지의 권리에 관한 전지구적 선언의 필요, 자본주의 시스템 전환 요구 같은 쟁점들을 염두한 기후변화에 관한 보편적인 협의나 전지구적 투표는 필수적이다. 전지구적 투표나 보편적 협의의 과정은 같은 종류의 성공적 발전을 보장하는 준비 과정에 달려 있을 것이다.

'민중 협정'의 결과를 우리의 국제적인 행동과 이행으로 조직화하기 위해, 우리는 '지구 대지를 위한 전지구 민중행동(Global People's Movement for Mother Earth)'를 창설할 것을 촉구한다. 이 기구는 세계적 행동의 참여와 조직을 위한 폭넓고 민주적인 공간으로 구성되며, 각 참여자들 사이에 근원과 비전의 다양성을 존중하고 상호 보완하는 원칙에 기초해야 한다.

이런 목적을 위해 우리는 멕시코 회의에서 부속서 I 국가에 포함된 선진국들이 50퍼센트의 온실가스를 줄이고 법적인 체제를 존속시키는 내용과 이 협정에 포함된 제안이 중심이 된 전지구적 행동 계획을 채택한다.

읽을
거리

이안 앵거스 엮음, 김현우·이정필·이진우 옮김, 에너지기후정책연구소 기획, 〈기후정의〉, 이매진, 2012

1990년대 초반부터 2009년까지 전세계 반자본주의 활동가와 단체들이 기후변화에 관해 논의한 저술, 기사, 성명서, 연설문 등을 주제별로 모아놓았다. 글쓴이들은 "기후정의가 필요하다"는 한목소리를 내고 있다. 1퍼센트를 위한 기후 불평등 체제가 아니라 99퍼센트를 위한 기후정의 정책이 왜 필요한지를 알 수 있다.

베른하르트 푀터 지음, 정현경 옮김, 〈기후변화의 먹이사슬〉, 이후, 2011

기후변화 자체는 위기이지만, 전지구적 변화이기 때문에 누군가에게는 기회가 될 수 있다. 그러나 기회는 매우 불평등하게 분배되고 있고, 제3세계 주민들은 아예 기회를 빼앗기고 있다. 글쓴이는 기후변화가 가해자들에게만 유리한 체제에 기초하고 있다고 강조한다.

하랄드 벨처 지음, 윤종석 옮김, 〈기후전쟁〉, 영림카디널, 2010

기후는 갈등을 넘어 종종 전쟁과 폭력으로 확대되고 있다. 내전과 테러 등 무차별 폭력에 기후변화가 어떻게 영향을 주는지 살펴본 뒤, 기후변화는 이제 더는 환경 문제에 그치지 않는다는 사실을, 아프지만 설득력 있게 보여준다.

국제 협력과 에너지

에너지 빈곤과
원조를 넘어
어떻게
정의로운 협력으로
나아갈까

인류는 길지 않은 역사 속에서 눈부신 기술을 발전시켰다. 그 결과 음식물을 섭취해 에너지를 만들고 그 에너지로 직접 몸을 움직여 해야 하던 많은 일들을 화석연료와 기계가 대체하게 됐다. 이제 인간은 고된 노동에서 해방될 수 있었다. 또한 전기로 불을 밝히거나 증기 열차를 타고 먼 거리를 이동하는 등 인간의 힘만으로는 불가능하던 일들이 가능해지면서 인류 역사는 역동적으로 변화했다. 인간을 에너지 순환 체계에서 해방시키는 동시에 새로운 가능성을 열어준 과학기술은 세상을 더 빠르게, 더 넓게 만들었다. 한 사람에게 주어지는 같은 시간 안에 할 수 있는 일들이 늘어나게 된 것이다. 이제 에너지는 우리 사회와 이 세계를 지탱하는 중요한 요소가 됐다. 그러나 이런 에너지의 혜택을 모든 인류가 똑같이 누리고 있지는 않다.

IEA는 전기, 깨끗한 조리 시설, 연료 서비스에 접근하기 어려운 이들을 에너지 빈곤층으로 규정한다. 또한 지금도 전세계 인구 중 13억 명이 전기에너지, 26억 명이 깨끗한 조리 시설의 혜택을 받지 못하고 있다고 밝히고 있다. 그런데 에너지 문제가 빈곤 문제하고 어떤 관련이 있을까? 깨끗한 조리 시설이 가난한 이들에게 그렇게 중요한 문제일까?

2000년 새천년 정상회담(Millennium Summit)에서 세계 정상들은 2015년까지 세계 절대 빈곤의 감소를 비롯한 8가지 주요 목표와 18가지의 세부 목표를 세워 이행하기로 합의했다. 이것을 유엔 새천년 개발 목표(MDGs, Millennium Development Goals)라고 하는데, 여기에 에너지에 관한 언급은 없다. 그런데 유엔은 에너지 빈곤의 완화가 저개발 국가의 빈곤을 해결하는 중요한 요소 중 하나라는 점을 강조하고 있으며, 에너지 빈곤을 완화하고 에너지 접근성을 높이는 것을 중요한 개발 의제로

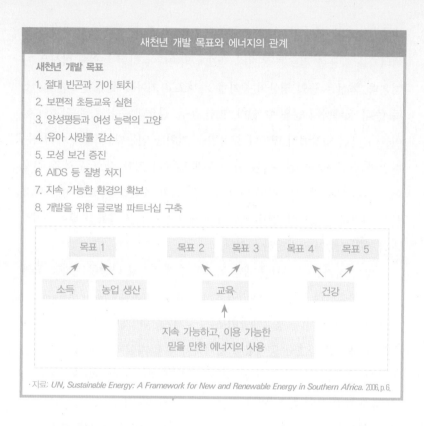

새천년 개발 목표와 에너지의 관계

새천년 개발 목표

1. 절대 빈곤과 기아 퇴치
2. 보편적 초등교육 실현
3. 양성평등과 여성 능력의 고양
4. 유아 사망률 감소
5. 모성 보건 증진
6. AIDS 등 질병 처지
7. 지속 가능한 환경의 확보
8. 개발을 위한 글로벌 파트너십 구축

| 목표 1 | 목표 2 | 목표 3 | 목표 4 | 목표 5 |

| 소득 | 농업 생산 | 교육 | 건강 |

지속 가능하고, 이용 가능한
믿을 만한 에너지의 사용

·자료: *UN, Sustainable Energy: A Framework for New and Renewable Energy in Southern Africa.* 2006, p. 6.

삼는다. 빈곤 감소, 교육, 유아 사망률 등 주요 목표를 달성하려면 가장 필요한 요소가 에너지라는 사실을 확인했기 때문이다.

지속 가능하고 지역 주민들이 이용하기 쉬우며 믿을 수 있는 에너지를 사용하는 일이 새천년 개발 목표하고 어떤 관계를 맺는지 살펴보자. 재생 가능 에너지, 곧 태양광이나 소규모 풍력, 초소수력으로 전기를 생산하는 사례가 대표적이다. 대부분의 저소득층은 등불을 밝히는 케로신(등유)을 쓴다. 그런데 케로신은 저소득층에게는 비쌀 뿐 아니라 지속 가능하지 않고, 게다가 타면서 많은 오염 물질이 나와 기관지 질환을 일으킨다. 케로신을 재생 가능 에너지로 바꾸면 건강뿐 아니라 지속 가능한 청정에너지를 얻을 수 있다. 또 다른 대표적인 사례는 펌프다. 재생 가능 에너지를 활용한 펌프는 온전히 자연에 의존해야 하던 농업에 혁신을 가져온다. 혁신은 농업 생산의 증가를 가져오고 기아를 줄일 뿐 아니라 소득 증대 효과까지 얻을 수 있다. 또한 물을 길으러 수십 킬로를 걷던 아이들이 고된 일상에서 벗어나 교육받을 기회를 얻는다. 이렇게 에너지는 다양한 경로와 다양한 에너지원을 통해 빈곤과 기아 감소, 교육과 건강에 영향을 미친다. 에너지의 이런 구실을 이미 유엔을 비롯한 여러 학자들이 인정하고 있으며, 실제 에너지를 빼고는 새천년 목표를 달성하기가 거의 불가능하다고 전망하고 있다.

많은 국가들이 새천년 개발 목표를 달성하려고 다양한 형태로 국제 협력을 진행한다. 공적개발원조(ODA, Official Development Assistance) 가 가장 대표적이다. 공적개발원조는 국제기구나 개발 은행을 통해 지원되는 다자간 원조와 공여국과 협력국이 직접 자금과 물자를 주고받는 양자간 원조로 나뉜다. 다자간 원조는 세계은행이나 아시아개발은행 같은 국제 개발 은행에 출자하는 방식이나, 유엔아동기금(UNICEF, United Nations International Children's Emergency Fund) 같은 유엔 조직을 통해 간접 지원하는 방법이 있다. 양자간 원조도 은행을 통해 유상 원조를 하거나 조건 없이 지원하는 무상 원조로 나뉜다. 두 방식의 가장 큰 차이는 자금과 물자를 이자가 있는 유상으로 빌려주느냐, 아니면 대부가 아닌 지원이냐다. 한국은 수출입은행을 거쳐 대외경제협력기금을 빌려주는 방식과 한국국제협력단을 통해 무상 지원하는 방식으로 나뉘어 운영하고 있다. 공적개발원조 말고도 우리가 잘 알고 있는 월드비전, 세이브더칠드런, 굿네이버스 같은 원조 단체, 종교 단체, 시민단체 등이 벌이는 직접 지원 활동이나 기업의 사회 공헌 활동 등도 개발원조 또는 원조에 포함된다.

원조는 약품, 먹을 것, 옷이나 책 같은 단순 물품 지원부터 학교나 병원을 짓고 교사와 간호사 등을 파견하는 인적 지원과 현지 인력 양성 등이 있다. 그리고 최근에는 이런 원조 중에서도 에너지의 중요성이 강조되면서 에너지, 특히 바람이나 태양을 활용한 재생 가능 에너지가 관심을 끌기 시작했다. 에너지가 기본적인 인간 활동에 꼭 필요한 요소로 자리 잡은 현실을 보여주는 증거다.

현지 주민들이 실제로 쓸 수 있는 충분한 에너지가 없다면 온전한 원조의 혜택을 보기 어려운 경우가 많다. 예를 들어 병원이나 보건소는 건물을 지은 뒤에도 약품을 보관하고 의료 기기를 사용할 최소한의 에너지가 필요하다. 그런데 전기를 비롯한 모든 에너지가 부족하다 보니 건물만 있을 뿐 서비스를 받을 수 없는 상황에 놓이게 된다. 학교나 마을회관을 비롯해 어떤 시설이든 대부분 마찬가지다. 물론 의료 시설처럼 중요한 시설물에는 디젤 발전기 등을 설치해 전기를 공급할 수 있지만, 대부분 어려운 상황에 놓인 가정과 마을에 자리하는 시설물이다 보니 지원이 끊기면 마을 주민들이 스스로 운영할 수 없게 된다. 지속 가능성을 고려하면 디젤 발전기처럼 끊임없이 고비용 연료가 필요한 기기는 대안이 될 수 없다. 이런 이유 때문에 빈곤을 완화하고 인류의 기본권을 보장하는 대안으로 태양광, 풍력, 초소수력 등 재생 가능 에너지가 주목받는다.

또한 에너지는 이미 우리가 경험한 대로 더 많은 시간과 다양한 기회를 열어준다. 에너지가 없던 지역에 전기가 보급되면 불을 밝힐 수 있고, 하루가 길어지면서 생산 활동을 할 수 있는 시간이 많아진다. 전기로 물을 끌어올릴 수 있게 되면서 아이들은 날마다 물을 긷는 고된 노동에서 벗어나 학습과 놀이에 더 많은 시간을 쓸 수 있다. 더 많은 환자들에게 제대로 된 치료를 할 수 있고, 청정에너지를 통해 건강권도 지킬 수 있다. 아프리카나 동남아 지역의 최빈국을 비롯한 세계 곳곳의 이야기가 전해지면서 재생 가능 에너지를 지원하는 사례가 늘어나고 있다. 이런 사례들이 질병 감소와 빈곤 완화라는 한 국가의 목표뿐 아니라 전세계의 평화를 가져오는 결과를 낳고 있다.

국제 협력의 두 얼굴

빈곤을 완화한다는 목적이 있지만 국제 협력이 늘 긍정적인 영향만 미치는 것은 아니다. 특히 에너지 분야의 국제 협력에서 부작용이 많이 생기는데, 나무나 등유 정도만 에너지로 쓰던 전통적인 삶의 방식을 지닌 사회가 갑작스럽게 현대화된 에너지를 경험하는 것은 큰 변화이고 충격이기 때문이다. 따라서 전통 사회를 크게 뒤흔들 수 있는 에너지 지원은 더 조심스럽게 접근해야 한다.

특히 원조는 전 세계 인류의 삶을 개선한다는 본연의 의도와는 다르게 원조를 하는 나라의 기업 이익이나 영향력 확대를 위해 활용되거나 국제적인 정치의 역학관계에 따라 좌우되는 경우가 많다. 그러다 보니 최빈국과 개도국의 가난한 이들에게 꼭 필요한 원조보다는 지원을 해주는 국가나 단체에서 바라는 지원이 제공되는 경우도 생긴다. 특히 한국이 가장 많은 비판을 받는 점이 바로 구속성 원조(Tied Aid)다. 원조를 할 때 지원하는 물자나 자재의 구매 계약을 반드시 차관 공여국, 곧 한국 기업을 상대로 체결하게 제한하는 방식으로, 국제 사회는 부정적으로 받아들인다. 그런데도 한국은 여전히 구속성 원조가 많아, 과연 이 원조가 원조를 받는 파트너 국가를 위한 것인지 자국 기업을 위한 것인지 의문을 갖게 한다. 가난한 이들을 상대로 장사를 하는, 주객이 전도되는 상황이 벌어지는 셈이다.

또한 원조의 이름으로 진행되는 대규모 사업이 오히려 자원을 수탈하고 어머니 지구와 공동체를 파괴하는 경우도 생긴다. 최근 에너지기후정책연구소는 한국 정부가 대외경제협력기금 차관으로 진행한 최초의 민관협력사업으로 소개한 라오스의 세피안 세남노이(Xe-Pian Xe-Namnoy) 댐 개발 사업에 문제를 제기했다. 천연자원의 보고인 볼라벤 고원에서 뻗어 나오는 강을 막고 대규모 댐을 지어 전력을 생산하려는 사업이다. 문제는 이 과정에서 많은 소수 민족들이 강제 이주되거나 제대로 보상을 받지 못한 채 뿔뿔이 흩어지게 된다는 점이다. 전통을 지켜온 공동체가 해체되고, 수십 수백 년 이어지던 삶의 방식이 파괴되면서 농민이 댐 건설 노동자로 전락하고 만다는 염려를 낳고 있다. 더 큰 문제는 이 사업을 추진하는 컨소시엄 기업의 지분 중 50퍼센트 이상을 한국의 SK와 서부발전이 가지고 있으며, 생산되는 전기가 라오스 국민과 지역 주민이 아니라 태국 수출용으로 쓰인다는 사실이다. 이런 원조는 진정으로 라오스를 위한 원조가 아니다. 따라서 원조, 특히 대규모 건설이 뒤따르는 원조는 전혀 다른 국가의 전혀 다른 문화와 사회에 영향을 줄 수밖에 없고, 자연 생태계와 공동체를 상대로 하는 원조 제공자들의 개입이 뒤따르는 만큼 아주 조심스럽게 접근해야 하며, 정보 공개와 주민 참여 등 민주적 절차를 반드시 밟아야 한다.

적정기술, 개발의 철학을 바꾸다

최근 국제 협력에서는 대규모 기술 중심의 지원이 아니라 작지만 효과적인 지원에 관한 논의가 진행되고 있다. 새롭게 주목받고 있는 분야는 적정기술(appropriate technology)이다. 적정기술이란 무엇일까? 일반적으로 낮은 기술, 곧 하이테크의 반대말쯤으로 생각할 수 있다. 그러나 적정기술은 '기술' 자체보다는 '기술'을 접목하고 접근하는 과정에서 지역과 공동체, 자연의 조화를 강조하는 철학적인 용어다.

적정기술이라는 용어의 시작에 관해 말할 때 많은 사람들은 인도 민족해방운동의 지도자 마하트마 간디를 떠올린다. 적정기술과 간디는 무슨 관계가 있을까? 간디는 영국에서 산업혁명이 일어나고 방직공업이 발달해 옷을 대량으로 만들 수 있게 되면서 더는 물레를 돌릴 필요가 없어지자 많은 이들이 일자리를 잃는 모습을 봤다. 물레를 돌리면서 간디는 이런 전통 방식이 효율적이지 못할지언정 인간을 소외시키지 않으며 한 민족의 생존뿐 아니라 자연에 조화하는 균형 있는 삶을 가능하게 한다고 주장한다. 그 뒤 《작은 것이 아름답다》를 쓴 영국 경제학자 에른스트 슈마허가 이런 정신을 이어받아 '중간기술'을 주창한다. 중간기술은 '그 지역의 원재료를 통해 그 지역에서 소비되는 제품을 만드는, 지역 환경에 적합한 기술'이다. 슈마허의 중간기술은 이후 그를 따르는 후배들에 의해 적정기술로 이어졌다. 1965년에는 저개발국에 대규모 기술 중심의 지원을 하는 원조 방식을 비판하고 중간기술을 강조하는 글을 《옵저버》에 싣기도 했다. 이어 1966년에는 중간기술 관련 자문 기구인 '중간기술 개발 그룹(ITDG, The Intermediate Technology Development Group)'이라는 단체를 만들었는데, 최근 이 단체는 적정기술을 더 실행 가능하고 실질적인 활동으로 묶어내는 조직인 '프랙티칼 액션(Practical Action Consulting)'으로 진화했다. 그러나 적정기술은 슈마허가 초기에 규정한 것보다 더 많이 확대돼 정의됐고, 이런 흐름에 따라 한국에서도 저개발국 원조 단체를 중심으로 적정기술을 향한 관심이 높아지고 있다.

그러나 '적정기술'이라는 용어가 한국에 들어올 때 과학기술계가 철학적 담론을 주도하면서 '과학기술의 사회적 책임' 수준의 담론이 형성됐

모범답안인 줄 알았던 '플레이펌프'는 왜 실패했나

한국에서도 많은 전문가들의 입에 오르내리고 있는 적정기술은, 보다 친환경적이면서도 그 지역 사람들이 소외되지 않고 지속 가능한 기술이라고 이해된다. 그러나 사실 그 정의가 명확하지는 않다. 혹자는 '현재 사용되고 있는 기능적으로 동일한 기술에 비해 보다 환경 친화적인 기술'이라고 정의한다. 또 '지역의 재료를 이용하고, 보통사람들이 살 수 있을 정도의 가격에, 인간 사회와 환경에 미치는 해로움을 최소화시키는 방식으로 만들 수 있는 기술'이라고 정의하는 이들도 있다.

어떤 정의가 되었든 간에, 무엇보다 중요한 것은 적정기술은 내가 다른 나라의, 다른 문화를 가진 누군가에게 줄 수 있는 것 혹은 주고 싶은 것을 주는 것이 아니라는 점이다. 그들이 필요로 하고, 그들이 그 기술을 배워서 지속적으로 이용할 수 있도록 하는 것이다. 또한 어떤 기술이 적정한지, 적정의 수준이 어디까지인지를 알기 위해서는 상대방의 문화와 삶을 이해하는 것이 가장 우선순위에 놓여야 한다.

그런 의미에서 플레이펌프의 사례는 아무리 좋은 의미를 가지고 친환경 기술을 보급한다 해도 그것이 지속 가능하지 않으면 아무 소용이 없다는 걸 보여주는 실패 사례이다. 플레이펌프가 처음 소개되었을 때 이것은 대단한 충격이었다. 아이들이 놀이기구를 돌리며 놀면, 그것이 동력이 되어 지하수를 끌어올려 물탱크에 저장되는 시스템이다. 이를 통해 아프리카 물 문제를 획기적으로 풀 수 있을 것으로 보였다.

매일 몇 시간 동안 마실 물을 길으러 먼 길까지 가야 하는 아프리카 여성과 아이들의 수고를 덜 수 있을 뿐 아니라, 상대적으로 깨끗한 물을 얻음으로써 보건 위생 전반의 문제까지도 해결할 수 있는 획기적인 일이었기에, 플레이펌프는 한동안 적정기술의 모범 답안으로 여겨지기도 했다. 2005년 한 방송을 통해 알려진 이 사례는 많은 사람들의 관심을 끌었고, 연예인과 정치인들까지 나서서 소개하면서 아프리카 10여 개국으로 보급되었다.

하지만 그 후 3년이 지나자, 플레이펌프는 더 이상 아이들의 놀이 공간이 아니었다. 버려진 플레이펌프 주변 모습은 을씨년스러웠고, 사람들은 플레이펌프를 외면했다. 플레이펌프를 돌리기 위해서는 아이 여럿이 필요했고, 노약자나 여성이 돌리기에는 매우 무거웠다. 그러다 보니 자연스럽게 플레이펌프로 물을 끌어올리는 횟수가 줄어들었고, 고장도 잦았다. 고장이 나면 이것을 고치기 위해서 6개월이라는 시간이 걸렸다.

지역 사람들은 이 플레이펌프를 어떻게 고쳐야 하는지 아무도 몰랐다. 단지 고장이 났으니 고쳐달라는 요청 메일만 수십 차례 보내는 것이 할 수 있는 일의 전부였다고 한다.

이 유명한 실패 사건은 적정기술이 얼마나 많은 것을 요구하는지 일깨워 준 사례로 남았다. 해외 개발 사업에서 중요한 것은 그들의 삶을 이해하는 것이고, 그다음은 그들이 필요로 하는 것이 무엇인지 인지하는 것이다. 그리고 마지막으로 그 필요를 충족시켜줄 적정한 기술을 찾고 그들 스스로가 완벽하게 조정할 수 있게 함으로써 지속 가능성을 만들어 주는 것이다.

이 모든 일련의 과정은 상대방과의 소통과 질문 그리고 이해를 기반으로 한다. 그렇기 때문에 적정기술은 간단한 질문으로 시작해야 한다. "당신은 무엇이 필요한가요?"

(조보영, 〈'녹색 ODA' 4대강 사업처럼 하면 어쩌나〉, 《여성주의 저널 일다》 2012년 3월 20일에서 발췌)

다. 그러다 보니 한국의 적정기술 담론은 적정기술 접근에서 고려해야 할 사회 시스템의 속성에 상대적으로 무관심하다. 이런 경우 기술이 적용될 사회에 관한 전반적인 고려 없이 일방적인 기술 중심 접근으로 빠져들어 적정기술이 무용지물이 되거나 또 다른 사회 문제를 불러올 수 있다.

적정기술과 국제 협력 — 기술 중심 원조와 사회적 수용력

적정기술에 관한 관심이 높아지면서 민간 원조 단체를 시작으로 적정기술을 활용한 활동이 활발히 이어지고 있다. 최근에는 공적개발원조에도 더 효율적인 원조를 위해 적정기술을 접목하려는 시도들이 논의되고 있다. 개발 협력을 통해 에너지를 지원하는 것은 저개발국의 빈곤 완화에 도움을 준다. 그러나 단순히 적정기술을 접목하는 것만으로는 제대로 된 효과를 기대하기 어렵다. 기술 지원이 결과적으로 지속 가능하지 못한 결과를 가져오는 사례도 많다. 필요한 기술이 무엇인지를 고민하기 전에 기술이 필요한 사회에 관해 이해하는 것이 더 중요하다는 기본 원칙을 잊었기 때문이다. 대부분의 저개발 국가는 선진국이 오랜 역사 속에서 경험한 과학 기술의 발전을 이해하고 습득할 기회가 없었다. 따라서 저개발국 민중의 삶과 지원을 통해 들어오는 새로운 기술 사이에는 커다란 기술적, 경험적, 시간적 간극이 생기게 된다. 이 간극을 확인하고 사회적 수용력을 높이는 활동이 뒤따르지 않으면 대부분의 기술 중심의 원조는 실패하게 된다.

　대표적인 실패 사례로 세계은행이 진행한 동남아 지역 태양광 지원 사업을 들 수 있다. 전력 부족 문제가 심각한 동남아에 소규모 태양광을 설치하는 방식으로 전력을 지원해 전반적인 빈곤 완화와 교육 증진 등을 가져오리라고 기대한 이 사업은 초기 목표에 못 미치는 결과를 낳았다. 단순히 태양광 시설을 지원하는 데 그치는 바람에 지속적인 모니터링과 수리를 할 수 있는 전문 인력이 부족했고, 이 과정에서 필요한 비용을 지원하지도 않았기 때문이다. 또한 실제 주민들의 필요하고 거리가 먼 전력 중심의 지원 방식, 지원 절차나 설치 과정에서 드러난 일방성도 문제가 됐다. 지원의 목적이나 의도가 아무리 선하더라도 지원을 받는 사회와 공동체의 구성원들을 끊임없이 설득하고 참여시키는 과정, 그리고 구성원들의 역량 강화가 함께하지 않으면 그 기술은 폐기될 수밖에 없다. 원조나 개발 협력에서 지원하는 쪽이 많은 목표를 세울 수는 있지만, 그 목표를 완성시키는 주인공은 기술을 수용하는 사회라는 점을 잊어서는 안 된다.

또한 한 사회에 관해 이해하려면 기술적 고려뿐 아니라 정치, 문화, 종교 등 그 사회를 구성하는 많은 요소들에 관한 이해가 반드시 필요하다. 화폐를 사용하지 않는 자급자족 마을을 대상으로 무리한 지원을 하는 경우도 쓸모없는 기술과 쓰레기만 남기게 되며, 사이가 좋지 않은 소수 민족 사이에 협업을 요구해 갈등을 일으키기도 한다. 따라서 하나의 기술을 효과적으로 이전하려면 기술에 관한 인문학적 접근이 필요하다.

기술을 수용하는 사회에 관한 이해뿐 아니라 적정기술 자체에 관한 이해도 많이 부족하다. 특히 많은 사람들이 적정기술을 '기술' 자체로 이해하려 하는 태도가 가장 큰 오해를 불러일으킨다. 기술과 사회는 상호작용하며 발전한다. 그래서 사회에 관한 이해를 강조하는 것이며, 더불어 기술에 관한 이해도 반드시 필요하다. 특히 앞에서 말한 대로 적정기술은 깊은 철학을 담고 있는 만큼 더 깊은 고민이 필요하다. 저개발국에 조금이나마 도움이 되려면 정적기술에 관해 지금 다시 돌아봐야 한다.

적정기술을 고민하는 이들을 위해 몇 가지 중요한 요소들을 살펴보자. 먼저 적정기술은 단일 기술을 이야기하는 것이 아니다. 태양광은 적정기술이냐거나 태양열 오븐은 적정기술이냐는 질문은 아무도 대답할 수 없다. 누가 쓸지, 어디서 쓸지 알려주지 않기 때문이다. 해가 잘 들지 않는 지역에 살면서 태양광을 설치하거나 태양열 오븐을 만들어놓고 귀찮아서 한 번도 사용하지 않는다면 결국 쓰레기를 만들어내는 일에 지나지 않는다. 적정기술은 어떻게 만드냐에만 집중하는 게 아니라 어떻게 사용하느냐가 더 중요하다.

둘째, 적정기술은 계속해서 변화하고 확장된다. 지금 당장 네팔이나 동남아 지역 산간 오지에 소규모 풍력 발전기를 가져다주자. 얼마 동안 불을 밝히고 전기를 쓸 수 있을지 모른다. 그러나 시간이 지나면 곧 쓰레기가 된다. 고장 나거나 부품을 바꿀 때가 돼도 이 사실을 알아차리고 고칠 사람이 없기 때문이다. 이 문제는 적절한 교육으로 해결할 수 있다. 적정기술은 교육을 매개로 영역을 확장할 수 있는 것이다.

셋째, 적정기술에는 귀천이 없다. 기술이라는 용어는 아주 어렵고 복잡한 결과물을 상상하게 하지만, 단순한 아이디어와 간단한 기술만으로 가난한 이들의 삶에 도움을 주는 적정기술의 사례는 많다. 아프리카 아이들이 쉽게 물을 길어올 수 있게 만든 큐드럼은 그저 굴리기 쉬운 물통이다. 손쉽게 물을 담아 굴릴 수 있게 한 큐드럼은 물을 얻으려고 먼 길을 매일 걸어야 하는 아프리카 사람들의 수고를 덜고 시간을 줄이는 등 도움을 줬다. 네팔과 방글라데시에서 주로 쓰는 대나무 페달 펌프는 농사 짓는 데 필요한 물을 쉽게 끌어올 수 있는 도구다. 또 필터를 빨대에 넣은 것 같은 라이프 스트로는 안전한 식수를 공급하는 데 큰 구실을 했다. 대부분의 저개발 국가, 특히 아시아 지역의 저개발 국가들에 견줘 수자원이 절대적으로 부족한 아프리카 저개발국에서는 수인성 질병에 노출되는 경우가 많은데, 라이프 스트로 같은 적정기술이 생명을 보호하는 구실을 톡톡히 했다. 누구보다 음식이 귀한 이들에게 음식이 부패하는 시간을 늦

소외된 90퍼센트를 위한 디자인으로 널리 소개된 적정기술 사례들
(사진: Solar Cooker International Network, Life Straw products, green up grader, aldoerksen.wordpress.com).

쳐준 항아리 냉장고 또한 널리 알려진 사례다. 항아리 냉장고는 두 개의 토기 사이에 모래를 넣고 물을 부어 냉장고 없이도 음식을 보관하는 시간을 3~4일 늘려준다. 이런 사례들은 모두 높은 기술에 기반을 둔 게 아니다. 한 사회를 진지하게 고민한 뒤 나온 작은 아이디어와 이 아이디어를 효과적으로 구현한 작은 기술이 결합한 결과다. 이런 기술들은 소외된 90퍼센트를 위한 기술로 알려졌고, 비슷한 이름과 내용으로 연구를 하는 이들이 지금도 늘어나고 있다.

마지막으로 적정기술의 가치이자 철학, 곧 사람이 소외되지 않아야 하며 이 기술이 공동체 사회에 큰 영향을 주지 않으면서도 친환경적이라는 원칙이 지켜져야 한다는 점을 반드시 염두해야 한다.

적정기술은 유연하다. 언제든 적정기술의 정의는 달라질 수 있다. 같은 기술을 같은 시기에 받아들여도 사회의 변화에 따라 그 기술은 발전될 수도 사장될 수도 있다. 다만 기술과 사회가 한 방향으로 영향을 주는 것은 아니라는 사실은 흥미로운데, 이것은 적정기술도 마찬가지다. 우리의 삶과 지속 가능한 지구를 위한 적정기술을 우리 사회에 적용하게 되면 우리 삶이 바뀔 수도 있다는 말이다. 적정기술은 작은 기술, 인간 중심의 기술을 지향하는 동시에 느린 삶을 권하기 때문이다.

어떤 사람은 도시, 그것도 아파트에서 살면서 태양열 오븐을 쓰려고 노력한다. 태양열 오븐을 써 밥을 지으려면 해가 좋은 여름에도 넉넉히 2시간은 걸린다는 점을 생각하면 과연 적정한 기술일까 궁금해진다. 그런데 그 사람은 삶을 바꿈으로써 태양열 오븐을 자기 삶에서 적정한 기술로 만들었다. 물론 하루 세끼 중에 점심, 그것도 집에서 밥을 먹는 경우에만 가능하다. 이런 제약이 있지만 그 사람은 그 삶을 지속하고 있다. 이렇게 적정기술은 기술력이 높은 선진국이 기술력이 없는 저개발국의 발전에 도움을 주는 수단으로 쓰일 수 있지만, 거꾸로 선진국 사회가 받아들여 자기들의 삶을 지속 가능하게 변화시킬 수도 있다.

적정기술을 접목한 활동들은 다양한 실험을 통해 진행되고 있다. 한국의 국제협력단하고 비슷한 스위스 개발협력청(SDC)의 지원을 받는 개발 원조 단체 헬베타스(HELVETAS)는 라오스에 재생 가능 에너지를 지원하고 있는데, 이 사업이 지속 가능하도록 교육과 소득 지원을 연계하는 라이즈(RISE) 프로젝트도 함께 진행한다. 라오스 동북부의 가파른 산악지대인 시엥쿠왕(XiengKhounang)에서 진행되는 이 프로젝트는 5개 마을 350개 가구와 학교, 마을 회관, 사원 등 15개 공공시설에 전력을 공급하는 것을 목표로 삼아 현지 공동체 기술을 수용할 수 있게 하는 다양한 활동을 함께 지원한다. 빈곤 가구들이 전력을 사용할 수 있게 이자 없이 대출

헬베타스는 재생 가능 에너지로 산간 마을에 전기를 공급하거나(왼쪽), 가정에 전등을 달아주거나(오른쪽 위), 수공예품이나 은 가공품 등을 만들어 팔 수 있게 돕는다(오른쪽 아래)(사진: Helveta laos).

을 해준 뒤 대출금은 마을 공동체에 갚게 하는 방식이다.

또한 마을 내 학교 등 공공시설에 전력을 제공하는 비용을 마을 주민이 공동으로 부담하게 했다. 이런 규범을 만들고 합의하느라 헬베타스는 2년 정도를 투자했으며, 에너지 실태 조사를 비롯해 지역 주민들을 만나 회의도 여러 번 열었다. 이렇게 지원된 전기로 방앗간, 유기 농축산, 수공예, 관광 등 마을 공동의 수입을 올릴 수 있게 다른 사업에 연계하는 노력도 이어졌다. 지역 관광청과 협력해 생태 관광 프로그램을 개발해 운영하고 있으며, 관광 아이템으로 '지역 수공예품'과 '전통적인 삶'에 더해 '재생에너지 사용'을 내세우고 있다.

태국 치앙마이에 있는 빠뚱 후웨이 모 협동조합도 흥미롭다. 빠뚱 후웨이 모 협동조합은 78개 농장이 참여해 하루 11톤 5000킬로그램의 우유를 공동 생산하는 소규모 낙농가들의 연합체다. YMCA(사호인 YMCA)가 나서서 이곳에 소규모 바이오가스 시설을 만들자고 제안했다. 협동조합 농가에서 나오는 축산 분뇨가 일으키는 악취와 수질 오염 때문에 낙농가와 다른 지역 마을 주민들 사이에 갈등이 고조되는 상황이었다. 축분 바이오가스 설비 도입은 악취를 해결하면서 버려진 채 오염원으로 남던 축분을 연료로 활용할 수 있는 윈윈 전략이 됐다. 사업 초기에 참여한 농민들은 시민단체와 대학을 통해 시멘트 탱크를 놓거나 가스 배관을 까는 기술 등을 익혔고, 다른 조합원 농가에 바이오가스 설비를 설치하는 작업에 참여해 도움을 줬다. 이렇게 취사용으로 이용하던 LPG 가스를 대체하면서 현금 지출과 화석연료 의존도를 줄일 수 있었다.

이런 사례들의 공통된 성공 조건은 바로 공동체와 소통이다. 먼저 헬베타스는 스위스 정부의 지원을 받아 사업을 진행했지만, 지역 주민을 만나 가까이 소통하면서 주민들에게 실제로 필요한 게 뭔지 묻고 현지에 알맞은 기술과 시스템을 적용했다. 후웨이 모 사례는 지역사회가 갖고 있는 문제를 풀면서 주민들에게 필요한 기술이 접목된 경우로, 지역 주민의 어려움을 살피는 일에 노력을 아끼지 않았다. 현지 주민을 상대로 한 소통과 이해가 얼마나 중요한지를 엿볼 수 있다. 또한 공동체의 적극적 참여를 이끌어내어 주체가 될 수 있게 하는 것도 매우 중요하다. 두 사례 모두 지역 공동체를 교육해 외부의 도움이 없이도 충분이 지속 가능한 구조를 유지할 수 있는 운영 시스템을 가질 수 있게 했다. 헬베타스는 설치된 시설을 공동 관리하고 관리비를 공동체가 함께 부담하게 한 반면 후훼이 모 협동조합은 서로 협업을 통해 노동 비용을 줄이는 등 서로 다른 운영 방법을 만들어낸 것이다.

꿈꾸게 하는 에너지 — 적정기술과 정의로운 개발 협력

한국도 적정기술을 통해 에너지를 지원하려는 노력을 이어가고 있다.

2009년 적정기술의 연구와 개발과 보급을 목표로 만들어진 '국경없는 과학기술자회'는 많은 전문가와 교수들이 참여해 적정기술 관련 기술을 개발하고 현장 실험도 진행 중이다. 서울대학교 기계항공공학부 교수와 학생들을 주축으로 구성된 네팔 솔라 봉사단은 네팔의 작은 마을들에 소규모 독립형 태양광 발전 설비를 제공하는 활동을 펴고 있다. 단순한 가정용 전력 지원을 넘어, 지역 주민들이 숙박 시설에 머무는 트레킹 여행자를 대상으로 태양광 전력을 이용해 핸드폰이나 컴퓨터 등을 충전하고 수입을 얻게 하는 방안을 구상했다. 이런 활동은 LED 조명을 이용해 버섯 재배장을 운영해 지역 경제를 활성화하는 데까지 확대되고 있다.

해외 원조 활동을 오래 한 단체들도 적정기술을 통해 에너지 접근성을 높이려 노력하고 있는데, 몽골에서 활동 중인 한 단체는 국내 1호 적정기술 제품인 '지세이버(G-SAVER)'라는 축열기를 개발해 보급했다. 최고 섭씨 영하 50도, 1년 중 8개월의 평균 기온이 섭씨 영하 30도까지 떨어지는 몽골에서 소득의 대부분을 연료비로 써야 하는 저소득층을 도울 수 있게 된 것이다. 저소득층 주거 시설의 골칫거리인 난방 문제를 해결하고, 제품을 직접 생산할 수 있게 몽골 현지에 공장을 지어 가격을 낮추고 일자리를 만드는 성과도 얻을 수 있었다.

비영리 민간 연구소인 에너지기후정책연구소도 라오스 산간학교에 태양광 시스템을 지원하고 있다. 시설 지원에 머물지 않고, 태양광이 그 지역에서 정적기술로 자리 잡을 수 있게 지역의 직업학교에 연계해 교육자와 기술자를 양성하고 마을 주민을 교육해 시스템이 정착하도록 돕고 있다. 인적 자원을 양성하는 이런 투자는 장기적 관점에서 원조의 효과성을 높여준다. 실제로 2008년 에너지기후정책연구소가 지원을 시작할 무렵 라오스 현지에는 이미 세계은행의 지원을 받아 설치한 태양광과 초소수력 시스템이 있었지만, 시설을 수리하고 지속적으로 관리할 수 있는 인력이 전혀 없어 방치되는 사례가 종종 확인됐다. 재생 가능 에너지를 지원하는 한편 이용자들의 인식을 제고하고 제대로 관리하기 위한 기술자 양성이 반드시 뒤따라야 한다는 사실을 확인하는 계기였다.

에너지기후정책연구소의 교육 프로그램은 직업학교 교사, 직업학교 학생, 마을 주민과 지역 초등학교와 중고등학교 교사를 대상으로 나뉘어 진행되며, 마을 주민과 지역 초중등 교사들은 재생 가능 에너지의 기초 원리 등을 학습한다. 그 뒤 학교에 지원된 태양광 시스템을 지속적으로 관리하고 고장이 나면 보고하는 구실을 한다. 또한 전문 기술자로 길러진 직업학교 학생은 재생 가능 에너지 시스템에 문제가 생기면 알맞은 조치를 취하고, 더 나아가 재생 가능 에너지 관련 교육과 설비 작업까지 맡게 된다. 마지막으로 직업학교 교사들은 전기과 학생을 대상으로 태양광과 초소수력 등 재생 가능 에너지 수업을 지속적으로 진행한다. 이런 교육은 교육을 받은 몇몇 사람의 지식으로 머물지 않고 산간 지역 마을 주민들의 생각을 바꾸는 데도 도움을 준다. 산간 학교로 돌아가 교사들이 학교에 설치한 태양광 시스템을 학생들과 마을 주민에게 설명하고 의견을 나누면서 더 나은 마을 공동체를 꿈꾸게 하는 계기가 되는 것이다.

에너지기후정책연구소는 산간 학교뿐 아니라 2018년까지 마을 2곳을 에너지 자립 마을로 키우는 목표를 세우고 있다. 태양광 시스템의 가능성을 확인한 마을 이장과 학교 교장 등 주요 주체들이 스스로 고민하고 적극적으로 요구하면서 이런 계획을 세울 수 있었다. 이렇게 작은 실험을 거쳐 가능성을 확인하면서 적정기술은 지역 주민들 스스로 자기 문제를 해결하는 하나의 도구로 자리 잡을 수 있게 됐다. 멀게만 느껴지던 에너지를 자기 삶에 연결함으로써 더 많은 꿈을 꿀 수 있게 된 셈이다.

빈곤 완화라는 목표를 위해 그저 무엇이든 개발하면 좋은 것으로 여기던 개발 협력의 시대는 지나갔다. 그런데도 개도국을 지원하는 대부

에너지기후정책연구소가 진행한 재생 가능 에너지 교육 프로그램. 직업학교 선생님, 산간학교 선생님, 직업학교 학생들이 한 교실에서 이론 수업을 받고 있다(왼쪽). 그 뒤 직업학교 학생들은 심화 과정을 마치고 산간학교의 태양광을 점검하고 수리하는 일을 한다(오른쪽).

분의 선진국들은 환경 파괴를 피할 수 없는 화석연료 중심의 대규모 개발 방식을 개발 협력이라는 이름으로 강요하고 있다. 그러나 이런 대규모 시설은 부족한 인적 자원 문제를 비롯해 제도적, 정책적, 기술적 어려움을 해결하는 과정에서 저개발국이 공여국에 더 의존하게 만들 뿐이다. 자기 나라 안에서는 재생 가능 에너지를 중심으로 한 분산형 에너지 시스템으로 전환하자고 이야기하는 대부분의 선진국들이 막상 개발 협력이나 원조라는 이름으로 저개발국을 도울 때는 자기들이 밟은 잘못된 길로 밀어 넣고 있는 것이다. 이런 개발 방식이 과연 정의로운 개발 협력인지 진지하게 고민해야 한다.

지역의 사회와 문화에 관한 이해를 바탕으로 해서 시민사회는 나름의 방식에 따라 친환경적이고 지속 가능한 협력을 실험하고 있다. 댐을 분별 없이 짓고 있는 라오스에는 태양광과 초소수력 시스템과 기술자 양성 프로그램을 지원하고, 인도네시아에서 원자력 발전소 부지로 논의되는 지역에는 태양광과 풍력으로 또 다른 가능성을 열어준다. 필리핀의 작은 섬에는 어부들이 쓸 태양광 랜턴을 지원해 소득을 증대시킬 뿐 아니라 디젤발전기보다 더 친환경적인 대안을 제시한다. 이런 사례들은 지구에 부담을 덜 주면서도 가난한 이들에게 도움을 주는 일이 충분히 가능하다는 사실을 증명한다.

미얀마에서 값싼 태양광 전등과 태양광 펌프를 공급하고 있는 이몬 일렉트로닉스(Yi Mon Electronics). 태양광 패널, 배터리, 전구 4개 묶음을 50달러라는 싼 가격으로 팔아 저소득층도 살 수 있게 했다.

　　공동체에 미치는 영향은 줄이면서도 기본적인 삶의 수준을 높이고 빈곤에서 벗어나게 도우려는 이런 움직임은 최빈국 안에서도 일어나고 있다. 유엔이 정한 최빈 개도국 47개국에 포함되는 캄보디아, 미얀마, 라오스는 가까운 태국, 중국, 베트남의 영향 아래 개발 압력을 많이 받고 있다. 그러나 이 지역 공동체들은 강인할 뿐 아니라 자기 삶에 관한 자부심 또한 매우 높다. 누구보다 자신들의 공동체가 발전하는 문제에 관심이 많고 마찬가지로 삶의 터전인 자연을 향한 존경심 또한 깊다. 그러다 보니 투자든 개발 원조든 외국 자본이 들어오면서 삶을 풍요롭게 해준다는 핑계로 공동체의 전통과 오랜 역사를 무시하고 자연을 훼손하는 행위에 맞서 저항하고 충돌하는 사례가 많다. 그래서 최빈국의 학자나 시민사회 활동가, 기술자 등은 초소수력, 바이오에너지, 태양광 같은 재생 가능 에너지를 통해 지역 주민의 삶을 개선할 방법을 찾으려 노력하고 있다. 자기 나라가 겪고 있는 어려운 문제를 해결하는 다리 구실을 스스로 떠맡은 셈이다. 이러한 최빈국의 오랜 경험과 노력들은 최근 국제개발협력과 만나 더 긍정적인 결과를 가져오고 있다. 또한 이러한 사례들을 바탕으로 빈곤국가, 그리고 가난한 공동체의 에너지 문제를 풀어내기 위한 초국적 네트워크가 형성되고 있다. 아직은 이런 노력이 성공적인 실험을 거쳐 현실에 널리 확산되지 못하고 있지만, 아래에서 시작한 국제 개발 협력이

야말로 정의로운 시작, 과정, 결과를 기대하게 하기에 충분하다.

더 나은 개발 협력을 위해 — 공적개발원조의 사적 확장

에너지와 전력을 포함해 인류와 지구의 지속 가능성을 고려한 더 나은 개
발 협력이 성공적으로 진행되려면 인식과 제도의 변화, 그리고 관심이 필
요하다. 먼저 한국의 공적개발원조가 많이 바뀌어야 한다. 한국전쟁이 끝
난 뒤 한국은 줄곧 선진국의 원조 대상이었다. 지금은 눈부신 경제성장을
거쳐 원조를 받는 수원국에서 원조를 하는 공여국으로 탈바꿈했다. 1987
년 대외경제협력기금을 만들고 1991년에는 무상 원조를 맡는 한국국제
협력단이 세워졌다. 더불어 1995년 세계은행의 차관 대상에서 제외됐고,
2010년에는 전세계 대외 원조의 90퍼센트를 차지하는 경제개발협력기구
(OECD)의 개발원조위원회(DAC)에 가입했다. 수원국에서 공여국으로,
그리고 명실상부 국제 원조의 주요 행위자로 자리 잡은 변화는 겉으로는
아주 뛰어난 성과다. 그렇지만 내용은 아주 부실하다는 게 안팎의 평가다.
　　먼저 대부분의 저개발국이 경제적 여력이 없어 유상 지원 방식에 회
의적인데도 유상 원조 비율이 약 54퍼센트에 이르고 있어, 한국의 공적개
발원조에 관한 평가는 OECD 국가 중 최하위다. 또한 앞에서 살펴본 대
로 구속성 원조가 절반이 넘는 만큼 최빈국을 대상으로 원금과 이자를
회수하는 투자를 하면서 한국 기업을 끼워 넣는 부당 거래를 강요하는 셈
이다. 또한 수출입은행과 한국국제협력단, 각 부처가 각자 따로 관련 제
도를 운영하면서 공적개발원조의 효율성을 떨어뜨린다는 지적을 받고 있
다. 효과적인 개발 협력이 진행되려면 무엇보다 지원을 받는 수원국보다
공여국이 장기 전망을 마련해야 한다. 그 뒤 이 전망을 실행할 수 있는 계

한국의 공적개발원조 현황					
구분	2008	2009	2010	2011	2012
전체 ODA	802.3	816.0	1173.8	1324.6	1597.5
양자간 원조 비중(%)	539.2 (67.2)	581.1 (66.1)	900.6 (76.7)	989.6 (74.7)	1183.2 (74.1)
무상 원조 비중(%)	368.7 (68.4)	367.0 (68.1)	573.9 (63.7)	575.0 (58.1)	714.9 (60.4)
유상 원조 비중(%)	170.6 (31.6)	214.1 (39.7)	326.7 (36.3)	414.6 (41.9)	468.3 (39.6)
다자간 원조 비중(%)	263.1 (32.8)	234.9 (28.8)	273.2 (23.3)	335.0 (25.3)	414.3 (25.9)
ODA/GNI(%)	0.09	0.1	0.12	0.12	0.14

· 단위: 백만 달러, %.
· 자료: ODA KOREA, OECD Stats, EDCF 통계 DB 재인용.

획을 짜고 그 과정을 떠맡을 명실상부한 컨트롤 타워가 필요하다.

공여국이 지원할 준비가 됐다면 수원국의 필요를 확인하고 파트너십을 통해 효과적인 협력 관계를 만들어야 한다. 그러나 선진국이 재원을 무기로 개발 패권을 쥐고 개발 협력을 개발 폭력으로 변질시키는 경우가 여전히 많다. 실제로 몇몇 저개발국의 공무원들이 한 증언에 따르면 한국도 투자사들이 직접 개발 협력 사업을 구상한 뒤 정부를 설득해 사업을 추진하는 관행이 자리 잡았다고 한다. 개발 협력은 단순히 재원을 투입하는 일회성 정책이 아니라, 지원이 필요한 곳에 지역 주민들이 바라는 것을 적절히 투입하는 과정이라는 인식이 자리 잡아야 한다. 더 바람직한 결과를 얻어내려면 동등한 파트너십, 그리고 이런 관계를 기반으로 한 이해와 소통이 중요하다.

개발 협력을 바라보는 편협한 시각도 바뀌어야 한다. 개발 협력은 단순히 가난한 나라를 구제하는 활동이 아니다. 저개발국의 GDP를 늘리고, 교육을 받을 수 있게 하며, 병원을 지어주는 활동만 가리키는 것은 더더욱 아니다. 개발을 바라보는 편협한 시각과 그 편협함을 확인해주는 단순화된 지표는 개발 협력 활동을 움츠러들게 만든다. 모든 인간의 인간다운 삶을 보장하려는 활동으로 개발 협력을 폭넓게 이해해야 한다.

마지막으로 개발 협력에서 가장 중요한 요소는 관심과 참여다. 지겨운 이야기 같지만, 직접 원조 관련 단체에 기부하고 참여하지 않더라도 세금을 내면서 이미 우리는 개발 협력에 깊이 관여하고 있다. 한국이 지원하는 공적 자금은 모두 우리가 내는 세금으로 만들어지기 때문이다. 그렇기 때문에 정부가 수행하는 공적개발원조는 나를 대신해 국가가 수행하는 원조인 셈이다. 따라서 한국이 제공하는 공적개발원조가 빈곤국에서 파괴적인 방식의 개발 활동으로 이어지고 있는지 감시하고 압력을 행사하는 것은 우리의 당연한 구실이고 책임이다. 우리들이 개발 협력에 관심을 갖고 적극 참여할 때 공적개발원조 제도가 개선되고, 이미 다양한 시도를 하고 있는 민간 영역의 활동도 활발해질 수 있다. 이런 움직임은 또 다른 상상력을 이끌어내고, 적정기술이나 다양한 실험들이 확대되는 힘이 된다. 우리의 관심과 참여는 더 나은 개발 협력을 이끌어내는 힘이다.

E. F. 슈마허 지음, 이상호 옮김, 〈작은 것이 아름답다〉, 문예출판사, 2002

환경 분야 고전. 적정기술의 철학을 깊게 이해하려면 이 책을 먼저 읽자. 슈마허는 저개발국과 가난한 이들을 위한 인간 중심의 중간기술(Intermediate Technology)을 주장한다. 우리는 왜 과학기술의 발전 앞에서 인간 중심의 적정기술을 생각해야 할까? 슈마허의 책에서 답을 찾아보자.

조승연 지음, 〈소녀, 적정기술을 탐하다〉, 뜨인돌, 2013

적정기술이라는 단어에 처음 관심을 갖는 청소년들에게 추천한다. 아주 쉬운 설명과 친근한 삽화를 동원해 청소년의 시각과 감성으로 적정기술의 철학과 이야기를 찾아내고 있다.

존 벨라미 포스터 지음, 박종일 옮김, 〈생태혁명 — 지구와 평화롭게 지내기〉, 인간사랑, 2010

적정기술이나 개발협력에 관계없는 책이다. "무비판적인 적정기술 시장 확대와 적정기술을 통한 소득 증대는 지구와 인류의 평화를 위한 것인가? 자본주의의 확대와 지속을 위한 것인가?"라는 질문의 답을 찾아보기를 바란다.

탈핵과 에너지

침몰하는
핵발전 체제에서
어떻게
탈출할 수 있을까

한국에서 핵은 '북핵'과 핵발전이라는 두 가지 의미로 존재한다. 닮은 듯 다른 두 주제는 1980년대 후반부터 사회적이고 정치적인 의제가 됐다. 1990년대를 거쳐 2000년대 들어 북핵은 더욱 위력적인 모습으로 국제적 관심을 받았다. 남북 관계는 시소게임을 이어가다 북핵 문제로 교착 상태에 빠져들었다. 한편 반핵 투쟁은 정권 교체 뒤 '민주정부 10년' 동안 '방폐장 사태'를 중심으로 지역적 성공과 전국적 실패를 차례로 맛봤다. 잠시 주춤거리던 환경단체의 반핵 활동은 뜻밖의 계기를 맞았다.

2011년 일본 도쿄전력의 후쿠시마 핵발전소에서 대재앙이 발생한 지 어느새 3년이 지났다. 우리는 후쿠시마를 어떻게 해석하고 있는가? '망각의 동물'인 탓인지 처음 한두 달 텔레비전으로 접한 영상은 이제 가상 세계의 이미지로 기억될 뿐이다. 유럽방사선위험위원회(ECRR)가 '내부 피폭'과 '체내 축적'으로 앞으로 50년간 일본에서 암 환자 40만 명이 추가 발생할 것이라고 한 발표도 먼 나라 이야기가 돼버린 듯하다. 몇몇 여론 조사에서는 여전히 '원전이 안전하다'는 응답이 40퍼센트를 넘고, '원전 추가 건설'에 찬성하는 응답이 더 많이 나온다. 그러나 지역과 시민 사회의 탈핵 활동이 활발해진 요즘, '냄비 언론'과 '망각의 정치'만 탓할 수 없는 노릇이다. 위험사회 개념을 세운 독일의 사회학자 울리히 벡처럼 무엇이 위험인지 누가 결정하는지 묻는 과정, 곧 위험을 정의하고 해답을 결정하는 과정에는 갈등과 대립이 뒤따르며, 현실을 재구성하려면 사회적 힘이 결집돼야 하기 때문이다.

1978년 고리 1호기를 가동한 한국의 핵 정책은 현대사에 깊게 연결돼 있다. 1945년 히로시마와 나가사키에 투하한 핵폭탄의 참상이 준 충격을 무마하려고 미국의 트루먼 대통령은 곧바로 핵을 평화적 용도로 사

울진 핵발전소와 765킬로볼트 송전탑(2014년).

용하겠다고 발표했다. 이렇게 핵 발전은 핵무기의 다른 이름으로 거듭나야 했다. 뒤이어 아이젠하워 대통령은 1953년 유엔 총회에서 '원자력의 평화적 이용'을 내세우며 핵폭탄의 저주를 '무한한 축복에 관한 예언으로 가려버리려' 했다. 핵의 용도 변경은 구소련이 핵폭탄을 개발하는 데 성공하고 발전용 실험을 한 사실에 자극받아 냉전 체제를 준비하고 핵 헤게모니를 장악하려는 시도였다. 남과 북은 각각 미국과 구소련에게서 '원자력 원조'를 받았다.

핵의 역사가 말해주듯 핵 발전은 핵무기의 부산물이자 핵무기와 자웅동체다. 그런데 핵과 '원자력'은 사전상의 의미로는 큰 차이가 없이 쓰이지만, 담론이나 기호학적으로 정반대 의미를 지닌다. 핵은 '야만의 무기'에 직결돼 위험성을 뜻하고, 원자력은 그 위험성을 안전하게 관리해 평화적으로 이용한다는 뜻을 지니는 이데올로기적 속성을 갖는다. 이런 이유 때문에 '핵 카르텔'(핵 마피아라는 표현보다 구조적 네트워크를 강조하는 의미로 쓰인다)은 '원자력'을 고집하고, 반핵 진영은 '핵'으로 부른다. 한마디로 "나는 핵이라고 쓰고, 너는 원자력으로 읽는다." 마찬가지로 핵은 사용하기에 따라 군사용과 발전용이라는 두 용도로 구분된다는 중립적인 표현은, 핵을 프로메테우스의 불로 신화화하는 효과를 낳는다.

저명한 독일의 철학자 에른스트 블로흐와 독일의 생태철학자 한스 요나스의 대립적인 견해도 많은 것을 알려준다. 시대 상황을 반영할 수밖에 없었겠지만, 1950년대의 블로흐는 핵에너지를 '희망의 원리'와 '진보의 상징'으로 생각했고, 1970년대의 요나스는 이런 생각을 '환경 자살'이라고 비판하며 '책임의 원칙'을 주장했다. 지금 요나스의 주장에 동조하는 사람이 얼마나 있을지는 확신할 수 없다. 핵 주권 민족주의와 기술 진보를 향한 욕망이 뿌리 깊은 상황에서는 더욱 그렇다. 2006년 진보 정당인 민주노동당이 분당한 원인 중 하나도 바로 북핵 실험을 둘러싼 견해 차이였다. 다른 한편 보수 정치인과 극우 세력 중 몇몇이 한미원자력협정을 개정해 핵 자위권 또는 자유로운 핵 사용 방안을 확보하려는 움직임을 보이고 있다. 좌파 민족주의와 우파 일부가 각각 북과 남의 핵 정책에 유연한 태도를 보이는 점이 흥미롭다.

프랑스의 노동 이론가이자 생태주의 철학자인 앙드레 고르는 《에콜로지카》에서 자본과 국가가 인간이 자율적으로 결정할 권리를 짓밟는 기술적 도구의 극단적인 경우로 핵발전 사례를 들었다. 그 결과 "직업적 비밀과 거의 군대 같은 규율을 지켜야만 하는 기술자 군단"이 탄생하고, '전문가 정치'를 통해 핵발전을 일반 민중이 접근할 수 없는 분야로 감추며, "가장 자본주의적인 산업들의 이익에 맞게, 그리고 국가라는 기구의 강화된 지배의 이익에 맞게끔 일반 민중을 개인지도 받는 학생 같은 상태"로 만들었다는 것이다. 미국의 탁월한 비평가인 루이스 멈포드가 '거대 기계'로 규정한 근대적 기술-사회의 특징을 대변하는 모습으로 볼 수 있다.

지금 우리가 내는 전기 요금의 3.7퍼센트로 조성되는 전력산업기반 기금 중 연간 100억 원가량이 원자력문화재단의 핵발전 홍보비로 쓰인다. 이 중 일부가 핵시설 견학과 교육에 사용되는데, 참여 학생 수만 연간 10만 명에 이른다. 이렇게 익숙해진 자발적인 동원을 극복하지 못하면 우리는 '원자력' 재생산 구조에서 헤어날 수 없다. '지상에서 영원으로' 가는 시간 동안 격리시켜야 하는 핵폐기물을 결코 감당할 수 없고, 아무에게도 책임을 물을 수 없게 된다.

'전문가주의'와 '비밀주의'는 또한 정책 결정 과정을 몇몇 정치인, 관료, 업계, 학계로 구성된 '핵 카르텔'에 가둬 위험사회를 극복하는 데 반드시 필요한 사회적 공론화를 방해한다. 핵에너지의 안전 기준과 위험 계산은 불확실성 속에서 이 집단의 자의적이고 정치적인 판단에 따라 결정된다. 이런 상황은 오스트리아, 덴마크, 독일 등이 걷고 있는 탈핵과 에너지 전환이라는 생태적, 사회적, 윤리적 대안 프레임을 우리 시야에서 사라지게 만들고, 결과적으로 '우리는 괜찮다'는 식의 주술을 되뇌게 한다. 핵발전과 화력발전 같은 경성 에너지 시스템(hard energy system)이 민주주의를 저해하는 것은 이런 점 때문이다(1976년 애머리 로빈스가 제시한 경성 에너지 시스템이라는 개념은 화석에너지와 핵에너지 중심의 중앙 집중형 시스템으로, 비민주성을 내재한다. 반대로 연성 에너지 시스템(soft energy system)은 에너지 수요 관리와 재생 가능 에너지 전환을 통해 환경이나 사회 측면에서 민주적인 성격을 갖는다). 그저 안전 체계만 점검한다는 태도는 '에너지 민주주의'를 방해하려는 핵발전소의 '생명 연장의 꿈'이다.

프랑스와 함께 한국은 핵에 관련된 각별한 '물신주의'를 드러낸다. 5대 '원자력 강국'인 한국은 핵발전의 위험성은 제쳐놓더라도, 온실가스 저감 효과와 경제성이 이론적으로나 경험적으로 과장되거나 잘못 측정된 사실이 드러났는데도, 또한 핵에너지는 특성상 한 번 가동하면 전력 소비를 증가시키는 철저한 공급 중심 에너지원인데도, 결코 단계적 폐쇄를 포함한 탈핵 시나리오를 상상하지 못한다. 전세계 전력 공급량에서 핵발전이 차지하는 비중은 몇 년 동안 계속 줄어들어 2012년에는 10퍼센트였다. 최종 에너지 소비에서는 2퍼센트에 지나지 않는데, 한마디로 전세계가 사용하는 전체 에너지 중 겨우 2퍼센트를 마련하려고 이런 위험천만한 일을 벌이고 있는 셈이다. 게다가 2011년 후쿠시마 사고 이전까지는 미국, 프랑스, 일본, 독일, 한국 등 다섯 나라가 전체 핵발전의 80퍼센트를 생산했다(현재 일본은 '원전 제로' 상태다). 이명박 정부는 한발 더 나아가 2030년까지 80기의 원전을 수주해 세계에서 여섯째 원전 수출국 대열에 합류하려 했다. 이미 '저탄소 녹색성장'의 또 다른 치부인 아랍에미리트 원전 계약이 그 시작이 됐다. 박근혜 정부의 '창조경제' 역시 슬로건만 다를 뿐 핵발전 확대와 수출 정책 기조에는 변함이 없다.

한국의 핵 밀집도는 세계 1위이고, 핵발전소 반경 30킬로미터를 기준으로 400만 명이 넘게 살고 있다. 이것도 모자라 지금 건설 중이거나 계획된 것만 해도 11기나 된다. 지난 30여 년 동안 400회 넘게 고장 정지 사고가 났으며, 대형 재난으로 이어질 뻔한 사고가 뒤늦게 알려지기도 했다. 그래도 '원전'은 잘만 돌아갔다. 사람들은 통제 불가능한 위협이 드러나면 현실과 의식이 부조화하는 상태를 없애려고 위협을 무시하거나 아예 적응하려는 심리가 있다. 이런 방어 기제는 후쿠시마 같은 외부 계기를 통해 모양을 바꿔서 정치적 또는 사회적으로 표출될 수 있는데, 이제 비로소 한국의 에너지 시스템의 변화 가능성이 조금씩 싹트고 있다. 어느 때보다 핵발전소 주변 지역 또는 핵발전소를 건설하거나 계획 중인 곳에서 반대 여론이 거세고, 제도 정치권에서도 탈핵 바람이 불고 있다. 그 중심에는 언제나 '부안의 추억'이 있다.

2003년, 장장 15개월 동안 진행된 '부안 항쟁'은 노무현 정부가 내세우는 민주주의의 한계와 경성 에너지 시스템의 모순을 폭로했다. 그 뒤 8년이 지난 2011년, 그 '민주광장'에서 다시 〈에너지 정책 전환을 위한 부안군민 1만인 선언〉이 추진됐다. 2005년, 경주는 여러 국비 지원 사업과 '방폐장 특별지원금' 3000억 원이라는 로또를 노리고 주민투표를 벌여 경쟁 지역들을 이겼지만, 지역 주민들은 지금도 갈등에 시달리고 있다. 예상대로 부지 안정성을 둘러싼 논란은 더 커지고 있다. 두 지역의 명암이 뚜렷이 드러나는 순간이다.

어떻게 우리는 이런 비정상 상태를 정상 상태로 당연시하는, 핵이 영혼을 잠식하는 지경까지 왔을까? 어떻게 '원전 비리'라는 복마전을 안고 살아왔을까? 무엇보다 우리에게 '에너지 정치'와 '생명의 정치'가 없었기 때문이다. 어떤 수식어가 붙든 간에 모든 정권은 '원자력'이라는 경로에 의존했고, 한통속이었다. 민주주의는 핵 앞에서 멈췄다. 핵무기가 짧은 시간에 즉각 살상을 목표로 폭발하는 반면, 핵발전은 '우발적 필연성'에 따라 파괴되는 차이를 빼면, 모든 핵 사고의 영향력은 시공간으로 폭넓게 나타난다. 특히 한국, 중국, 일본에는 지금 약 90기의 핵발전소가 몰려 있고, 이 흐름이 이어지면 300기까지 늘어날 만큼 핵 밀집도가 높아 새로운 '화약고'가 될 가능성이 크다. 이제 동북아는 '핵 운명 공동체'가 됐다.

2000년대는 '한반도 비핵화'와 '반핵'이라는 이름을 달고 펼쳐질 '탈핵 항쟁'의 서막이었다. 지금 정부가 그리고 다음 정부가 정부 수립 뒤 한 번도 바뀌지 않은 핵 정책과 에너지 시스템을 계속 고집한다면, 2010년대에는 탈핵 항쟁이 본격 시작될지 모른다. 평화를 선택하느냐 아니면 야만을 선택하느냐 하는 문제는 정치적 투쟁과 사회적 합의의 결과다. 우리에게도 핵과 에너지는 점차 정치적이고 윤리적인 문제가 되고 있다. 부안에서 실험하는 '에너지 자립 마을'은 이미 홍성, 산청, 통영, 임실 등에서 시작됐고, 곳곳으로 확산되고 있다. 2007년 대북에너지지원 국민운동본부가 펼친 '북한주민 재생가능에너지 지원을 위한 모금' 운동도 다시 시작할 수 있다. 이제라도 정치 과정에서 '탈핵의 정치학'이 제자리를 찾지 못한다면, 후쿠시마는 우리의 미래가 될지 모른다. '원자력은 과거에 속한 미래 에너지'로 봉인해야 한다.

원자력 르네상스라는 허상

1954년 배우 존 웨인을 비롯해 100여 명이 미국 네바다 사막에서 영화 〈정복자〉를 찍었다. 수십 차례 핵무기 실험을 한 그곳에 머문 사람 대부분이 그 뒤 백혈병과 암에 걸려 죽었다. 사망 원인에 의혹을 제기해 미국에서 금서가 된 《누가 존 웨인을 죽였는가》를 쓴 일본 반핵운동의 '이론적, 운동적, 사상적 지주'인 히로세 다카시는 20년 전에 후쿠시마 사고를 예견했다. 독일의 언론인 프란츠 알트가 《생태적 경제 기적》에서 "원자력 정책이 바뀌기 위해서는 또 하나의 대형 원자력 사고가 일어나야 하는가?"라고 경고한 것처럼, 일본이 역사에서 조금이라도 배웠다면 이 지경에 이르지 않았을지 모른다. 핵폭탄의 폐허에서 일어선 일본은 역설적이게도 '평화산업'이라는 이름으로 대규모 핵발전이라는 '위험사회'를 택했다. 스리마일과 체르노빌이라는 두 차례의 악재에도 꿋꿋하게, 높은 안전

기준과 규범을 갖췄다는 평판을 얻으며 '안전한 원자력' 신화를 써오던 '원자력 공화국'은, 결국 반세기를 거슬러 과거로 돌아갔다. 알트의 말대로 "기술적으로 발생 가능한 것은 모두 언제가는 발생"하기 마련이다.

후쿠시마 사고는 대지진과 '쓰나미'로 시작됐지만, 자연재해의 파괴력을 증폭시킨 일본의 핵발전 시스템 자체에 비극의 씨앗이 잉태돼 있었다. 판도라의 상자를 열어버린 인재가 결합된 결과 벌어진 사건이었다. 만약 일본이, 아니 피해 지역만이라도 핵발전이 아니라 태양과 바람 등 재생 가능 에너지로 살아가고 있었다면, 이런 복합적인 사고의 피해는 줄어들었을 것이다. 분산형 재생 에너지로 전환하는 지역 공동체가 많아질수록, 에너지 수요가 많은 수도권과 대도시에 공급할 목적으로 건설되는 위험천만한 에너지 시설이 설 자리는 줄어들기 때문이다. 판도라의 상자에서 나오지 못한 '희망'을 늦었지만 이제 전세계적인 탈핵 도미노 현상에서 확인할 수 있다.

주요 국가에서 핵발전 논쟁이 거세게 진행되고 있다. 그런데 '탈핵'이라는 가장 안전한 대안을 떠올리는 데 인식론적 장애를 겪고 사회적 방해를 받아야 하는 한국은 '선진화'된 주요 핵발전국의 동향을 이해하기 힘든 면이 있다. 얼핏 보면 '안전성' 문제를 중심으로 같은 내용을 다루는 것 같지만, 공론화 과정에는 질적으로 다른 두 가지 프레임이 섞여 있다. 핵발전에 관련된 안전 관리와 대책을 강조하며 '기술적 해결책'을 주장하는 프레임이 있다. 이번 사고는 일차적으로 자연재해 때문에 '거대 기계'의 냉각 시스템이 작동하지 않아 발생했고, 노후 원전의 허술한 안전 관리와 부실한 위기 대응, 설계상 결함이라는 인재가 결합된 것이다. 따라서 한편으로는 자연재해에 맞서는 대비책을 강화하고, 다른 한편으로는 안전 기준을 새롭게 세우고 사고 발생 확률을 줄이는 기법을 동원해 '원전 안정성'을 높이는 방향으로 관리해야 한다는 결론이 뒤따른다. 한국,

프랑스, 러시아, 폴란드, 체코, 터키, 인도처럼 핵 중독이 심각한 나라가 선택하는 미봉책이 여기에 속한다. 이런 주장은 일본 안팎에서 이미 끊임없이 제기됐을 뿐 아니라 이번 사고가 미리 막을 수 있는 '예고된 비극'이라는 점에서 편향된 시각이다. '원전 기술주의'는 핵발전에 내재한 문제점을 '기술 만능주의'로 접근해 더 위험한 결과가 발생하게 되는 '머피의 법칙'을 피하기 어렵다. 핵 위험은 관리될 수 있는 성질의 것이 아니라 핵 자체에 내재돼 있기 때문이다. 결국 녹아내리는 원자로 주변을 '공구리'로 덮어버리는, 기술 공학적으로 미개한 대응만 가능할 뿐이다.

핵발전소의 위험을 반대하던 학자들이 제기한 '차이나 신드롬' 가설을 모티브로 삼은 영화 〈차이나 신드롬〉이 1979년에 개봉했다. 역사의 장난인지 개봉 직후 발생한 스리마일 사고 현장에 들른 지미 카터 대통령은 "더는 원전을 건설하지 않겠다"고 선언하고, 백악관 지붕 위에 온수를 사용할 수 있는 태양열 집열판을 설치했다. 후임 대통령인 로널드 레이건은 백악관에 입성하자마자 집열판을 떼어냈다. 2007년 조지 부시 대통령은 아버지 부시 시기에 추진한 핵발전 부흥 정책의 실패를 거울삼아, 기후변화를 핑계로 '원자력' 띄우기에 나섰다. 국제 '원자력 마피아' 세력도 앞장섰는데, 사양길에 접어든 원전 산업을 육성할 의도였다.

실제로는 1990년대 이후 아시아와 동유럽 몇 개 국가를 빼고는 많은 국가에서 핵발전은 쇠퇴기에 접어들었다. 2011년 이전에도 선진국에서는 노후 원전 수명 연장만 논쟁이 될 정도여서, 원전 업계는 투자비를 회수하고 폐쇄 비용 지출을 늦추려 할 뿐 신규 투자를 대부분 포기하고 있었다. 반면 에너지 소비가 급증하고 있던 개발도상국 등 몇몇 국가에서만 원전 증설이 예상됐다. 이런 와중에 후쿠시마 사고를 기점으로 '원자력 르네상스'는 암흑기로 바뀔 운명에 부딪혔다.

이제 해외 주요 국가들의 핵 발전 경로 의존(path dependency, 관성에 따라 사회 시스템이나 제도가 계속 유지되는 현상)과 경로 전환(path transition, 특정한 계기를 통해 기존 사회 시스템이나 제도가 변화하는 현상)의 특징을 유형화해보자. 특히 독일이 오랫동안 경험한 탈핵 과정을 구체적으로 추적하면서 한국에 던지는 시사점을 알아보자. 독일의 탈핵 과정에서 발견되는 에너지 경제적 요인, 정치적 요인, 사회적 요인은, 한국과 독일의 차이를 감안하더라도 풍부한 영감과 시사점을 던져준다. 먼저 국내외에서 발생한 계기에 다르거나 비슷한 반응을 보인 핵발전국들을 유형화하고 탈핵 에너지 전환의 조건과 요소를 도출하자. 다음으로 독일이 탈핵 에너지 전환에 정치적으로 합의하는 과정을 구체적으로 분석한 뒤, 이런 해외 사례가 한국에 던지는 시사점을 종합 정리하자.

덴마크처럼 석유 파동의 영향을 받아 애초부터 재생에너지로 에너지 전환을 추진한 사례나, 노르웨이처럼 풍부한 수력발전과 천연가스로 전력을 안정적으로 공급하는 데 유리한 국가를 포함한 비핵발전국은 OECD 국가 중 14개국이다. 반면 핵발전소를 건설했거나 상업 운영 단계에서 탈핵에 성공한 오스트리아, 이탈리아, 필리핀은 각기 다른 경로를 따라 핵발전의 경로 전환에 성공한 사례다. 세 국가들은 모두 핵발전의 고착화(발전 비중에서 핵발전이 차지하는 비중)가 낮은 수준이었는데, 이탈리아만 4기의 원자로를 운영했다. 또한 이 국가들은 해외 핵발전소 사고의 영향에 민감하게 반응했다. 필리핀은 민주화 국면에서 발생한 내부적 계기를 통해 정치적 결정이 내려진 점이 특이하다. 그러나 오스트리아를 뺀 이탈리아와 필리핀은 전력 자립 문제가 해결되지 않은 상황에서 핵발전 추진 세력이 적지 않게 존재해 불안 요인이 지속되고 있다.

탈핵 국가의 경로 전환						
구분	고착화 수준	직접적 계기	전환 요소	대안	전환 수단	불안 요인
오스트리아	매우 낮음	반핵 여론	여론, 탈핵 연정	수력, 재생에너지	국민투표 (1978)	없음 (비가역성)
이탈리아	낮음	체르노빌 사고, 후쿠시마 사고	여론	태양광	1차, 2차 국민투표 (1986, 2011)	프랑스에 기대는 높은 전력 의존도
필리핀	매우 낮음	민주화 국면, 부패 스캔들, 지진대 발견, 체르노빌 사고	민주화, 민주 정부	부족	정치적 결정 (1984~1986)	고립된 영토, 전력 수급 불안

탈핵 이행국의 경로 전환						
구분	고착화 수준	직접적 계기	전환 요소	대안	전환 수단	불안 요인
스웨덴	높음	핵폐기물 논쟁, 스리마일 사고	정치 쟁점화, 탈핵 연정	재생에너지	국민투표 (1980)	우파 정부의 핵발전 추진
벨기에	높음	–	탈핵 연정	에너지 전환	정치적 결정 (2003)	
네덜란드	낮음	–	정치적, 사회적 합의	에너지 전환	정치적 결정 (1994)	천연가스 수입 부담, 핵발전의 탈정치화 흐름
스위스	중간	민주화 국면	민주화, 정치적 결정	재생에너지	정치적 결정 (1982)	
독일	높음	핵발전소 입지 논란, 체르노빌 사고와 후쿠시마 사고	반핵운동, 적녹 연정, 정치적 합의와 사회적 합의 (2000, 2011)	대안 시나리오, 재생에너지 확대	정치적 결정 (2002, 2011)	(2000년 '핵합의' 과정에서 보수당 배제)
스위스	높음	후쿠시마 사고	정치적 결정	–	정치적 결정 (2011)	–
새크라멘토	중간	부패 스캔들, 스리마일 사고	여론, 공영전력공사 (시민 참여)	재생에너지	주민투표 (1989)	–
타이완	중간	후쿠시마 사고	여론	–	정치적 결정 (2011)	건설 중인 원전 가동 예정에 따른 전환 관리
프랑스	매우 높음	후쿠시마 사고	여론, 탈핵 연정	에너지 전환	원전 비중 축소(50%) 결정 (2011)	장기간의 전환 관리
일본	높음	후쿠시마 사고	탈핵 운동	에너지 전환	내각 결정 (2012, 유보)	국내외 반대 직면

한편 스웨덴, 벨기에, 네덜란드, 스페인, 독일, 스위스, 미국 새크라멘토, 타이완, 프랑스, 일본은 탈핵 이행국으로 묶을 수 있는데, 대체로 핵발전의 고착화 수준이 중간 이상으로 높은 편에 속한다. 국민투표와 정치적 결정(집권 정부의 선택과 법안 통과 포함)이라는 전환 수단 말고도 독일의 정치적이고 사회적인 합의 과정과 결과는 한국에도 시사하는 바가 크다.

1980년대의 스웨덴과 1990년대의 네덜란드는 국내외적 계기를 통해 탈핵을 선택했지만, 탈핵 전환의 경로는 각각 지그재그 행보를 보였다. 마찬가지로 독일도 2011년 후쿠시마 사고 이전에 탈핵 결정이 번복되는 상황에 직면했다. 이렇게 몇몇 국가에서 탈핵 경로는 순탄하지 않았는데, 앞서 살펴본 이탈리아에서 확인할 수 있듯이 핵발전에서 전환 경로에 진입했더라도 안팎의 위기 사항이나 장애 요소가 발생하면 전환이 안정화되거나 공고화되기 전에 전환의 성과가 유실될 수 있다(가역성). 또한 탈핵 프로세스를 수립했는데도, 특히 '전환 관리'가 제대로 되지 않을 경우와 핵발전 의존도(발전 비중)가 높은 경우, 그리고 핵발전의 고착화 수준이 높아 전환 기간을 길게 설정할 경우에는 핵발전 경로로 회귀할 가능성마저 있다. 이렇게 핵발전소를 운영하고 있는 국가 중 탈핵 에너지 전환을 이행하고 있는 국가들의 사례는 다양하다.

이런 국가들은 석유 위기(1970년대)와 핵발전 사고(1979년, 1986년, 2011년)라는 국내외 위기 상황이라는 역사적 국면에서 사회운동과 정당, 대안(재생에너지 실험, 대안 에너지 시나리오 제시), 에너지 거버넌스와 이해관계라는 투쟁의 장에서 탈핵 에너지 전환의 헤게모니를 확보해 제도화한 것으로 평가할 수 있다. 탈핵 에너지 전환의 정치를 구성하는 주요 요소들을 어떻게 구성하느냐에 따라, 곧 역사적 국면에 조응하는 정치적 대응과 사회적 대응에 따라 경로 전환의 성패가 갈리는 것이다.

그럼 탈핵 에너지 전환 과정을 선택한 독일을 구체적으로 살펴보자. 독일의 탈핵 과정을 가르는 역사적 분기점은 ① 독일 상업용 핵발전의 역사적 발전 경로, ② 반핵운동, ③ 사민당의 입장 변화, ④ 체르노빌 핵발전소 사고의 영향, ⑤ 1990년대의 '에너지 합의' 대화, ⑥ '적녹 연정'(1998~2005년)의 '핵합의', ⑦ 대연정(2005~2009년)의 핵발전 수명 연장 논란, ⑧ 보수 연정(2010년)의 핵발전 수명 연장, ⑨ 후쿠시마 핵발전 사고(2011년 3월) 이후의 2차 핵발전 폐쇄 합의로 정리할 수 있다. 이렇듯 '거대한 에너지 실험'이라 불리는 독일의 탈핵 흐름은 1960년대 말과 1970년대 초에 시작됐지만, 꾸준히 사회적 논란과 정치적 논쟁이 이어지고 탈핵 운동이 성장해왔다는 점이 중요하다. 이런 투쟁의 역사, 논쟁의 역사는 1990년대부터 진행된 사회적, 정치적 합의의 역사로 발전됐다.

이렇게 오래되고 복잡한 역사적 과정을 거친 독일의 모델을 모범 사례로 참조할 수 있겠다. 그러나 일본이 독일의 2차 탈핵 결정하고 비슷한 선택을 하더라도 그 목표를 달성하는 기간 동안 적지 않은 정치적이고 사회적인 갈등을 겪게 되리라는 주장이 제기된다. 이런 점에서 최종적인 결과 못지않게 갈등과 합의의 과정을 면밀히 분석해야 한다. 탈핵 결정에 에너지 경제적인 요인이 크게 작용하지만, 결국에 탈핵은 세력 간의 갈등과 협력을 통한 정치적, 사회적 합의의 산물이기 때문이다. 독일의 1, 2차 탈핵 결정 과정과 그 결과로 나타난 탈핵 선택지의 차이에서 이런 점이 뚜렷이 드러난다. 또한 탈핵 에너지 전환 과정에서 출몰한 '찬핵의 반동'도 한국의 정치 상황을 감안하면 시사하는 바가 크다.

독일 사례에서 또 눈여겨볼 것은 '핵 탈출'만큼이나 재생 가능 에너지 확대와 에너지 효율이라는 '에너지 전환'이 중요하게 작동한 점이다. 독일에서는 반핵 정서, 시민사회 활성화, 정당 명부식 비례대표제, 녹색당의 출현, 사민당의 정책 변화가 탈핵에서 중요한 요소이지만, 이런 긍정적 요소들이 있어도 재생 에너지 산업이 성장하지 않았다면 상황은 훨씬 어려웠을 것이다. 독일은 다른 나라들하고 다르게 재생에너지법에 쏟아진 초당적 지지가 핵심적인 구실을 했다. 나아가 '에너지 전환'이라고 불리는, 기후와 에너지의 '정책 통합'이라는 접근이 중요했다. 의회에서 모든 정당이 재생에너지 시장을 창출하는 데 합의해 1990년에 도입한 전력매입법(EFL)은 독일 에너지 프레임에 환경 지향적 변화를 가져왔다. 기사당의 아성인 바이에른 주에서도 발전차액지원제도(FIT)의 혜택을 받은 많은 농부와 투자자들이 지지할 정도로 재생에너지를 향한 에너지 전환은 폭넓은 정치적, 사회적, 지역적 지지를 받았다. 그 뒤 에너지 정책이 강화되고 기후변화 정책에 연계되면서 1990년에 1차 에너지 중 11.2퍼센트이던 핵발전 비중은 2011년에 8.8퍼센트로 줄었고, 이 기간 동안 재생 가능 에너지는 핵발전이 빠져나간 비중을 채우고 남을 만큼 생산량을 늘렸다. 전력만 놓고 보면, 1997년에 30.8퍼센트이던 핵발전 비중이 2011년에는 17.6퍼센트로 떨어졌다. 결론적으로 1990~2011년 동안 에너지 공급과 소비, 온실가스 배출은 경제성장 속에서도 감소하는 탈동조화(decoupling) 현상을 보였다.

요컨대 독일의 탈핵 경로 전환은 1980~1990년대에 사민당과 녹색당이 강조한 기후변화 정책, 일자리 창출, 사회경제적 발전 등 생태적 현대화(ecological modernization) 담론(산업과 노동의 녹색화로 경제적 편익과 환경적 개선을 함께 추구하는 이론과 실천)과 정책 속에 일찍부터 에너지가 중심 의제로 자리 잡은 덕분에 가능했다. 이런 점에서 독일의 단계적 핵발전소 폐쇄는 정책 자체가 지니는 의미를 넘어 앞으로 수십 년 동안 사회, 경제, 기술, 문화 전반에 지속적으로 커다란 영향을 미칠 전환의 계기다.

한국의 핵 정책은 내부 요인보다는 후쿠시마 사고라는 외부 충격에 따라 정치적, 경제적, 사회적 균열이 본격적으로 나타났다. 독일 등 유럽 국가들이 체르노빌 사고가 준 충격 때문에 탈핵 논의를 본격 진행한 사례하고 비슷하다. 그러나 앞에서 살펴본 대로 체르노빌 사고 국면에 이미 독일의 원자력 산업이 쇠퇴기로 접어든 점, 재생 가능 에너지 시장이 꽤 발전해 있었다는 점, 반핵운동이 매우 활발했다는 점, 녹색당 등 탈핵을 전면에 내세운 정치 세력이 있었다는 점, 협의(대화)의 정치문화가 발달했다는 점에서 차이가 있다.

후쿠시마 사고가 나기 전의 한국은 탈핵 에너지 전환에 '닫힌 사회'로 규정할 수 있다. 관료-자본-지식의 '핵 카르텔' 구조가 확대 재생산됐고, 한국의 탈핵운동은 환경단체와 원전 주변 지역 주민들의 반대 운동에 머문 채 정치, 경제, 사회의 전 영역에서 고립 상황에 놓여 있었다.

이제 한국에서 탈핵과 찬핵을 둘러싼 정치, 사회, 경제 분야의 세력 분포와 사회적 영향력, 그리고 각 영역의 핵심 담론과 실례를 중심으로 핵 정책을 둘러싼 조건을 분석해보자. 특히 후쿠시마 핵발전소 사고를 앞뒤로 해 달라진 정치사회, 경제사회, 시민사회, 언론사회와 지식사회의 균열을 살펴보고, 탈핵을 위한 전략적 실천 과제를 이끌어내는 데 도움이 될 시사점을 알아볼 것이다. 먼저 '찬핵'과 '탈핵'을 나누고, 각각에 속한 그룹과 그 그룹들의 담론 또는 논리와 비전을 분석한 뒤, 해당 그룹의 강도와 영향력을 질적으로 평가한다. 그룹의 강도는 핵발전을 바라보는 태도의 정도를 뜻하고, 영향력은 국가 전체에 행사하는 권력의 정도를 뜻한다. 이런 분석은 핵발전의 객관적 조건을 구체적으로 파악하고 탈핵의 동학과 가능성을 탐색하는 데 쓸 만할 것이다. 특히 후쿠시마 이후 까면 깔

독일과 한국의 핵 정책 전개 과정		
구분	독일	한국
반핵운동	·1970년대 중반 빌(Wyhl) 원전 부지 점거 ·브로크도르프/그론데 원전 반대 운동 ·방폐장(고아레벤) 반대 운동	·1995년, 굴업도 방폐장 반대 운동 ·2003년, 부안 방폐장 반대 운동 ·2011년, 신규 원전과 수명 연장 반대 운동
사민당/ 민주당	·도입 초기, 원자력산업 국가 통제 강조 ·1960년대 집권, 원자력 개발 프로젝트 ·1970년대 말, 찬반 유보 태도 ·1986년 체르노빌, 원전 폐쇄 강령 채택	·야당 시절, 핵정책의 조력자 ·집권 시절, 핵정책 드라이브 ·후쿠시마 이후, 원전 재검토 강령 채택 ·2012년 대선, 탈핵 천명
체르노빌	·독일 남부, 직접적인 낙진 피해 ·국민 70퍼센트 이상 원전 추가 건설 반대 ·연방 환경부 설치, 원자로 안전 담당	·체르노빌 이후, 한국형 원전 개발 박차 ·후쿠시마 이후, 원자력안전위 구성
에너지 합의	·1993년, 에너지믹스 첨예한 견해 차이 ·1995년, 녹색당 불참, 석탄 보조금 문제 ·1997년, 방폐장과 핵에너지 문제 집중	·후쿠시마 이후 정치적 균열 시작 ·에너지 문제의 정치화 미약 ·대화와 협의의 정치 문화 부재
적녹 연정 /탈핵 연대	·1980년대, 녹색당 원내 진입 ·1998년, 상업적 원전과 재처리 종결 합의	·2011년, 녹색당 창당, 정치력 미약 ·거대 양당 정당 체제 중심(보수-개혁)
보수당	·2005~2009년, 원전 수명 연장 제기 ·2009, 야당 배제 원전 17기 수명 연장	·원전 확대 정책 강화 추세 ·후쿠시마 사고 뒤에도 변화 없음
에너지 산업	·핵산업의 사양화 추세 ·재생에너지 확대 추세	·핵산업 발전 추세, 수출 시작 ·재생에너지 답보 상태

탈핵 에너지 전환의 사회 구분		
구분	사회운동	정치적 기회 구조
열린 사회	탈핵 에너지 전환 운동이 활성화된 경우	시민 참여의 제도화와 사회적 공론화 수준이 높고, 정치적 개방도와 정책 집행 능력이 높은 경우
닫힌 사회	탈핵 운동이 존재하더라도, 사회적으로 재생 가능 에너지의 필요성이 폭넓게 인식되지 않고 에너지 전환 운동이 활성화돼 있지 않은 경우	시민의 참여가 제도적으로 보장되지 않거나 약하고, 에너지 정책이 탈정치화 또는 시장화된 경우

수록 계속 나오는 양파 껍질 같은 '원전 비리'의 실체를 파악하는 데 도움이 된다.

후쿠시마 사고를 계기로 핵발전의 균열 구조가 전반적으로 변화할 조짐을 보이고 있다. 탈핵운동의 전국적인 연대, 지식사회의 각성, 녹색당의 창당과 민주통합당의 탈핵 강령 채택 등 탈핵의 저변이 확대되면서 전반적으로 탈핵과 찬핵의 균열이 깊어지기 시작했다. 탈핵 동맹(탈핵과 에너지 전환을 지지하는 세력의 느슨한 네트워크. 반대 흐름은 찬핵 동맹으로 부른다. 두 동맹에 포함되지 않는 시민과 조직이 많기 때문에 두 동맹은 각자의 주장에 동의를 구해 입지를 넓히려 노력한다)의 강도와 영향력, 동시에 동맹의 응집력이 짧은 기간 동안 비약적으로 발전했다. 그러나 여전히 찬핵 동맹이 힘의 우위에 있는 것은 사실이다. 더욱 눈여겨볼 부분은 탈핵 동맹 안의 정치사회, 시민사회, 언론사회와 지식사회에 견줘 경제사회 안의 탈핵 네트워크가 취약하다는 점이다. 그만큼 에너지 전환을 지지할 정도로 경제적 이해관계가 형성되지 않았고, 대안 에너지에 관한 노동 친화적 접근이 부족한 것 또한 현실이다.

그럼 후쿠시마 사고 뒤에 변화된 핵발전을 둘러싼 한국의 균열 구조를 네 측면에서 정리해보자.

첫째, 후쿠시마 이후 정치사회의 균열이 깊어졌다. 후쿠시마 사고 뒤 정치사회의 가장 큰 변화는 제1야당인 민주통합당(현재 새정치민주연합)이 탈원전으로 선회한 사실이다. 민주통합당은 후쿠시마 사고를 계기로 강령에 "우리는 지속가능성과 인류평화라는 관점에서 원전을 전면 재검토한다"라는 문구를 추가했다. 이전 강령인 "환경과 경제발전을 조화시켜 미래세대도 안전하고 쾌적한 삶을 누릴 수 있는 지속가능한 발전을 추구한다"라는 추상적 표현에 견줘 진일보한 것이다. 반면 집권당인 새누리당은 2012년 총선 비례대표 1번에 핵 과학자를 내세우면서 사실상 핵 중심의 에너지 정책을 이어가려는 태도를 에둘러 드러냈다. 또한 한국 사회에서 불가능할 것처럼 보이던 녹색당이 높은 진입 장벽을 뚫고 정식으로 창당해 총선에 참여한 것도 정치사회의 중요한 균열 요소로 볼 수 있다. 그러나 전통적으로 탈핵을 강력히 채택한 진보 정당의 분열과 지지도 추락은 탈핵을 가장 원칙적으로 대변하던 원내 정당의 위상 추락이라는 위협 요소로 지속될 수 있어 탈핵이라는 사회적 균열이 정치적 균열로 반영되는 데 제약이 따를 것으로 예상된다. 한편 '지방자치단체 탈핵 에너지전환 도시 선언'과 '서울시 원전 하나 줄이기'에서 희망의 싹을 찾을 수 있다. 결론적으로 후쿠시마 이후 '보수는 찬핵, 개혁/진보는 탈핵'이라는 구도가 형성됐다. 그렇지만 탈핵의 스펙트럼이 매우 넓은 점을 고려하면, 탈핵에 강경한 태도를 보인 녹색당과 진보 정당들이 상대적으로 느슨한 탈핵을 내세운 새정치민주연합을 견인하고 연대해 새누리당을 비롯한 찬핵 동맹의 반발을 넘어설 수 있느냐가 관건이 될 전망이다.

둘째, 지식사회가 각성하고 탈핵운동이 거세졌다. 후쿠시마 이후 언론사회와 지식사회에서 탈핵에 관련된 각성이 두드러졌다. 특히 60여 명의 변호사와 법학 교수 등 법률가로 구성된 탈핵법률가모임 '해바라기'는 신규 원전 부지 선정에 관련된 주민소환과 고리 1호기 수명 연장 관련 소송 지원 등 법적 수단을 동원한 탈핵운동을 펼치고 있다. 독일 사례에서 볼 수 있듯이 핵 드라이브 정책에 법 차원에서 대응함으로써 어느 정도 제동을 거는 탈핵운동의 수단이 될 수도 있다. 그밖에 '탈핵·에너지 교수모임'은 교수 1052명의 명의로 탈핵 교수 선언을 발표했고, '반핵의사회'는 원전 주변 지역 주민의 건강권 문제 등을 제기하고 있다. 이렇듯 전문가 집단의 각성과 탈핵운동의 결합은 환경단체와 지역 주민 중심의 고립적인 탈핵운동을 시민사회 전체로 확산하는 계기가 될 수 있다. '탈핵 학교' 개교와 《탈핵 신문》 창간, 시민방사능감시센터 발족, 삼척과 영덕의 신규 핵발전소 반대 운동, 고리 1호기와 월성 1호기 폐쇄 운동, 밀양과 청도 주민들의 송전탑 반대 운동과 '탈핵 희망 버스' 같은 아래에서 시작한 실천은 계속 발전할 것이다. 그러나 후쿠시마 이후 수세적인 모습을 보여온 핵 카르텔이 탄탄한 물적, 조직적, 제도적 기반을 바탕으로 점차 다시 결집하고 있어 한동안 시민사회의 헤게모니 쟁탈전이 계속될 것으로 예상된다.

셋째, 핵 산업계가 강화되고 신재생에너지 산업이 포섭됐다. 최근까지 원자력 공급 산업체에서 원전 관련 매출 비중이 4.9퍼센트이고 원자력 산업 인력이 2만 3835명뿐인 점을 고려하면, 핵발전 산업이 국가 경제에서 차지하는 비중은 낮은 편이다. 한편 1990년대 이후 핵 산업계의 연간 매출 규모는 2조 원대였는데, 이명박 정부 들어 갑자기 늘어 4조 8000억 원(2010년 현재) 수준으로 늘었다. 매출의 대부분(79.2%)이 원전 건설과 운영 분야에서 나왔고, 이 중 제조업(38.6%)과 건설업(20.1%)의 비중이 매우 높았다. 원자력 관련 매출 1000억 원 이상을 기록한 제조업의 두산중공업과 한전원자력연료, 건설업의 현대건설과 대우건설의 이해관계가 매우 크다는 사실을 알 수 있다. 그런데 핵 산업과 정반대의 이해관계를 가지고 있다고 여겨지는 한국신재생에너지협회의 부회장단에 두산중공업 대표가 포함돼 있다. 또한 현대중공업과 현대엔지니어링 등 현대 계열사들이 신재생에너지 산업에 집중 투자하고 있다. 핵산업에 직접적인 이해관계를 가진 대기업들이 신재생에너지 산업 분야에도 이해관계를 지닌 상황은 탈핵 과정에서 중요한 쟁점을 형성할 수 있다. 유럽의 조선산업이 풍력산업으로 전환한 사례가 있듯이 핵 산업이 축소되면서 재생에너지로 산업 구조가 전환되는 긍정적 조건으로 볼 수도 있지만, 거꾸로 탈핵과 신재생에너지 산업의 발전을 가로막는 잠김 효과(lock-in effect)로 나타날 수도 있다. 따라서 지역에 기반을 둔, 재생 가능 에너지 분야의 사회적 경제를 육성해 재생 가능 에너지 산업을 키우는 방안이 정책적으로 매우 중요한 고려 사항이 돼야 한다.

넷째, 탈핵 동맹을 강화하기 위한 에너지 전환의 기반을 조성해야 할 필요성이 높아졌다. 탈핵 동맹이 전반적으로 허약한 상황에서 탄탄한 관료-산업-지식의 핵 카르텔을 깨려면 탈핵을 지지하는 여론이 아주 중요하다. 후쿠시마 사고를 계기로 원전, 특히 원전 안전성을 지지하는 여론은 아주 낮아졌다. 2009년에 원자력문화재단이 한 조사에서 원자력이 안전하다는 여론은 61.1퍼센트였지만, 2012년 3월에 한 조사에서는 34퍼센트로 크게 떨어졌다. 그러나 연간 100억 원을 편법으로 한국원자력문화재단에 지원해 원자력 우호 여론을 조성하고 있는 현실을 극복해야 한다. 재생 가능 에너지에 할당된 국가 지원 홍보비가 전혀 없는 상황에서 유독 원자력만 홍보하는 행위는 형평성에도 맞지 않으며, 특히 전기 요금으로 조성되는 전력산업기반기금에서 홍보비를 지원하는 방식은 현행법과 정책의 취지에도 맞지 않는다. 탈핵을 위해서는 찬핵 동맹의 약한 고리를 끊어내는 동시에 탈핵 동맹의 경제적이고 사회적인 이해관계를 조직하고 정치적인 방식으로 표현해야 한다. 또한 환경단체와 지역에 고립된 핵발전 이슈를 전국적 의제로 만들어야 한다. 따라서 에너지 정책에 관한 시민 참여와 거버넌스 보장, 지역 에너지를 위한 권한 이양처럼 탈핵 기반을 조성하는 문제에 관심을 기울여야 한다.

우리 앞에 탈핵 에너지 전환의 기회의 창 또는 정책 변동의 창은 얼마나 열려 있을까? 후쿠시마 사고를 앞뒤로 살펴본 정치사회, 경제사회, 시민사회, 언론사회와 지식사회의 균열 구조를 정책 흐름 모형(policy stream model)에 대입해볼 수 있다.

후쿠시마 사고 이후 한국에서 탈핵 에너지 전환의 기회의 창은 조금 열렸지만 여전히 숱한 과제가 남아 있다. 노후 핵발전소의 수명 연장, 밀

탈핵 에너지 전환의 기회의 창	
	주요 흐름
정책 문제 흐름 (problem stream)	후쿠시마 사고, 고리 원전과 월성 원전 수명 연장 논란, 원전 사고/비리 다수, 삼척·영덕 신규 핵발전소 부지 선정 논란
정책 대안 흐름 (policy stream)	에너지대안포럼, 에너지기후정책연구소, 그린피스 한국사무소의 탈핵 에너지 전환 시나리오 연구와 공론화, 탈핵 전문가 모임(교수, 법률가, 의사 등), 지역에너지네트워크와 에너지 협동조합 활성화
정치 흐름 (political stream)	탈핵 찬성 여론 증가, 밀양 송전탑과 신규 원전 부지 지역 주민들의 저항, 녹색당(탈핵 및 에너지전환기본법 제안), 진보 정당들의 탈핵 노선, 탈핵에너지전환 자치단체장 모임, 탈핵에너지전환 국회의원 모임(원자력 안전성 제고를 위한 5대 분야+에너지 전환을 위한 5대 분야 입법 과제 선정), 아이들에게 핵없는 세상을 위한 국회의원 연구모임, 서울시청의 '원전 하나 줄이기', 이명박 정부와 새누리당의 찬핵 고수와 찬핵 동맹 재집결

양 송전탑 사건, 건설 중이거나 계획 중인 핵발전소, 한미원자력협정 개정, 사용 후 핵연료 처리 문제 등 2013년 이후 떠오른 당면 과제에 탈핵 동맹은 치밀한 계획과 전략을 세워 대응해야 한다.

탈핵 에너지 전환의 시나리오 1 — 대안적 기술과 경제 시나리오

후쿠시마 사고 뒤 한국에서도 탈핵 에너지 전환의 구체적인 과정을 논의할 만한 주관적이고 객관적인 조건이 형성되고 있다. 이제 탈핵의 가능성을 검토하고 탈핵을 달성할 수 있는 방법과 경로를 제시함으로써 가로막혀 있는 사회적 상상력에 숨통을 틔우는 게 중요하다. 이런 문제의식에서 탈핵 에너지 전환의 기술적 측면과 경제적 측면, 그리고 정치적 측면과 사회적 측면을 중심으로 탈핵 에너지 전환의 시나리오를 모색해보자.

그동안 나온 에너지 시나리오는 주로 '기술·경제 시나리오'에 해당

한다. 기술·경제 시나리오는 우리가 원하는 목표 시점에서 어떤 에너지 수요와 에너지 믹스를 가질 것이며(또는 가질 수 있으며), 그 과정에서 특정한 기술적, 경제적, 정책적 수단을 사용해 가능한 에너지 전환의 경로가 무엇인지 탐색하는 것을 목표로 한다. 2011년 3월 후쿠시마 핵발전소 사고가 터진 뒤에는 정부와 관료가 독점한 기술·경제 시나리오에 맞선 시민사회의 대안적 시나리오들도 등장했다. 한편 에너지기후정책연구소의 한재각 부소장과 가톨릭대학교 이영희 교수는 정부 시나리오와 시민사회의 대안 시나리오의 차이점을 분석하기도 했다.

탈핵 정치에서 이런 에너지 시나리오들은 어떤 의미를 가질까? 대안적 에너지 시나리오들이 정부의 에너지 시나리오들을 상대로 '전문성의 정치'라는 장에서 경합하며 사회적으로 정당한 것으로 받아들여질 경우, 탈핵 정치는 에너지 전환의 기술·경제적 가능성을 논증하는 차원을 넘어 이런 가능성의 수용과 거부, 그리고 그 각각의 견해에 따른 사회적이고 경제적인 이해관계의 다툼이라는 차원으로 나아갈 수 있을 것이다. 누가 핵산업을 유지하고 확대하는 데 사회적이고 경제적인 이해관계를 갖고 있으며, 이 이해관계를 정치적으로 대변하는 세력은 누구인가? 반대로 핵발전소를 축소하거나 폐지하고 에너지 효율화와 재생에너지를 확대하는 데 사회적이고 경제적인 이해관계를 갖는 이들은 누구이며, 이 사람들을 정치적으로 대변하는 세력은 또 누구인가? 이런 질문이 탈핵 정치의 핵심 요소로 등장할 수 있게 될 것이다. 대안적 에너지 시나리오는 이런 질문으로 나아갈 수 있게 해주는 중요 관문이다.

다음 질문은 '정치·사회 시나리오'는 무엇을 의미하느냐 하는 것이다. 기술·경제 시나리오에 밀접히 관련되지만 성격을 달리하는 정치·사회 시나리오는 탈핵 에너지 전환을 어떻게 시작하느냐에 주목하며, 이 과정을 지속하는 데 필요한 정치적이고 사회적인 균열 구조와 그 구조들의

정부 시나리오와 시민사회 시나리오의 전문성의 정치 분석		
구분	정부의 에너지 시나리오	시민사회의 대안 시나리오
인식론적 기반과 모델링 기법	·과학주의적 접근 ·포캐스팅 방법론	·구성주의적 접근 ·백캐스팅 방법론
표명하는 가치 지향성	·가치 중립(성장주의, 수동적 소비자) ·전문가주의	·가치 개입(탈성장주의, 능동적 시민) ·시민 참여
제도적(직업적, 학문적) 기반	·정부 출연 연구소의 독점적 지위 ·신고전파 경제학	·대학과 시민사회 ·다양한 학문적 배경
사회적 배경	·통상적인 행위(BAU)	·후쿠시마 핵 사고, 총선과 대선

·자료: 한재각·이영희 2012.

변화 과정에 집중한다. 탈핵에 관련된 정치적 의제와 사회적 의제의 설정 과정, 탈핵 결정을 둘러싼 균열과 갈등, 합의의 동학, 탈핵의 전환 관리 등을 분석하고 전망하는 것이다.

그럼 먼저 대안적 기술과 경제 시나리오를 살펴보자. 한국 사회의 여론, 정부와 각 정당의 정책은 핵발전이 얼마나 위험한지 말하는 안전성 담론에서 어떻게 핵발전을 벗어날 수 있는지 묻는 에너지 전환 담론으로 나아가야 한다. 에너지 전환 담론은 조금씩 성장하고 있지만, 에너지 효율화와 절약, 재생에너지 확대라는 방향을 제시하는 데 오랫동안 머물러 왔다. 이제 구체적으로 언제 핵발전을 중단할 것이며, 에너지 수요는 얼마나 줄일 것이고, 재생에너지는 얼마나 증가시킬 것인지를 둘러싸고 구체적으로 논의하고 정책을 결정하는 단계로 나아가야 한다. 이런 변화를 가능하게 하는 것이 바로 에너지 시나리오로, 우리는 정부와 에너지 기업의 계획 수단에 머문 이 시나리오를 공적인 정책 논쟁의 수단으로 활용해야 한다. 시민사회와 학계에서 대안 시나리오를 제시하면서 논쟁은 이미 시작됐다.

지금까지 에너지 시나리오는 정부와 에너지 기업, 그리고 여기에 연계된 몇몇 전문가의 논의에 머물렀다. 그 결과 에너지 시나리오는 현재 추세를 반영해 미래를 '과학적으로' 예측하는 에너지 수요 예측부터 어떤 에너지원이 다른 에너지원보다 더 값싸고 안정적으로 공급되느냐까지 다루는 정책적이고 전문적인 판단에 의존했다. 그러나 이런 시나리오에는 핵발전에서 벗어나려는 시민들의 열망과 의지가 반영되기 어려웠고, 한국 사회에서 에너지의 미래가 민주적 토론이 아니라 몇몇 제한된 집단 내부의 이해관계에 따라 결정되는 일이 반복됐다. 그래서 미래의 바람직한 미래상을 상정하고 현재 시점에서 그 목표를 달성하기 위해 다양한 방식으로 경로를 탐색하는 시나리오 기법인 백캐스팅(backcasting) 같은 규범적인 방식으로 접근해, 한국 사회의 에너지의 미래가 어떠해야 하는지를 둘러싼 민주적인 토론을 시작해야 한다. 여기서 소개하는 시나리오는 규범적 측면을 크게 강조한 점에서 다른 시나리오들하고 다를 것이다.

에너지기후정책연구소의 '2030 탈핵 시나리오'는 단계적인 탈핵을 주장하는 시민사회와 이 방안을 공약으로 만들기 시작한 여러 정당의 정책을 고려해, 2030년까지 모든 핵발전을 중단하고 폐지한다는 구상을 담았다. 이 구상은 지금 논란을 안은 채 수명 연장된 고리 1호기를 포함해 모든 핵발전소의 수명 연장을 금지하고, 진행 중인 핵발전소 건설을 중단하며, 계획 중인 핵발전소를 취소하는 것을 전제로 한다. 2011년에 가동되고 있는 21기(2014년 현재는 21기)의 핵발전소를 각각 상업운전 뒤 30년이 되는 때까지 운영하고, 2030년에는 30년의 수명이 남아 있더라도 가동을 중지한다는 구상이다. 이렇게 되면 2018년까지 9기의 핵발전소가 수명 종료에 따라 집중 폐쇄되면서 2011년 현재 21기인 핵발전소의 발전 설비 용량 1만 9453메가와트(MWe)가 1만 1551메가와트로 낮아지고, 발전량도 15만 6208기가와트시(GWh)에서 9만 4678기가와트시로 떨어진

영광 핵발전소 앞 주민대책위원회 컨테이너 농성장(2013년).

영광 핵발전소와 접근 금지 철조망(2013년).

영광 핵발전소와 345킬로볼트 송전탑(2013년).

다. 또한 2004년부터 2008년까지 가동 뒤 30년이 지난 7기의 핵발전소가 집중 폐쇄되고, 2030년에는 나머지 5기가 폐쇄된다.

이런 목표를 위해 경제성장을 하면서도 총에너지 수요가 감소하고, 동시에 탈핵 에너지 전환에 모범적인 독일의 경우를 벤치마킹했다. 독일은 2009년 기준으로 일인당 에너지 소비량은 4.08석유환산톤(toe)이지만, 일인당 GDP는 3만 달러에 가까웠다(석유환산톤은 각 에너지원의 발열량을 비교하려고 석유의 발열량을 기준으로 환산한 에너지 단위다). 반면 한국의 2010년 일인당 에너지 소비량은 5.37석유환산톤이며, 일인당 GDP는 2만 달러 수준이다. 에너지 수요를 전망하기 위해 독일의 2009년 일인당 에너지 소비량을 목표로 삼았다. 곧 한국이 2050년까지 독일의 2009년 일인당 에너지 소비량을 달성한다고 가정한 것이다(독일은 아마 2050년에는 2009년보다 더 낮은 일인당 에너지 소비량을 보여줄 것이지만, 이 목표도 한국에는 야심찬 수준이다). 이 목표는 시간에 따라서 단계적으로 강화된다(2020년까지 일인당 에너지 소비량 5.00석유환산톤, 2030년까지 일인당 에너지 소비량 4.50석유환산톤). 전력 수요도 비슷하게 가정해 전망했다. 이런 전망은 2050년까지 에너지와 전력 수요가 꾸준히 상승할 것이라는 정부의 전망하고 뚜렷하게 대조된다.

한편 핵발전소를 폐쇄하면 핵발전이 공급하던 에너지량을 단계적으로 다른 에너지원으로 대체해야 한다. 그러나 석탄, 석유, LNG 같은 화석연료로 대체하면 지구적 위기인 기후변화에 대응하는 데 차질이 빚어질 가능성이 있다. 따라서 핵발전을 폐쇄하는 동시에 온실가스 배출도 적극적으로 줄이는 방향으로 시나리오를 구상했다. 에너지 수요가 감소하는 상황에서 단계적으로 핵발전소를 폐쇄하면서 다른 에너지원으로 대체하는 방식인데, 2050년에 화석연료(주로 LNG와 석유)를 적은 비중이나마 유지할 것이냐에 관한 판단에 따라 두 가지 시나리오를 설계했다(편의상

2030 탈핵 에너지 전환 시나리오(A)								
목표 전력량 (단위: 1000toe)	2010		2020		2030		2050	
	100,153	비중	97,676	비중	88,046	비중	72,598	비중
석탄	40,528	44.9	14,420	14.4	0	0.0	0	0.0
LNG	16,886	18.7	21,175	21.2	17,604	15.8	0	0.0
원자력	31,948	35.4	19,977	20.0	0	0.0	0	0.0
태양광	166	0.2	31,890	32.0	61,027	54.7	68,717	50.7
풍력	755	0.8	10,287	10.3	26,993	24.2	54,974	40.6
소수력	0	0.0	2,057	2.1	5,868	5.3	11,780	8.7
합계	90,283	100.0	99,807	100.0	111,492	100.0	135,471	100.0

화석연료를 사용하지 않는 A 시나리오만 소개한다).

이런 대안적 시나리오는 사회적 토론을 벌이기 위한 예시일 뿐이지 유일한 정답은 아니다. 2050년까지 장기적인 시간을 두고 구상했기 때문에 이 기간 동안 우리 사회에 구조적 전환이 필요하다는 주장이 담긴 점을 고려해야 한다. 단기적이고 실용적인 차원의 정책 처방을 요구하는 수준에서는 이런 주장을 다루기 힘든데, 장기 시나리오 작업이 필요한 이유이기도 하다. 따라서 미래를 전망할 때 제기되는 불확실성을 전제로 삼아 그런 전환을 안정적으로 관리할 방안을 모색해야 한다. 이렇게 에너지 효율을 높이고 재생에너지를 확대하기 위한 다양한 사회적 실험과 학습을 진행할 뿐 아니라 전환의 경로를 탐색하면서 계속 수정하고 보완하는 과정을 거쳐야 할 것이다. 또한 우리는 두 가지 측면에서 '2030 탈핵 에너지 전환 시나리오'를 이해해야 한다.

첫째, 산업 구조의 개편과 정의로운 전환이다. 앞서 제시한 시나리오는 2050년까지 2010년 대비 1차 에너지 소비가 모두 25퍼센트가량 낮아진다고 가정했다. 그런데 2010년 현재 일차금속(철강), 석유화학, 비철금속 등 에너지 다소비 제조업의 에너지 소비는 전체의 30.9퍼센트가량을 차지하고 있으며, 제조업 전체는 38.1퍼센트의 에너지를 소비하고 있다. 에너지 자원 집약적인 경제를 계속 유지하면 녹색 경제로 전환하고 녹색 일자리를 창출하는 데 걸림돌이 된다는 지적 등을 염두하면, 산업 구조의 개편을 적극 고려하지 않을 수 없다. 에너지 다소비 산업인 철강산업이나 석유화학산업 등의 에너지 효율성을 높일 필요도 있지만, 근본적으로는 그 산업의 생산 활동 자체를 축소하는 방식의 접근을 피할 수 없을 것이다. 이런 접근은 해당 산업이 몰려 있는 지역, 예를 들어 울산, 포항, 여수 등 대규모 산업 단지의 지역 경제가 침체하고 관련 산업의 고용이 감소할 수 있다는 점에서 정부로서는 결코 달갑지 않는 구상이지만, 마냥 피할 수만은 없는 쟁점이 될 것이다. 2050년까지 단계적으로 에너지 다소비 산업을 축소하고 해당 지역 경제의 녹색화와 일자리 전환 정책을 추진하면서도 관련된 비용과 기회를 사회적으로 균등하게 배분하는 정의로운 전환 전략을 모색해야 한다. 녹색 전환 과정에서 노동자, 서민, 빈민 등 사회적 약자가 피해를 보거나 혜택을 덜 받지 않게 사회적 정의와 경제적 정의를 동시에 추구해야 한다.

둘째, 에너지 시스템의 전환 관리다. 탈핵 에너지 전환에 관한 논의는 지역 분산형 재생에너지 시스템을 대안으로 제시하고 있다. 에너지 수요 감축에 관련해 살펴볼 때도 이런 전환은 중요한 의미를 지닌다. 발전용으로 화석연료를 태우는 과정에서 꽤 많은 전환 손실이 발생하는데, 2010년의 경우 전환 손실은 전체 1차 에너지의 26.2퍼센트나 된다. 재생에너지를 사용할 경우 전환 손실은 거의 발생하지 않는다고 계산할 수 있다. 또한 지역에서 생산하고 소비하는 지역 분산형 시스템은 전환 손실과 함께 발생하는 송배전 손실을 크게 낮출 수 있다. 그런데 여기서 쟁점이 하나 제기된다. 지역별로 분산된 재생에너지량과 각 지역의 에너지 수요량(인구와 산업 활동으로 추정할 수 있다)이 일치하지 않는 문제를 검토해야 한다. 인구 1000만 명의 서울이 지역 안의 재생에너지원으로 에너지를 자급할 수 있느냐 하는 문제다(지역 재생에너지 자급율의 문제). 따라서 지역 재생에너지 자립도(지역 재생에너지 생산량/지역 최종에너지 소비량)를 높이는 정책 프레임을 도입해야 한다. 지역 안의 재생에너지 자원을 최대한 활용하는 한편 장기적으로 서울의 인구와 경제 활동을 지역적으로 분산하는 방안도 중요 과제로 검토해야 한다. 또한 지역 에너지 전환이라는 측면에서 지금 같은 중앙 집중형 에너지 공기업 체제를 지역적으로 분할된 지역 에너지 공기업 체제로 바꾸는 방안도 함께 살펴볼 필요가 있다.

탈핵 에너지 전환의 시나리오 2 — 대안적 정치와 사회 시나리오

'닫힌 사회'일수록 탈핵 에너지 전환이 어렵지만, 정치적 기회 구조의 변화와 정책 변동의 흐름에 맞는 정치적 전략과 사회적 전략을 세워 구체적 상황과 상대에 적절히 대응할 수 있느냐에 따라 경로 전환의 성패는 달라질 수 있다. 그렇다면 '찬핵 동맹 약화'와 '탈핵 동맹 강화'를 추구하는 데 유용한 전략적 선택지는 무엇인가? 탈핵 동맹이 몇몇 수단을 자유롭게 선택할 수 있더라도 일차적으로는 이 선택이 정치적 기회 구조의 범위 안에서 일어나기 때문에 여러 상황을 고려해야 한다. 탈핵 에너지 전환의 정치적 전략과 사회적 전략의 효과성과 활용도를 놓고 평가해보자.

한국은 이제 정치적 의제 설정 단계에 진입했기 때문에 경로 전환을 위해 다층적이고 다면적인 전략을 취할 필요가 있다. 그런데도 각 전략마다 효과는 다르게 나타나리라고 예상되는데, 제도적 전략에서는 입법, 제도 개선, 탈핵 선거가 효과가 높고, 국민투표나 주민투표, 법적 소송은 중간이거나 효과가 미약할 것이다. 사회운동적 전략으로는 대중운동과 지역운동, 그리고 에너지 전환 실험과 대안 시나리오 공론화가 높게 나타나는데, 탈핵 동맹에서 기본이 되는 방식이기 때문이다. 여기에 재생에너지와 에너지 효율 향상을 위한 경제사회 수준의 동맹 구조가 형성돼야 독일 사례처럼 계급적 지지를 획득할 수 있다. 그러나 지금까지는 효과가 높을 것으로 기대되는 전략에 관련된 탈행 동맹의 움직임은 활발하지 않거나 효과를 극대화하지 못하고 있다.

2012년 대통령 선거와 2014년 지방선거 국면에서 탈핵이 공식적으로 정치적 의제가 되기는 했지만, 더욱 중요한 것은 일상적으로 탈핵 동맹이 나아갈 길을 모색하려는 시도다. 강력한 핵 카르텔의 영향력을 제어하는 과정은 험난할 수밖에 없을 테고, 여대야소의 의회 권력을 감안하면 '탈핵의 정치'에는 더 큰 제약이 따를 것이기 때문에, 정치사회에 쏟는 관심을 넘어 사회운동적 전략에 주목해야 한다. 시민사회에서 제기되는 이슈와 균열이 정치사회에 제대로 반영되지 않을 때는 제도를 절차적으로 활용하는 동시에 제도를 구성하는 정치적이고 사회적인 조건을 바꾸는 전환 요소를 파고드는 것도 중요하다. 이런 점들을 고려해 에너지기후정책연구소의 정치·사회 시나리오가 제안하는 탈핵 동맹의 집중 전략 과제를 살펴보자.

첫째, 찬핵 동맹을 해체하기 위해 핵 카르텔의 제도적 기반을 약화시켜야 한다. '에너지 합의' 대화를 경험한 독일의 1990년대에 비교하면, 한국 핵 카르텔의 제도적 기반은 무척 굳건하고 이데올로기는 여전히 효과

탈핵 에너지 전환 전략							
제도적 전략					사회운동적 전략		
로비/ 청원/ 행정 개입	입법/ 제도 개선	탈핵 선거	국민 투표/ 주민 투표	법적 소송	대중운동 /지역운동	에너지 전환 실험 /대안 시나리오	적녹 동맹 /재생에너지 동맹
효과	낮음	높음	높음	낮음	중간	높음 (기본)	높음 (기본)	높음
활용	낮음	중간	중간	낮음	중간	중간	낮음	낮음

적이다. 탈핵 동맹으로서는 '탈핵 에너지 기본법'이 통과되는 게 바람직하더라도, 이런저런 상황을 고려하면 몇 년 안에는 불가능하리라는 게 현실적인 판단이다. 찬핵 동맹이 최근 다시 전열을 쉽게 가다듬은 것도 바로 전체 사회에 연결돼 있는 핵 카르텔을 확대 재생산하는 메커니즘 덕분이다. 역사적으로 형성된 에너지 정책과 지금 구축된 에너지 시스템이 이런 구조를 뒷받침하고 있는데, 인적, 재정적, 산업적, 정치적 요새로 기능한다. 그렇다면 바로 이 핵 카르텔의 물적 토대인 제도적 기반을 잠식해야 한다. 전기 요금과 전력산업기반기금을 대폭 개선해야 할 뿐 아니라, 나아가 탈핵을 염두한 전력산업 구조개편 방안도 마련해야 한다. 그리고 시민들이 '에너지 소비자'로 전락하지 않게 하려면 에너지 정책 전반에 걸쳐 정보 접근권을 확대하고 시민들의 민주적 참여를 실질적으로 보장해야 한다. 나아가 중앙 집중형 에너지 시스템을 지역 분산형 에너지 시스템으로 바꾸기 위해 중앙정부의 권한과 재정을 지자체로 넘겨 지역 에너지 공사 설립 같은 제도적 전환을 모색하는 것도 중요하다.

둘째, 탈핵 정치 동맹을 위해 개혁 정당과 연대할 녹색당과 진보 정당이 성장해야 한다. 독일식 정당 명부식 비례대표제를 비롯해 정치 제도를 개혁하는 방안이 탈핵에 도움은 되겠지만, 자칫 잘못하면 닭이 먼저냐 달걀이 먼저냐 하는 소모적인 논쟁으로 빠질 수 있다. 양당 구조가 굳어진 한국의 정치 현실에서는 느슨한 탈핵 견해를 드러내더라도 개혁 정당(보통 야당을 뜻한다)을 '비판적으로 지지'할 수밖에 없다는 '전략적 선택' 경향이 우세하다. 녹색당과 진보 정당의 영향력이 정치사회에서 제한적이라는 현실을 보더라도 당연한 생각이고, 독일 등 몇몇 해외 사례를 절대화해 한국에 기계적으로 대입하는 것도 무리이기 때문에 올바른 판단이기도 하다. 탈핵 에너지 전환은 장기적으로 추진될 수밖에 없고 전환 과정이 길수록 '찬핵의 반동'이 등장할 가능성도 높기 때문에, 일관되게 탈핵을 주요 강령으로 내세우는 '국민정당'의 존재가 중요하다. 그렇지만 개혁 정당만을 상수로 놓고 탈핵 동맹의 핵심 정치 세력으로 설정하게 되면 무리가 따른다. 개혁 정당이 좀더 적극적으로 탈핵에 나서 찬핵 정당을 상대로 경쟁하려면 좀더 강력한 태도를 갖고 있는 녹색당과 진보 정당이 성장하는 것도 필요하다. 정치적으로 넓은 탈핵 스펙트럼에서 개혁 정당을 견인하는 과제는 시민사회를 비롯해 언론사회와 지식사회의 몫이지만, 정당 체제 안에서도 중요한 사안이다.

셋째, 재생에너지와 에너지 효율 중심으로 녹색 사회의 경제 영역을 만들어야 한다. 정치 체제에서 일어나는 변화와 함께 재생에너지 자체에 관한 발상의 전환이 필요하다. 탈핵과 에너지 전환을 한 묶음으로 생각하더라도 재생에너지, 에너지 효율 산업, 에어지 효율 일자리를 특화해야 한다. '선 에너지 전환, 후 탈핵'이라는 도식을 경계해야겠지만, 핵발전소를 한꺼번에 곧바로 폐쇄하는 '단절적' 탈핵을 염두하지 않는다면 얼마 동안은 핵에너지와 재생에너지의 '공생' 단계를 거쳐야 한다. 또한 재생에너지 확대에 우호적이지 않은 에너지 시스템의 '틈새'를 파고드는 전략도 여전히 효과적이다. 공생 또는 틈새에 주목한 전략적 방향으로는 재생에너지법을 제정하거나 개정해 관련 녹색 산업과 녹색 일자리를 적극 확대하는 것을 들 수 있다. 이런 방향은 그것 자체로 당위적일 뿐 아니라 탈핵 과정에서 사회적이고 경제적인 정당성을 확보하는 데 대단히 효과적이기 때문이다. 독일 사례처럼 재생에너지 기업과 관련 노동자들은 탈핵을 지지하는 경제적 이해관계를 갖기 마련이고, '찬핵의 반동'에 적극 맞서는 조직적 동력이 된다. 아직까지 경제사회 수준의 탈핵 동맹이 취약하고 탈핵 동맹 안에서도 '적녹 동맹'(전통적으로 적색은 진보를 뜻하고 녹색은 환경을 뜻하며, 적녹 동맹은 적색과 녹색의 결합을 말함) 또는 '재생에너지 동맹'(재생에너지 관련 산업, 노동, 환경 분야의 동맹)을 탈핵 전략으로 구상하고 있지 않기 때문에, 여기에 특별한 관심과 실천적 노력이 뒷받침돼야 한다. 또한 핵산업 축소와 고용 변화에 관련해 '정의로운 전환'의 관점에서 고용 불안을 제거하고 노동자와 지역사회에 미칠 피해를 예방하거나 최소화하려고 노력해야 한다. 반면 재생에너지 산업화가 재벌 중심, 수출 중심으로 흘러갈 가능성이 높다는 점에 주의해야 한다. 이미 그런 낌새가 있다. 따라서 탈핵 동맹은 재생에너지와 에너지 효율 분야의 사회적 경제 영역을 의식적으로 조직해야 한다. 태양광과 풍력 설비를 제작하는 비정규직의 실태를 파악하는 작업으로 시작해 에너지 협동조합, 사회적 기업, 지역 에너지 공사 등 지역 에너지 자립을 위한 사회적 경제 단위를 실험해야 하다. 이런 재생에너지 동맹이야말로 탈핵 동맹의 또 다른 이름이 될 것이며, 에너지 기본권이 실현되고 녹색 사회로 나아가는 초석이 될 것이다.

001. 핵발전소가 안전하다고 주장하는 핵마피아들은 핵발전소로부터 아주 멀리 떨어져 살고 있습니다.

002. 한 달에 한두 번은 한국의 핵발전소 어딘가에서 '안전성과 관련된' 사고와 고장이 발생하고 있습니다. 지금까지 655건의 핵발전소 사고가 있었고, 그중 128건은 고리 1호기였습니다.

003. 오래된 핵발전소를 수리작업 할 때는 교체 부품을 새로 만들어야 하고, 어떤 이유든지 오리지널 부품과 완전히 똑같지 않을 때에는 중대한 사고가 발생할 가능성이 있습니다.

004. 핵발전소는 오래 운영할수록 그 불안전성은 더욱 커집니다.

005. 국내 21기의 핵발전소 중 어느 하나도 안전에 대한 확실한 인정을 받고 있지 못합니다.

006. 핵발전소에서 나오는 33도씨의 온배수는 물고기의 산소를 빼앗고, 연근해 어부의 생존권을 위협합니다.

007. 핵발전소에 가까이 살수록 그 아이가 암에 걸릴 확률이 높아집니다.

008. 핵발전소는 굴뚝과 물로 방사능 물질을 내보냅니다.

009. 방사능 노출 한계치를 방사능에 영향이 상대적으로 덜한 건장한 젊은 남성을 기준으로 하고 있고, 노약자나 갓난애들은 방사능 노출에 매우 민감하게 반응한다는 사실을 무시하고 있습니다.

010. 적은 양의 방사능 노출이라도 건강상의 해를 가져옵니다.

011. 원자력시설에서 막대한 양의 방사능을 뿜어내는 3중수소는 물로 전달되는데, 사람과 동식물이 3중수소를 호흡하면 질병과 유전자 결함을 일으킬 수 있습니다.

012. 수천 명의 핵발전소 노동자들은 핵발전소에서 청소, 원자로 오물 제거, 수리 업무 등에 종사하는데, 충분한 방사능 보호 장비 없이 합니다.

013. 30년 전에 지어진 핵발전소 기술은 한마디로 말하자면 석기시대의 기술로 폐기해야 마땅합니다.

014. 핵발전소는 지진에 대비해 충분한 대책이 서 있지 않습니다.

015. 핵발전소에 연료가 가득한 여객 비행기가 추락하면 견딜 수 없습니다.

016. 신형 원자로조차 안전하지 않습니다

017. 한국수력원자력은 핵발전소 사고에 대비해 발전 시설에 최소한의 보험만을 들고 있을 뿐입니다.

018. 파국적인 대재해는 오늘이라도 일어날 수 있습니다. 전세계 핵발전소 436기 중에 큰 사고만 11건이 있었고, 핵발전소의 사고율은 무려 2.5퍼센트에 이릅니다.

019. 국민이 내는 전기료로 매년 100억 원씩 원자력문화재단에 홍보비를 지원하고 있고, 심지어 법 규정을 위반해 연간 32억원 원을 인건비로 불법 전용하고 있습니다.

020. 핵발전소의 정전은 원자로에 가장 위험한 상태입니다. 비상용 전원이 완전하지 않으면 냉각장치는 멈추고, 노심용해 위기가 옵니다. 이런 상태는 단순한 악천후만으로도 충분히 발생합니다.

021. 핵발전소를 두고 운행 정지를 할지 망설여질 때의 판단 기준은 안전보다는 이익입니다.

022. '인간은 실수하고, 기계는 고장난다'는 것은 만고의 진리입니다. 핵발전소에서의 실수와 고장은 파국적인 결과를 가져옵니다.

023. 핵발전소를 가동하는 사업자들은 오랜 세월에 걸쳐 조직적으로 가동시 지켜야 할 법령을 무시해왔습니다.

024. 핵발전소에서 전기 계통의 문제는 일상사이며, 그것은 '심각한 결과를 야기할 가능성이 있습니다.

025. 한국의 핵발전소에서 파국적인 대재해가 발생한다면, 체르노빌이나 후쿠시마보다도 큰 피해를 낼 것입니다.

026. 한국 핵발전소에서 파국적인 대재해가 발생할 때는 수백만 명이나 되는 사람들은 심각한 건강 피해를 각오해야만 합니다.

027. 파국적인 대재해가 일어났을 때는 수천 제곱킬로미터 구역에 반영구적으로 사람들이 살 수 없게 됩니다.

028. 어느 지역 전체가 몇 시간 이내에 피난하는 것은 불가능합니다.

029. 요오드제는 핵발전소 사고에서 방사성요오드에 의한 방사능 영향 완화해주지만, 요오드제를 입수하기 위해서 외출해야만 한다면, 아무런 도움도 될 수 없습니다.

030. 파국적인 대재해는 국민경제의 붕괴를 부릅니다.

031. 핵발전소의 원료가 되는 우라늄은 다국적 기업에 의존하고 있고, 세계 우라늄 생산의 3분의 2가 4개의 큰 채굴회사의 손에 놓여 있습니다.

032. 세계 우라늄 매장 지역의 약 70퍼센트에는 원주민이 살고 있는데, 우라늄 채굴은 그들의 마을, 목초, 땅, 농토를 파괴하고 식수를 중독시킵니다.

033. 우라늄 채굴은 소중한 식수를 도둑질합니다. 광석에서 우라늄을 채취하기 위해서는 많은 물이 필요한데, 우라늄 채굴 지역은 물이 많은 곳이 아닙니다.

034. 우라늄 채굴 광산의 독성 진흙은 사람과 환경을 위협합니다.

035. 우라늄 채굴은 암을 야기합니다. 우라늄 채굴과 그 쓰레기장에서 나오는 방사능 독성을 지닌 재료는 노동자와 그 지역 주민들을 병들게 하며 암발생 비율을 높입니다.

036. 우라늄 채굴로 땅은 죽습니다.

037. 우라늄 채광 지역을 재생시키려면 수십 조 원이 필요합니다.

038. 우라늄 광산은 지난 이십 년 전부터 핵발전소가 필요로 하는 사용량을 더이상 맞추지 못하고 있습니다.

039. 우라늄 매장량은 이미 20~30년 후에는 바닥을 드러냅니다.

040. 매우 독성이 강한 방사능 재료를 실은 기차, 화물차, 선박이 운송하는 과정에서 사고나 화재, 혹은 테러를 통해 폭발한다면, 그 안에 든 방사능은 인근 지역을 오염시킵니다.

041. 세계의 많은 핵발전소에서는 목스연료(플루토늄과 우라늄의 혼합연료)를 사용하고 있는데, 약 7킬로그램의 플로토늄은 하나의 핵폭탄을 만들어내는 데 충분합니다.

042. 핵발전소는 다량의 핵쓰레기를 만들어냅니다.

043. 지금까지 핵쓰레기는 단 1그램도 안전하게 처분되지 않았습니다.

044. 핵쓰레기(방사성폐기물)의 최종 처분은 기술적으로 해결되지 않았습니다.

045. 핵쓰레기는 어느 정도 약해질 때까지, 대략 백만 년이 걸립니다.

046. 지하수 통로에 건설되고 있는 경주 핵쓰레기 처분장(방사성폐기물 처분장)은 얼마 안 돼 수몰될 것입니다.

047. 세계 어디를 뒤져봐도 지금까지 안전한 고준위 핵쓰레기 최종 처분장은 단 한 개도 존재하지 않습니다.

048. 어느 누구도 핵쓰레기를 환영하지 않습니다.

049. 핵쓰레기를 담는 용기의 안정성은 충분히 검증되지 않았습니다.

050. 흔히 말하는 사용 후 핵연료의 재처리는 보다 많은 핵쓰레기(방사성폐기물)를 만들어냅니다.

051. 재처리 공장은 방사능 물질로 공해를 유발합니다.

052. 프랑스와 영국의 재처리 공장에는 지금도 독일에서 나온 막대한 양의 핵쓰레기가 보관되어 있다고 합니다.

053. 구서독의 원자력 카르텔은 핵쓰레기를 구동독 모르스레벤 처분장에 태연하게 폐기했습니다.

054. 독일 연방 방사선방호국은 865킬로그램이나 되는 독성 강한 플루토늄을 포함해 30만 세제곱킬로미터의 중저준위 핵쓰레기를 폐광산인 콘라트 갱도에 처분할 계획입니다.

055. 고준위 핵쓰레기는 중간저장시설이라는 이름으로 약간의 설비를 추가한 감자 저장고 같은 창고에 보관되어 있습니다.

056. 독일의 사례를 보면, 사용 후 핵연료를 담는 용기(캐스크)는 방사선을 완전히 차단하지 않습니다.

057. 핵쓰레기가 든 용기는 내구성이 40년인데, 핵쓰레기는 100만 년에 걸쳐 방사능을 계속 방출합니다. 100만 년간 핵쓰레기를 안전하게 보관할 용기(그릇)은 없습니다.

058. 국정원은 후쿠시마 핵발전소 사고 후 방사능이 한국에 영향을 줄 수 있다는 보고서의 발표를 막았습니다.

059. 경주의 핵쓰레기 처분장(방사선 폐기물 처분장) 부지는 지하수가 흐르는 곳으로 결코 안전하지 않습니다.

060. 방사선은 암염층을 무르게 만들어 최종 처분장을 파괴합니다.

061. 지금까지 세계에서 가장 선구적으로 비쳐졌던 스웨덴의 최종 처분장 콘셉트에서조차 지질학자들은 과거 지진의 흔적을 검출했습니다.

062. 방사선을 뒤집어 쓴 원자로를 해체했을 때 거기서 나온 부스러기 대부분은 가정에서 버리는 쓰레기와 똑같이 처분되는 상황이 올 수도 있습니다.

063. 독일 그로나우 시 우라늄 농축 공장에서 발생하는 핵쓰레기는 러시아에 떠넘기고 있고, 우리나라도 몽골에 떠넘기려는 움직임이 있습니다.

064. 핵쓰레기를 '지면에 흡수시킨다'거나 '바다에 가라앉힌다', '사막에 방치한다', '북극 얼음에 가둔다', '우주에 쏘아 올린다' 등 기상천외한 제안이 나오지만, 마지막 아이디어는 달이 너무 멀어서 실패로 끝났습니다.

065. 핵재처리도 핵쓰레기 문제를 해결하지 못합니다.

066. 핵발전소로 전력을 안정적으로 공급한다는 말은 거짓말입니다.

067. 수요와 상관없이 24시간 가동해야 하는 핵발전소는 낭비가 심합니다.

068. 핵발전소는 온실가스를 배출하지 않는다는 것은 거짓말입니다.

069. 핵발전은 기후를 구하지 않습니다. 핵발전은 세계 에너지 수요 중 겨우 2퍼센트를 제공할 뿐입니다.

070. 핵발전은 순전히 에너지 낭비입니다. 물리적으로 핵발전소는 핵분열에 의해 방출된 에너지 중 약 3분의 2는 하천과 대기를 계속 데웁니다. 석탄 화력발전소조차 핵발전소보다 높은 열효율을 발휘합니다.

071. 핵발전소는 전기 낭비를 촉진합니다.

072. 정부는 핵발전소를 위해 수십 조 원 규모의 국가예산을 쏟아부었습니다. 핵발전소 건설에서 해체 작업까지 한결같이 국비가 투입됩니다.

073. 신고리 3호기 건설에 참여했던 노동자가 작업 공정을 단축하기 위해 설계도면과 달리 철근을 잘라서 사용하라는 지시를 받아 부실 공사에 참여했다고 양심 선언했습니다.

074. 수십 년에 걸쳐 한국수력원자력은 해체와 핵쓰레기 처리를 위해 장부상으로 원자력사후처리충당금을 적립하고 있습니다. 실제로는 적립하지 않고, 핵발전소 신규 건설 등에 군자금으로 활용하고 있습니다.

075. 지금까지 수십 조 원이나 되는 세금을 핵발전 건설, 유지, 핵쓰레기 처리 등에 투입했는데, 이것은 다른 분야 학문과 연구를 위한 자금이 부족한 우리에게 있어 소중한 재원입니다.

076. 핵발전소 수명 연장 등으로 이익을 얻는 것은 핵마피아뿐입니다.

077. 핵발전 카르텔을 통해 시장의 독점 권력을 강고히 하고, 수조 원이나 되는 이익을 확보합니다.

078. 최근 20년간 전세계 발전소 출력은 수십만 메가와트 증가했지만, 핵발전소는 거의 건설되지 않았다는 것은 신규 핵발전소는 채산이 맞지 않는다는 것을 증명합니다.

079. 핵발전은 중앙 집중형 에너지 공급 구조와 거대 전력 카르텔의 권력을 강고히 합니다.

080. 핵발전은 우리들의 자유를 빼앗고, 우리들의 기본적인 인권을 제한합니다.

081. 핵발전소는 우리들의 생존권과 신체를 손상받지 않을 권리를 위협합니다.

082. 핵발전 반대 항의 활동을 저지하기 위해 국가는 폭력을 행사하고 있습니다.

083. 1978년 한국에서 최초로 고리 원전이 상업 운전된 이후, 수십 년에 걸쳐 사회를 분열시켜 왔습니다.

084. 많은 정치가와 고위 공무원은 먼저 핵 관련 기업의 의향에 따라 정치를 하며, 그 후에는 그 기업에서 아주 높은 직책에 낙하산 인사로 앉거나 계약을 얻어내고는 합니다. 또한 현직 국

회의원과 언론사, 전문가들도 핵산업계에서 수입을 얻고 있습니다.

085. 핵마피아들은 "원자력이 없으면 전기가 끊긴다"는 소설 같은 이야기를 줄곧 이야기하고 있지만, 후쿠시마 사고 이후 핵발전소 가동을 전면 중단한 일본 사회는 아무런 문제가 발생하지 않았습니다.

086. 누구도 핵발전소 옆에서 살고 싶어하지 않습니다.

087. 원자력의 이용은 합리적인 상식에 어긋납니다. 핵발전소는 소수의 사람들이, 짧은 시간밖에 이용할 수 없음에도 아주 많은 사람들의 목숨과 건강을 위협합니다.

088. 원자력의 평화 이용과 군사 이용은 분리시킬 수 없습니다.

089. '고속증식로'는 핵무기 확산의 위험을 급격히 증대시킵니다.

090. 핵시설에서 나오는 방사능 물질은 더러운 폭탄으로 악용될 수 있습니다. 어느 핵시설에서 나온 방사능 물질을 아주 조금만 평범한 폭탄물과 조합하면 '더러운 폭탄'을 제조할 수 있습니다. 폭발하면 방사능 물질이 안개처럼 확산되어 주변 환경을 오염시킵니다.

091. 핵발전소는 공격의 표적입니다. 수백만이나 되는 인간에게 위해를 가하고 목숨을 빼앗으며, 지역 전체를 거주 불가능으로 만드는 데에 핵폭탄을 가질 필요는 없습니다. 핵발전소 하나를 공격하면 그걸로 충분합니다.

092. 우라늄 농축의 과정에서 발생하는 방사성폐기물은 열화우라늄탄이 됩니다.

093. 원자력산업의 우라늄에 대한 갈망은 새로운 분쟁을 부추기고 있습니다. 아프리카 각국의 우라늄 분포는 그 지역에 수십 년에 걸쳐 지속되어 온 분쟁과 깊은 관계가 있습니다.

094. 100퍼센트 재생 가능 에너지에 의한 에너지 공급은 가능합니다.

095. 원자력과 재생가능에너지는 공존할 수 없습니다.

096. 원자력은 혁신과 투자를 막습니다. 원자력에 집착하는 것은 친환경적이고, 수출에 강한 금세기 최대 인기 산업인 재생에너지 산업의 확대에 찬물을 붓는 격입니다.

097. 세계 전역에 있는 438기의 핵발전에 의한 발전 전력량으로는 전세계 에너지 수요의 불과 2퍼센트밖에 공급하지 못합니다. 우스울 정도로 적은 양입니다.

098. 원자력은 전세계에서 시대에 뒤떨어진 유물입니다.

099. 독일에서 증명된 것처럼 재생 가능 에너지는 수십만 명의 일자리를 창출합니다. 핵발전소는 불과 수만 명의 일자리를 만들었을 뿐입니다.

100. 원자력은 에너지혁명을 저해합니다.

이유진 외 지음, 《기후변화의 유혹, 원자력 — 원자력 르네상스의 실체와 에너지 정책의 미래》,
도요새, 2011

'원자력 르네상스'의 실체를 확인하면 핵발전이 기후변화에 대응하는 해결책이 될 수 없다는 점을
깨닫게 된다. 후쿠시마 사고를 예견이라도 한 듯 출간 두 달이 지나 일본에서 재앙이 발생했다.

에너지기후정책연구소 기획, 《탈핵 — 포스트 후쿠시마와 에너지 전환 시대의 논리》, 이매진, 2011

후쿠시마 사고 뒤 한국에서 처음 나온 탈핵 도서. 한국 핵발전의 역사와 에너지 정책의 문제점을
되짚고, 독일이 탈핵을 결정하는 과정을 소개한다. 짧은 분량에 부담 없이 읽을 수 있어 입문서로
알맞다.

김익중 지음, 《한국 탈핵 — 대한민국 모든 시민들을 위한 탈핵 교과서》, 한티재, 2013

'탈핵 강사'로 유명한 김익중 교수의 탈핵 강의. 후쿠시마 사고 뒤 2년 반 동안 전국 곳곳을 누비
며 450번이 넘는 대중 강연을 한 내용을 모았다. 정부와 한국수력원자력이 감추는 진실을 따라
가다 보면 '탈핵 한국'은 멀지 않았다는 낙관을 전해준다.

김종철 외 지음, 《탈핵 학교 — 밥상의 안전부터 에너지 대안까지 방사능 시대에 알아야 할 모든
것》, 반비, 2014

의사, 과학자, 법학자, 에너지 전문가, 성직자까지 거의 모든 분야의 전문가들로 구성된 '탈핵 학
교' 강사들의 강의록. 학교는 물론 어디에서도 가르쳐주지 않는 핵발전의 모든 것을 배운다.

다카하시 데쓰야 지음, 한승동 옮김, 《희생의 시스템 후쿠시마 오키나와》, 돌베개, 2013

현대 일본 사회를 비판적으로 성찰하는 한 철학자의 깊은 울림이 가득하다. 전후 일본 사회는 핵
발전(후쿠시마)과 안보 체제(오키나와)로 상징되는 '희생의 시스템'을 만들어냈다. 한국의 핵발전소
네 곳과 765킬로볼트 송전망도 어딘가에서 살아가는 누군가의 희생으로 유지되고 있다.

오시카 야스아키 지음, 한승동 옮김, 《멜트다운 — 도쿄전력과 일본 정부는 어떻게 일본을 침몰
시켰는가》, 양철북, 2013

경제부 기자의 탐사 보도가 빛나는 역작으로, 일본에서 큰 반향을 일으켰다. 제34회 고단샤 논픽
션상을 받았지만, 픽션이라는 착각이 들 정도로 생생하게 후쿠시마 사고 1년을 추적한다. 후쿠시
마 뒤에도 독일하고 다르게 핵발전을 고집하는 일본의 정체를 알고 싶은 이에게 강력 추천

정의로운 에너지 전환

다른 에너지를 향해 지금 무엇을 할 것인가

2011년의 일본 후쿠시마 핵사고 이후 핵발전의 위험이 다시 부각되면서 독일, 스위스, 이탈리아의 탈핵 선언처럼 전세계적인 탈핵 바람이 불고, 핵산업이 침체되고 있다. 후쿠시마 핵사고, 기후변화, 석유 생산 정점과 고유가, 장기 경제 침체 등 외부 충격은 현재의 경제 체제와 이 체제를 뒷받침하는 에너지 체제의 지속 가능성에 관한 폭넓은 회의를 강화하고 있으며, 에너지 체제를 변화시켜야 한다는 주장이 널리 설득력을 얻는 중이다.

특히 철강, 석유화학, 자동차 등 수출 중심의 에너지 다소비 산업 분야가 핵심 위치를 차지하고 있는 한국 경제는 에너지와 자원 집약적 특성에서 벗어나지 못한 상태이며, 에너지의 해외 의존도를 줄이지 못해 외부 충격에 아주 취약하다. 또한 전력 산업 같은 중앙 집중 방식의 에너지 체제는 지속 가능한 에너지 미래로 나아가는 전환 과정에서 개혁의 대상이 되고 있다.

그러나 한국 정부는 후쿠시마 사고를 겪은 뒤에도 고리와 월성에 있는 '노후 원전'의 수명을 연장하려 하고 있으며, 삼척과 영덕에 새로 원전을 짓는 절차를 밀어붙이고 있다. 이런 상황은 한국의 주류 정치가 지속적인 경제성장을 추종해왔고, 이런 정책을 비판하고 대안을 제시하는 미래 지향적인 정치 세력이 부족한 때문이기도 하다.

지금 전세계 핵발전소는 429기인데, 최고치를 기록한 2002년의 444개보다 15기가 줄어든 숫자다. 세계 전력 생산에서 핵에너지가 차지하는 비중도 1993년 17퍼센트에서 2011년 11퍼센트로 떨어졌으며, 후쿠시마 사고의 여파로 2010년에 견줘 4.3퍼센트가 줄어들었다. 또한 IEA는 석유 수요량이 2010년의 1일 8700만 배럴에서 2035년에는 9900만 배럴로 늘 것으로 예상하고 있다. 석유 수요량은 늘어나지만 공급은 한계에 다다르면서 석유 생산비도 증가하고 있다. 석유정점연구회(ASPO) 등은 오래전부터 석유 생산 정점을 예고하고 있었고, IEA는 2006년을 앞뒤로 전통적 원유의 생산량 정점이 지났다고 파악하고 있다. 최근 5년간 국제 유가는 2008년 7월에 최고치를 기록했다 빠르게 떨어진 뒤 계속 오르고 있다. "값싼 석유 시대는 끝났다"는 경고가 현실화되고 있다.

IPCC는 20세기 중반 이후의 지구 온난화는 인위적인 온실가스의 농도가 증가한 탓이라고 평가하면서, 2007년 평가보고서를 통해 현재 추세가 계속된다면 금세기 말까지 최대 섭씨 6.4도의 온도 상승이 예상된다고 전망했다. 특히 한국의 1인당 이산화탄소 배출량(연료 연소 부문)은 전세계에서도 최상위에 속한다. 2009년 현재 1인당 1만 574킬로그램($kgCO_2/capita$)으로 오스트레일리아(1만 7867), 미국(1만 6895), 캐나다(1만 5434)보다는 낮지만, OECD 평균(9833)과 유럽 평균(7231)보다 높다. 심지어는 일본(8583)보다도 높아 앞으로 온실가스 감축이 본격화되면 큰 타격을 받을 것이다. 한국환경정책평가연구원은 현재 추세에 따르면 2100년까지 기후변화에 따른 한국의 누적 피해액이 2800조 원에 이를 것이라고 보는데, 2010년 기준 GDP의 2배가 넘는 금액이다.

환경 위기가 심각해지고 위기에 대응하는 전지구적 노력이 이어지고 있는 상황에서 2012년 열린 리우+20 세계환경정상회의는 '녹색 경제'를 핵심 의제로 다뤘다. 그러나 경제성장 중심의 지속 가능성만 계속 강조된다면, 지속 가능한 발전이나 녹색 경제는 수사적 의미 이상의 효과를 기대하기 어려울 것이다. '녹색'과 '생태'와 '지속 가능성'을 유행처럼 남발하기보다는 진정한 녹색 사회를 향한 포괄적인 구상 아래 성찰적이고 실질적인 전환의 기획을 마련해야 한다.

기후변화의 심각성에 관한 전지구적 차원의 인식은 유엔기후변화협약과 교토 의정서 체결로 나타났고, 한국도 다배출 국가로서 국제 규제에서 벗어나기 힘든 상황이다. 한국은 2020년까지 BAU 대비 30퍼센트로 온실가스 감축 계획을 마련했지만, 빠르게 늘어나고 있는 온실가스 배출 추세를 고려하면 감축 목표를 상향 조정하는 방안을 포함해 좀더 적극적이고 능동적인 자발적 감축으로 전환해야 한다.

유럽의 주요 선진국들이 탈핵을 선언하거나 핵발전 확대 정책을 재검토하고, 핵발전의 대안으로 재생 가능 에너지 전환에 적극 나서고 있다. 한국 정부는 핵발전 확대와 수출 정책 기조를 유지하고 있지만, 후쿠시마 사고 뒤 당위적인 탈핵 주장을 넘어서 좀더 구체적이고 실질적인 탈핵과 에너지 전환의 청사진과 로드맵을 구상해야 할 때다.

한편 동북아에서는 다자간 에너지 협력이 걸음마 단계다. 에너지 협력을 매개로 동북아 지역이 안정되면 긴장 관계 탓에 늘어나는 군사비 같은 문제를 어느 정도 해결할 수 있으며, 환경 문제 해결과 재생에너지 개발 등으로 협력을 확대할 수 있다. 동아시아 에너지 안보의 불안을 해소하려면 짧게는 에너지 협력, 길게는 지역 통합 에너지 공동체를 지향해야 한다. 특히 에너지난을 겪고 있는 북한도 재생 가능 에너지에 큰 관심을 보이고 있기 때문에 한반도 재생 가능 에너지 공동체 같은 구상을 통해 평화 정착, 교류, 협력의 시대로 나아갈 전기를 마련해야 한다는 말이다.

에너지 전환 7대 원칙 — 정의롭고 지속 가능한 탈핵과 에너지 전환

먼저 에너지 전환은 핵발전의 위험과 기후변화 위기에서 벗어날 수 있도록 '에너지 효율화'와 '재생 가능 에너지 이용의 확대'를 통해 지역 분산형 에너지 체제로 전환해 한국 사회의 지속 가능성을 높이는 데 기여해야 한다. 또한 이 과정에서 발생하는 비용과 책임을 공정한 배분하고 사회적 약자를 보호할 수 있게 보장해야 한다.

둘째, 대안적 에너지 기후 정책이 지향하는 변화를 좀더 명확히 부각시킨다는 측면에서 원자력과 탄소 중독 사회에서 탈핵과 탈탄소 사회로 전환한다는 목표를 분명히 함으로써, 핵에너지와 화석에너지 중심 사회에서 벗어나자는 주장을 정식화할 수 있다.

셋째, 신자유주의적 녹색 시장 담론을 넘어선 녹색 사회 담론으로 나아가야 한다. 에너지의 안정적 공급과 기후변화 대응에서 시장의 구실을 강조하는 녹색 시장 담론을 넘어서, 시민사회와 사회적 경제의 구실과 균형을 강조하는 녹색 사회 담론을 강화해야 한다.

이런 세 가지 기준에 더해 정의롭고 지속 가능한 탈핵과 에너지 전환에는 네 가지 중요한 열쇠말이 있다. 첫째, '탈핵'은 후쿠시마 핵사고 이후 핵발전의 위험에서 벗어나려는 전지구적 움직임에 동참하는 것을 뜻한다. 둘째, '지속 가능성'은 기후변화와 석유 생산 정점 등 에너지 자원의 위기에 대응해 환경, 사회, 경제의 측면에서 지속 가능한 사회를 추구하며 시민들의 알맞은 삶의 질을 보장하는 것을 뜻한다. 셋째, '사회적 정의'는 위험과 위기에서 벗어나기 위해 필요한 비용과 책임을 공정하게 배분하며, 전환 과정에서 사회적 약자를 보호함으로써 사회적 형평성을 확대하는 것을 뜻한다. 넷째, '사회적 경제'는 에너지 전환과 기후변화 대응에서 지속 가능성과 지역사회의 사회적 책임을 우선하는 사회적 경제의 구실을 확대한다.

지금까지 정부는 에너지 공급의 안정적 확대라는 목표에 정책의 초점을 맞추고 있었으며, 기후변화를 일으키는 온실가스 감축에 대응하려고 원자력 의존도를 높이는 흐름을 유지했다. 이런 정책은 시민들의 알맞은 삶의 질을 유지하는 에너지 서비스를 제공하는 것보다는 에너지 공급 확대 자체에 목표를 두면서, 한국 에너지 시스템의 위기를 연장하거나 확대할 뿐이다. 따라서 에너지 수요가 계속 늘어난다는 예측에 기반을 두고 핵과 화석연료 의존도를 높여온 정책과 결별한 뒤 에너지 효율화와 절약을 확대하고 재생에너지 이용을 확대하는 탈핵 에너지 전환을 시작해야 한다. 또한 에너지 생산과 소비 과정에서 나타나는 에너지 부정의 문제를 해결하고, 에너지 전환 과정에서 발생하는 비용과 편익을 공평하게 배분해야 한다. 에너지 전환의 기준과 목표를 실현할 원칙은 다음 7가지로 정리할 수 있다.

제1원칙, 지속 가능한 에너지 시스템 전환을 지향한다는 원칙이다. 온실가스를 배출하는 화석연료와 위험을 안고 있는 핵발전 중심의 에너지 체제를 에너지 효율화와 절약, 재생에너지를 중심으로 한 지속 가능한 에너지 체제로 전환한다. 에너지 수요 증가를 총량 차원에서 관리하고 점진적으로 축소하며, 중앙 집중형 대규모 에너지 체제를 지역 분산형 소규모 에너지 소비 체제로 전환한다. 이 과정을 안정적으로 추진할 전환 관리 체제를 구축한다.

제2원칙, 에너지 서비스의 사회적 형평성을 제고한다는 원칙이다. 그 사회의 모든 구성원이 경제적, 지역적, 사회적 차이를 넘어 기본적인 에너지 서비스를 이용할 수 있게 보장하며, 모든 사회 구성원이 적정한 에너지 서비스를 누릴 수 있게 에너지 분야의 사회적 정의를 제고해야 한다. 기본적인 에너지 서비스를 이용하는 데 필요한 재정은 국가와 지역사회를 통해 연대의 방식으로 확보해야 하며, 에너지 산업의 공공성을 확보해야 한다.

제3원칙, 전환 이익과 비용 부담의 사회적 정의라는 원칙이다. 지속 가능한 에너지 전환을 통해 얻는 이익이나 이 과정에 필요한 경제적 또는 사회적 비용은 사회적으로 정의롭게 배분돼야 한다. 특히 전환 정책을 추진하며 에너지 가격이 올라 사회적 취약 계층이 지불해야 하는 에너지 비용이 올라가면 이 상승분을 사회적으로 지원하며, 에너지 산업을 비롯해 산업 전반의 구조 개혁에 대비한 고용 전환 프로그램을 마련하고, 이 프로그램을 지원할 재원을 공적으로 조달한다.

제4원칙, 에너지 정책의 민주성, 참여성, 통합성을 확대한다는 원칙이다. 국가와 지역의 에너지 정책을 결정하는 데 적용하는 민주적 절차를 확립하며, 시민과 지역 주민과 이해관계자들의 실질적 참여를 확대한다. 특히 핵발전소 확대 정책과 온실가스 감축 목표 설정 등에 관한 폭넓고 민주적인 토론을 벌어야 하며, 재생에너지 사업에 지역 주민이 실질적으로 참여할 수 있게 보장한다. 또한 에너지 전환을 지향하는 정책에 모순되는 기존 정책이나 새롭게 추진되는 정책은 정책 간 통합성을 높이기 위해 조정한다.

제5원칙, 에너지 정책의 분권화와 지역 거버넌스 강화라는 원칙이다. 중앙정부가 거의 독점하고 있는 에너지 정책의 결정 권한과 재정을 지방정부에 이전해 지역사회의 민주적 논의를 거쳐 지역 에너지 자립 정책을 추진할 수 있게 한다. 또한 지역 내부의 다양한 혁신 주체들이 지역의 에너지 정책을 수립하는 과정에 참여하는 폭을 확대하며, 특히 지역 에너지 공기업뿐 아니라 지역 공동체 소유의 협동조합과 사회적 기업 등의 혁신 역량을 활용한다.

제6원칙, 국제 사회의 책임성과 연대를 강화한다는 원칙이다. 한국의 경제성장 과정에서 일어나는 온실가스 배출, 해외 에너지 자원을 개발하는 과정에서 빚어지는 인권 침해 등에 관한 국제 사회의 책임성을 높인다. 특히 온실가스 감축 목표를 재검토하고 강화하며, 개발도상국이 지속 가능한 에너지를 개발할 수 있게 공적개발원조를 강화한다. 또한 동북아의 재생에너지 협력과 탈핵을 위한 국제 협력을 강화한다.

제7원칙, 지속 가능한 사회 발전과 경제 발전에 기여한다는 원칙이다. 한 사회를 유지하고 사회 구성원의 삶의 질을 유지하는 데 필수적인 에너지 서비스를 제공하는 것이 목표인 '에너지 체제의 전환'은 한국 사회 전체의 지속 가능한 발전에 기여해야 한다. 이 원칙은 사회적 양극화 해소와 보편적 복지의 확대, 노동권의 보장과 질 좋은 일자리의 확대, 지역 분권화와 자립 강화 등의 전망에 긴밀히 연계된다.

무엇을 할 것인가 — 에너지 전환 삼삼삼삼 프로젝트

핵발전소와 방폐장을 유치한 지역에 한정되던 핵 문제가 후쿠시마 사고 뒤 전국적인 쟁점이 됐다. 한국 사회는 핵을 둘러싼 사회적 균열이 정치적 균열로 이어지는 초기 상태에 도달해 있다. 그러나 한국은 기술적인 측면이나 정치적인 측면에서 핵발전의 고착화 수준이 높은 경성 에너지 시스템이며, 이 시스템을 지탱하는 찬핵 동맹 세력은 여전히 강력하다. 반면 탈핵 동맹의 영향력은 아직도 낮은 상태다.

　여전히 미약한 탈핵 동맹 세력의 영향력을 확대하려면 탈핵 에너지 전환에 이해관계자들을 결집하고 설득해야 한다. 먼저 재생에너지와 에너지 효율화 산업 분야의 이해관계자들(기업과 노동자)을 지원하는 정책을 제시해야 한다. 둘째, 협동조합 같은 사회적 경제 영역의 행위자들이 경제적 사업 영역으로 재생에너지를 비롯해 에너지 전환 부문에서 활동할 수 있게 지원해야 한다. 셋째, 재생에너지를 중심으로 한 소규모 지역 분산형 에너지 시스템의 구축에 연계해 지역 분권과 지역 경제 활성화 정책을 추진해야 한다. 그럼 정치와 경제, 복지와 한반도, 기후정의, 정의로운 에너지 전환이라는 네 분야로 나눠 '에너지 전환 삼삼삼삼 프로젝트'를 좀더 자세히 살펴보자.

정치와 경제 그리고 에너지

법과 제도의 차원에서 탈핵 에너지 전환을 추진하려면 이 목표에 도달하는 정치적이고 사회적인 의사 결정 과정을 검토하고 토론해야 한다. 해외 사례를 보면 국민투표나 주민투표를 통해 원전 폐쇄와 신규 원전 건설 중단을 결정하는 경우도 있고(이탈리아, 미국 캘리포니아), 정당과 이해관계자 사이의 협상 결과 법제화를 거쳐 탈핵을 결정한 경우도 있다(독일). 한국이 탈핵을 결정하는 경로로 무엇이 적당한지 검토해 단계적이고 구체적인 전략을 마련해야 한다. 녹색당은 탈핵에너지전환 기본법(안)을 제시했고, 민주통합당을 중심으로 한 탈핵에너지전환국회의원모임은 이 안을 포함해 10가지 입법 과제를 선정해서 법률 제정이나 개정을 추진할 계획을 밝혔다. 그럼 구체적인 프로젝트를 살펴보자.

첫째, 에너지 정책을 민주화하고 원전의 안정성을 확보한다. 신규 원전 부지 선정, 방폐장, 밀양 송전탑을 둘러싼 갈등에서 알 수 있듯이 정부는 정책을 일방적으로 추진하면서 심각한 사회 갈등을 불러일으켰다. 갈등을 예방하기 위한 대안으로 '에너지 정책 시민합의회'와 '에너지 부문 참여예산제' 같은 제도를 적극 검토해야 한다. 또한 권력 최상층까지 연루된 원전 부품 비리에서 볼 수 있듯이 원전의 안정성을 확보하려면 원자력안전위원회의 독립성을 강화하는 데에서 출발해야 한다. 또한 전국민적 의혹에 시달리고 있는 운영 중인 모든 원전의 안정성을 전면 점검하고 안전 규제 수준을 강화해야 한다. 아울러 일본 방사능 식품의 수입을 중단하고 생활 방사능 실태를 종합 조사해 생활 방사능 오염 수치를 공개해야 한다.

둘째, 재생 가능 에너지를 법제화하고 에너지 가격 체계를 개편한다. 전기 요금으로 조성되는 전력산업기반기금을 개혁해 '(가칭) 재생에너지 진흥기금'을 설치하고, 발전차액지원제도를 다시 도입하며, 교차 보조 폐지와 산업용 전기 요금 정상화 등 전력 가격 체계를 개선해야 한다. 또한 신에너지와 분리해 재생 가능 에너지 목표율을 상향 조정하고 소규모 재생 가능 에너지 융자 제도를 도입하는 등 재생에너지 관련 재정 지원을 강화해야 한다. 아울러 원자력문화재단을 폐지하고 재생에너지재단을 설립해 재생 가능 에너지의 사회적 수용성을 강화해야 한다. 또한 에너지 관련 세제를 탄소세로 전환해 통합하고, 전기 요금 원칙을 조정하고 현실화할 대책을 세워야 한다. 또한 고유가 폭리를 근절하고 정유사의 공공성을 확보할 방안을 마련해야 한다.

셋째, 녹색 경제와 녹색 일자리를 창출한다. 먼저 재단 방식의 녹색 일자리 교육훈련센터를 만들고, 녹색 일자리를 창출하고 전환하는 업체를 대상으로 세제 혜택 등을 줘 중소기업과 지역 중심으로 재생 가능 에너지 산업을 육성해야 한다. 또한 재생 가능 에너지 산업 육성 특별법을 제정하고, 저소득층 사회적 녹색 일자리 창출 업체를 지원하며, 협동조합 육성 지원책을 마련하는 등 사회적 경제 영역에서 녹색 경제와 녹색 일자리를 확충해야 한다.

복지와 한반도 그리고 에너지

탈핵 에너지 전환은 에너지 가격의 상승을 불러올 수밖에 없기 때문에 경제적 부담이 늘어나게 될 저소득 취약 계층을 위해 발 빠르게 대응해야 한다. 에너지 복지를 확대하고 강화하며, 에너지 전환 과정에서 경제적 또는 사회적 불평등을 완화할 수 있는 정책을 제시하고 지지를 확보해야 한다.

또한 협력과 갈등이 교차하는 에너지 안보 경쟁 속에서 대안적 에너지 레짐을 구축하기 위해 적극 노력해야 할 시점에 다다랐다. 무엇보다 분단 구조라는 규정을 받는 한반도와 점차 정치적이고 경제적인 상호 의존도가 커지는 동아시아라는 두 지역 공간에 개입할 이유도 많고, 개입할 능력도 커지고 있다. 에너지난을 겪고 있는 북한도 재생 가능 에너지에 큰 관심을 보이고 있기 때문에 한반도 재생 가능 에너지 공동체 같은 구상을 통해 평화 정착, 교류와 협력의 새로운 전기를 마련해야 한다. 그럼 구체적인 프로젝트를 살펴보자.

첫째, 에너지 저감과 효율화를 강화한다. 먼저 에너지 다소비 업종 비중을 줄이는 데 정책 역량을 집중하고, 산업 부문과 상업 부문의 에너지 수요 관리 정책을 크게 강화해야 한다. 또한 건축물 에너지 등급제를 확대하고 강화하는 한편 에너지 전환으로 나아가는 다리로 가스 열병합 발전소를 증설해야 한다.

둘째, 에너지복지법을 제정한다. 에너지 빈곤층 제로화를 향해 에너지복지법을 제정하고 재원을 마련해야 한다. 특히 저소득층 생활 필수 에너지 무상 공급과 저소득층 주택 에너지 효율화 사업, 에너지 비용에 관한 소득 보전 정책, 재생 가능 에너지 지원을 통해 공급형 에너지 복지에서 '효율형'과 '전환형' 에너지 복지로 정책을 전환해야 한다.

셋째, 한반도 비핵 평화와 에너지 협력을 추진한다. 남북협력기금의 재생에너지 지원을 명문화하고, 개성공단에 재생 가능 에너지 부품 공장을 세우며, 나진-선봉 산업 지역 등에 풍력 단지 등을 추진한다. 특히 재생에너지 공사를 만들어 남한의 중소기업을 육성하고 북한을 대상으로 하는 에너지 지원과 프로그램 수행을 적극 검토해야 한다. 또한 에너지 자주 개발 정책을 에너지 자립 정책으로 전환하고, 성공불융자 제도를 폐지하거나 개선해야 한다. 가칭 '해외자원개발 스캔들 방지법'을 제정해 자원 외교와 에너지 개발의 문제점을 예방하고 처벌할 근거를 마련하며, 동아시아 재생 가능 에너지 협력체를 추진한다.

10~20년 안에 재생 가능 에너지의 도입을 실현하고, 이것을 확고하게 확립할 수 있는 10가지 정치적 행동 철칙이 있다.

철칙 1. 정신적 자율성을 되찾는다. 에너지 문제에서 무엇보다 중요한 정책적 단계는 정신적, 심리적 자율성을 되찾는 것이다. 이것은 당면한 현실을 있는 그대로 인식하는 것을 의미한다.

철칙 2. 새로운 경제 발전 모델을 세운다. 화석에너지와 핵에너지 시스템은 그 막강한 위상에도 전 인류에게 에너지를 공급할 수 없는 것으로 판명됐다. 문제를 해결하고 영속적인 생명력을 발휘할 수 있는 새로운 경제 구조를 수립하려면 경제 체제를 천연자원에 기반을 둔 체제로 전환하는 것이 필수적이다.

철칙 3. 국내 자원에 원칙적인 우선권을 부여한다. 자원 소비에서 국내 자원에 원칙적인 우선권을 부여하는 조치는 미래를 보장하기 위한 전제 조건이다. 국내 자원에 시장 우선권을 부여하는 조치는 재생 가능 에너지와 직결된 조치인 동시에 위기 예방책이기도 하다.

철칙 4. 전통적 에너지를 대체할 순서를 정한다. 에너지 주권을 목표로 정책적 전략을 수립할 때는 반드시 원료 확보 가능성, 에너지 수급 안정성, 연소 단계에서 발생하는 환경 오염 등 세 가지를 바탕으로 전통 에너지 대체 순서를 결정해야 할 것이다.

철칙 5. 재생 가능 에너지를 통해 얻은 국민 경제적 이익을 개별 경제 활성화를 위한 자극제로 전환한다. 재생 가능 에너지 활성화를 통해 국민 경제적 이익이 발생한다고 해도, 자동으로 재생 가능 에너지 가격에 반영되지는 않을 것이다. 따라서 반드시 정책적 조치를 동원해 개별 경제 활성화를 위한 자극제로 전환해야 한다.

철칙 6. 에너지 업계 내부에 존재하는 카르텔을 실질적으로 해체한다. 시장경제가 갖는 근본적인 의미는 독과점, 독점, 소수의 상권 독점, 곧 카르텔 형성을 저지하는 데 있다. 에너지 업계에 관련해 생각해보면 이것은 곧 에너지 원료 기업과 전력 공급 기업을 분리하는 것을 뜻한다. 이렇게 되면 전력 생산 업체들이 더 쉽고 자발적으로 재생 가능 에너지를 이용한 전력 생산에 참여하게 될 것이다.

철칙 7. 국가가 본보기가 돼 재생 가능 에너지 사용에 앞장선다. 에너지 전환을 위해서는 특히 각종 정치 기관이 선구자 구실을 해야 한다. 이때에는 무엇보다 공공건물에서 사용하는 에너지를 재생 가능 에너지로 전환하는 일에 주력해야 할 것이다.

철칙 8. 재생 가능 에너지를 중심으로 한 조경 계획과 도시 계획을 세운다. 에너지 주권을 획득하려면 에너지 생산 시설의 분산 설치가 필수적인데, 그러려면 농촌과 도시의 개발 계획을 수립하는 과정에서 사고의 전환이 선행돼야 한다. 지자체 차원에서 독자적으로 재생 가능 에너지 관련 규정을 마련하고, 이 규정에 따라 재생 가능 에너지 계획에 보편적인 특권을 부여해야 한다. 이때 지자체가 주축이 된다는 것은 곧 구체적인 장소 선정과 허가에 관련된 문제를 지역민들의 민주적인 결정에 맡긴다는 것을 의미한다.

철칙 9. 지식의 결핍을 극복한다. 재생 가능 에너지에 관련된 분야(특히 농학, 자연과학, 기술과학, 건축, 경영학을 비롯해 일반 교육과 직업 교육, 공공 연구 분야)에서 드러나는 학술 정책과 교육 정책의 부재를 빠른 시간 안에 극복해야 한다.

철칙 10. 위협적인 세계 경기 침체에 대처하려면 재생 가능 에너지를 이용해 경기를 활성화해야 한다. 세계의 유력 경제지들이 하나같이 입을 모아 대재앙, 곧 세계 석유 공급량 부족과 가격 상승에 따른 전세계 경기 침체가 멀지 않아 찾아온다고 연일 떠들어대고 있다. 재생 가능 에너지를 기반으로 하는 '경기 부양' 정책은 이런 위기 상황을 타개할 수 있는 핵심적인 대처 방안이다.

기후정의와 에너지

한국의 높은 에너지 사용량과 전세계 최상위에 속하는 온실가스 배출 증가율은 가까운 시일 안에 한국 사회에 큰 불안 요인으로 등장할 게 틀림없다. 그러나 한국은 아직도 2030년까지 에너지 수요를 늘리며 경제를 이끌어갈 에너지 집약적 발전 정책을 고수하고 있다. 이런 정책은 현실을 무시한 청사진에 지나지 않는 만큼 지속 가능한 발전을 위해 에너지와 기후변화와 경제 정책을 연계하는 대안적 발전 정책의 패러다임이 제시돼야 한다. 그럼 구체적인 프로젝트를 살펴보자.

첫째, 기후변화 대응을 강화한다. 온실가스 감축 목표를 상향 조정할 뿐 아니라 배출권 거래제를 폐지하고 직접 규제 방식의 정책을 도입해야 한다. 또한 기후변화 적응 마스터플랜을 개정하고, 녹색성장기본법을 폐기해 기후변화대응법을 제정한다. 나아가 국제 기후변화 협상에서 주도력을 강화해야 한다.

둘째, 기후 부채를 받아들이고 녹색 ODA를 강화한다. 녹색 ODA의 비중을 2015년 25퍼센트, 2020년 40퍼센트로 확대해야 한다. 국제적 수준의 녹색 ODA 기준과 평가 체계를 마련하고, 한국국제협력단의 전문성을 강화한다. 또한 OECD/DAC의 환경 가이드라인을 준수하고, ODA의 녹색화와 효과성을 검증할 프로그램을 마련한다. 이런 과정을 거쳐 아시아 지역에 특화된 생태적 근대화 사업과 적정기술 지원을 통한 지역 공동체 형성에 기여해야 한다.

셋째, 동북아 탈핵 연대와 협력을 추진한다. 먼저 동북아 탈핵·핵안전 협의체를 비롯해 관련 국제 협약을 추진한다. 특히 한국, 중국, 일본의 탈핵 에너지 전환 프로세스를 마련한 뒤 동북아 공동의 탈핵 에너지 전환 로드맵을 마련해야 한다. 이밖에 한-중-일-러의 PNG와 LNG 공동 프로젝트를 적극 추진한다.

정의로운 에너지 전환

우리가 제시하는 탈핵 에너지 전환은 커다란 정책 전환을 요구하는 과정으로, 평온한 방식으로 진행되리라고 기대하기는 힘들다. 핵 산업을 둘러싼 이해관계자들의 동맹들(찬핵 동맹)은 이런 변화에 저항할 것이며, 여기에 도전하는 탈핵 동맹과 상당한(그리고 격렬한) 갈등과 마찰을 빚게 될 것이다. 따라서 탈핵 에너지 전환을 요구하고 추진하는 세력들은 이런 갈등과 마찰을 고려한 정치적이고 사회적인 전략을 갖춰야 한다. 그럼 구체적인 프로젝트를 살펴보자.

첫째, 단계적 원전 폐쇄와 정의로운 전환 정책을 마련한다. 단계적 원전 폐쇄를 위해 대통령 직속 '탈핵에너지전환위원회'를 구성하고, '탈핵에너지전환 비전'을 제시해 국민적 합의를 추진한다. 탈핵에너지전환기본법을 제정하고 탈핵 로드맵을 마련한다. 먼저 신규 원전의 건설을 중단하고, 수명이 다한 고리와 월성 1호기를 폐쇄한다. 또한 폐로 기술을 확보하고 재정을 마련할 '원자로폐로청'을 새로 만들고, 에너지 전환과 온실가스 감축 정책이 고용에 미치는 영향을 평가해 단계적인 원전 폐쇄에 따른 고용 대책을 마련한다.

둘째, 에너지 전환 재정 체제를 구축한다. 배출권 거래제와 탄소세 등으로 마련한 세금을 이용해 '정의로운 전환 기금'을 만든다. 또한 교통에너지환경세를 폐지하고, 탄소세(기후에너지세)를 새로 만든다. 이렇게 확보한 재원을 녹색 교통 확충, 기후변화 대응, 에너지 효율화, 재생 가능 에너지, 지역 재생 가능 에너지 자립, 정의로운 전환(에너지 산업 전환 때 노동자 지원), 에너지 복지 등에 사용한다.

셋째, 지역 에너지 자립 체계를 구축한다. 에너지 효율화와 재생에너지 이용 확대를 통한 지역 분산형 에너지 체제로 전환한다. 재생 가능 에너지 보급 목표를 상향 조정하고, 지역 재생 가능 에너지 총량제를 도입한다. 특히 지역별 재생 가능 에너지 자립률 개념을 도입하고, 중앙정부가 지닌 에너지 정책의 권한을 지자체로 이양해 권한을 강화한다.

본문 내용은 (사)에너지기후정책연구소가 지난 5년 동안 프리드리히 에버트재단, 토요타재단, 아름다운재단, 교보문화재단, 환경재단 등 민간 재단, 국회사무처, 서울시, 노원구, 서울교육청, 완주군 등 공공 기관, 민주정책연구원, 상상연구소, 녹색당, 진보정의연구소 등 정당의 의뢰를 받아 연구한 내용을 기반으로 하고 있습니다. 또한 글쓴이들이 《레디앙》, 《프레시안》, 《오마이뉴스》 등 여러 매체와 학술지 등에 기고한 글의 내용도 반영돼 있습니다.

참 고
자 료

1강. 현대사회와 에너지. 가라앉는 석유 문명에서 어떻게 탈출할까

와이즈먼, 앨런 지음. 2008. 《가비오따쓰 — 세상을 다시 창조하는 마을》. 랜덤하우스.
정유경. 2012. 〈셰일가스가 가져올 3대 변화〉. 《SERI 경영노트》. 제143호.
페나, 앤터니. 2013. 〈인류의 발자국 — 지구 환경과 문명의 역사〉. 삼천리.
폴라트, 에리히 외. 2008. 〈자원전쟁〉. 영림카디널.
한면희. 2004. 《초록문명론》. 동녘.
IEA. 2013. *World Energy Outlook 2013*.
Robert W. Howarth 외. 2009. "Venting and leaking of methane from shale gas development: response to Cathles et al." *Climatic Change*, Volume 113.
위키피디아. http://www.wikipedia.org/.
영화 〈Who Killed The Electric Car?〉. 2006.

2강. 정치와 에너지. 에너지 정치의 정치적 에너지를 어디에서 찾을까

교육과학기술부. 2011. 〈원자력산업실태조사 2011〉. 교육과학기술부.
에너지기후정책연구소. 2012. 〈탈핵에너지전환의 정치사회 시나리오 연구〉. 에너지기후정책연구소.
셰어, 헤르만 지음. 2006. 배진아 옮김. 《에너지 주권》. 고즈윈.
이강준. 2009. 〈누가 우리를 석유중독자로 만들었는가?〉.
전정희. 2013. 〈해외자원개발 성공불융자는 '눈먼 돈'〉. 보도자료.
조승수. 2004. 〈한수원 'V2 프로젝트 보고서' — 여론조작인가, 주민홍보인가〉. 보도자료.
주성돈. 2011. 〈원자력정책의 변동에 관한 연구 — 역사적 제도와 행위자를 중심으로〉. 가톨릭대학교 대학원 박사 학위 논문.
지식경제부. 2011. 〈원자력 발전 수출 산업화 전략〉.

3강. 경제와 에너지. 녹색 일자리는 경제 위기와 에너지 위기를 뛰어넘을 수 있을까

강만옥 외. 2013. 〈우리나라 전력요금체계의 문제점 및 개편 방향〉. 서울대학교 환경대학원 특강 자료.
강만옥·황욱. 2010. 〈우리나라 전력부문의 환경유해보조금 개편 효과분석 — 산업용 교차보조금 개편을 중심으로〉. 《환경정책연구》 제9권 1호. 57~81쪽.
녹색성장위원회. 2009. 〈녹색 성장 5개년 계획〉. 녹색성장위원회.
삼성경제연구소. 2008. 〈한국과 일본산업의 에너지 효율비교〉. *CEO Information*, 24.
에너지기후정책연구소. 2011. 《기후변화에 따른 산업구조 전환과 노동의 대응 — 한국의 주요 업종을 중심으로》. 전국민주노동조합총연맹.

_____. 2012. 〈한국의 녹색 일자리 — 잠재력과 전망〉. 프리드리히 에버트 재단 발표 자료.

윤순진. 2004. 〈에너지 및 전력정책 수립의 기본 원칙〉.《2004 전력정책의 미래에 대한 시민합의회의 종합보고서》. 참여연대 시민과학센터.

홍금우·이민희. 2008. 〈기후변화협약이 산업에 미치는 영향 및 대응방안〉.《한국비즈니스리뷰》 제1권 제2호.

OECD. 2010. "Green jobs and skills: labour market implications of addressing climate change." OECD local economic and employment development(LEED) working papers.

UNEP. 2008. "Green Jobs: Towards decent work in a sustainable, low-carbon world."

4강. 세 모녀를 살릴 수 있는 에너지 복지국가는 어떤 모습일까

노대명. 2009. 〈에너지복지의 현재와 발전방향〉.

박광수. 2006. 〈사회적 약자에 대한 에너지 지원제도 개선방안 연구〉. 에너지경제연구원.

에너지기후정책연구소. 2010. 〈저소득층 주택 에너지효율화 사업의 복지·환경·일자리 효과 연구〉.

_____. 2011. 〈에너지 복지 실현을 위한 전기요금체계 개편 방안 연구〉.

이강준. 2010. '저소득층 에너지복지 강화를 위한 제도 개선 토론회' 발표 자료.

이나영. 2013. 〈기후변화로 인한 취약 계층의 사망률 변화분석과 사회적 비용 추정〉.

진상현·박은철. 2009. 〈저소득가구의 에너지 소비실태 조사·분석〉. 서울시정개발연구원.

지식경제부. 2012. 〈에너지복지 프로그램을 통해 저소득층 지원〉. 보도자료.

Ferrial Adam. 2010. "Free Basic Electricity: A better life for all."

The Nation. 2011. "Business wants free-electricity scheme reviewed". 2011. 9. 10.

UNEP. 2008. "Green Jobs: Towards decent work in a sustainable, low-carbon world."

5강. 한반도와 에너지. 남과 북을 이어줄 평화의 에너지는 어디에 있을까

이강준 외. 2007. 〈남북에너지 협력방안 연구 — 재생가능에너지를 중심으로〉. 국회사무처.

이강준. 2007. 〈재생가능에너지 협력으로 한반도 평화시대를 열자〉.《녹색평론》 제96호. 녹색평론사.

Ri YoungHo. 2006. "Energy Futures and Energy Cooperation in the Northeast Asia Region." 2006 Asian Energy Security Workshop(November 6-November7, 2006, Beijing, China).

6강. 기후변화협약과 에너지. 북극곰은 기후 혼돈을 막을 수 있을까

기상청. 2012.《한반도 기후변화전망보고서》.

신의순. 2005.《기후변화협약과 기후정책》. 집문당.

이연상. 2008.《쉽게 풀어보는 기후변화협약》. 한울아카데미.

이진우. 2011a. 〈기후정의운동이란 무엇인가 — 역사와 논리, 그리고 현황〉.《에너진 포커스》 제 28호.

_____. 2011b. 〈제17차 기후변화협약 당사국총회(COP 17)의 쟁점과 전망〉.《에너진 포커스》
　　제33호.

_____. 2013. 〈제19차 기후변화협약 당사국총회(COP 19)의 쟁점과 전망〉.《에너진 포커스》
　　제52호.

한면희. 1997.《환경윤리》. 철학과 현실사.

IPCC. 2014. *Fifth Assessment Report — Climate Change 2013*.

국제산림연합. http://globalforestcoalition.org/.

그린피스 인터내셔널. http://www.greenpeace.org/international/en/.

세계은행 데이터베이스. http://data.worldbank.org/.

유엔기후변화협약. http://unfccc.int/.

7강. 기후정의와 에너지. 시장은 기후변화를 멈출 수 있을까

ANP(Agência Nacional do Petróleo, Gás Natural e Biocombustíveis). 2010. Biodiesel.

L. Hunter Lovins and Boyd Cohen. 2011. "Capitalism in the age of climate change".

에너지기후정책연구소. 2009. 〈고용위기와 기후변화 시대, 녹색일자리 전환 전략〉.

이진우. 2011. 〈기후정의운동이란 무엇인가: 역사와 논리, 그리고 현황〉.《에너진포커스》 28호.

The Guardian. 2011. "Which nations are most responsible for climate change?." 21 April.

에너지관리공단. http://www.kemco.or.kr.

한국에너지기술연구원. http://www.kier.re.kr/index.htm.

환경공학 연구정보센터. http://www.dicer.org/.

8강. 국제협력과 에너지. 에너지 빈곤과 원조를 넘어 어떻게 정의로운 협력으로 나아갈까

이정필. 2012. 〈기후변화, 어떻게 대응할까 ⑧ 군사활동과 기후 안보〉.《여성주의 저널 일다》.
　　http://www.ildaro.com/sub_read.html?uid=6107&section=sc3&section2=.

한재각 · 조보영 · 이진우. 2012. 〈적정 '기술'에서 적정한 '사회기술 시스템'으로 — (재생)에너지
　　분야의 국제개발협력과 사회적 혁신〉.

한국일보. 2014. 〈한국 원조 증가속도 OECD 1위…'무상'은 꼴찌 수준〉.《한국일보》 2014년 4
　　월 6일.

코이카. http://www.koica.go.kr/.

헬베타스 라오스. http://helvetas-laos.org/en.

프랙티컬 액션. http://practicalaction.org/.

전기전자기술연구소. http://spectrum.ieee.org/geek-life/tools-toys/review-design-for-the-
　　other-90.

Solar Cooker International Network. http://solarcooking.wikia.com/wiki/Pot-in-pot_cooler.

Lifestraw Product http://lifestraw-products.co.uk/lifestraw-products-lifestraw-family-go/.

Raspberry Jefe's website. "Q Drum: Water Transportation Made Easier." http://greenupgrader.
　　com/3934/q-drum-human-water-transportation-made-easier/.

Design Other 90 Network http://www.designother90.org/. http://aldoerksen.wordpress.
　　com/2010/07/24/the-iconic-treadle-pump/.

UN. 2006. "Sustainable Energy: A Framework for New and Renewable Energy in Southern Africa."

9강. 탈핵과 에너지. 침몰하는 핵발전 체제에서 어떻게 탈출할 것인가
녹색당. 2012. 〈녹색당이 핵발전(원전)을 반대하는 100가지 이유〉. 보도자료.
이정필. 2011. 〈탈핵의 정치학 — 북핵, 부안 그리고 후쿠시마〉. 《실천문학》 제103호.
에너지기후정책연구소. 2009. 〈고용위기와 기후변화 시대, 녹색일자리 전환 전략〉.
_____. 2012a. 〈탈핵 에너지 전환 — 대안 시나리오를 구상한다〉. 《이슈 페이퍼》 제1호.
_____. 2012b. 〈탈핵 에너지 전환의 정치·사회 시나리오 연구〉. 프리드리히 에버트 재단 한국사무소.
_____. 2012c. 〈지역 에너지 자립을 모색한다 — 지역 에너지 총량제와 지역 재생에너지 자립〉. 《이슈 페이퍼》 제2호.
프레시안. 2009. 〈FTA가 거스를 수 없는 대세? 남미엔 ALBA가 있다〉. 《프레시안》 2009년 11월 18일.
한재각·이영희. 2012. 〈한국의 에너지 시나리오와 전문성의 정치〉. 《과학기술연구》 제12권 제1호.
IOECD/IEA. 2012. "CO2 Emissions from fuel combustion."
IPCC. 2014.
Pielke, Jr, Roger A. 2009. "The British Climate Change Act: a critical evaluation and proposed alternative approach." Center for Science and Technology Policy Research, University of Colorado.

10강. 정의로운 에너지 전환. 다른 에너지를 향해 지금 무엇을 할 것인가
셰어, 헤르만 지음. 2006. 배진아 옮김. 《에너지 주권》. 고즈윈.
에너지기후정책연구소. 2012. 〈민주통합당의 에너지기후 비전 2030 연구〉.
이강준 외. 2013. 〈18대 대통령직 인수위원회 에너지·기후 분야 대안보고서〉.
한재각. 2012. 〈대안적 에너지기후정책의 비전 제안〉.